成都旧事

郑光路／著

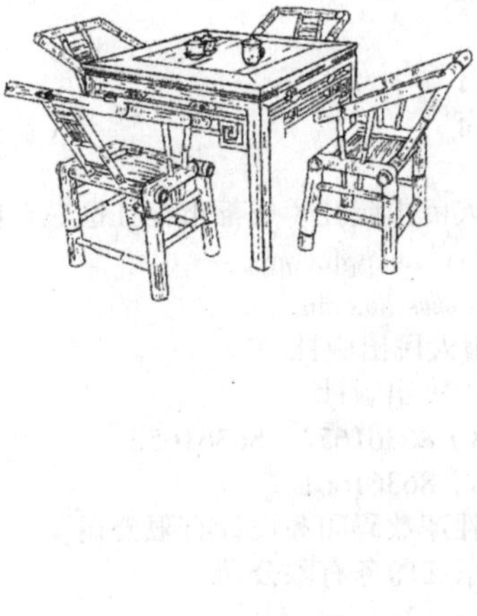

四川人民出版社

图书在版编目（CIP）数据

成都旧事 / 郑光路著. -- 2版. -- 成都：四川人民出版社, 2024.1
ISBN 978-7-220-12874-5

Ⅰ.①成… Ⅱ.①郑… Ⅲ.①文化史—成都 Ⅳ.①K297.11

中国国家版本馆CIP数据核字（2023）第127854号

CHENGDU JIUSHI
成都旧事
郑光路　著

出版人	黄立新
责任编辑	李昊原　孙　茜
版式设计	戴雨虹
封面设计	李其飞
特约校对	张东升
责任印制	周　奇
出版发行	四川人民出版社（成都市锦江区三色路238号）
网　　址	http://www.scpph.com
E-mail	scrmcbs@sina.com
新浪微博	@四川人民出版社
微信公众号	四川人民出版社
发行部业务电话	（028）86361653　86361656
防盗版举报电话	（028）86361661
照　　排	四川胜翔数码印务设计有限公司
印　　刷	成都东江印务有限公司
成品尺寸	160mm×230mm
印　　张	30.5
字　　数	330千
版　　次	2024年1月第2版
印　　次	2024年1月第1次印刷
书　　号	ISBN 978-7-220-12874-5
定　　价	59.80元

出版者言 <<<

中华优秀传统文化，是我们必须世代传承的文化根脉、文化基因。成都和四川的传统文化，体现了成都和四川重要文化软实力。

本书将地域性书籍，从巴蜀文化及中国传统文化等更高的角度，加以研究和叙述，具有重要学术意义和现实意义。

巴蜀地区（包括现在的四川省和重庆市），号称“天府之国”，历朝历代都是对中国产生重大影响之地。

巴山蜀水历史悠久，充满神秘色彩。其中许多奇闻秘事，不但外地人不清楚，许多土生土长的四川人，也并不了解。巴蜀文化，已越来越引起中外人士的普遍关注。

成都和四川历史，至今仍有不少谜团，许多历史罕为人知。广大读者，都希望有一本雅俗共赏的书籍，能用生动和趣味性的语言披露成都和四川的过去，并能加以严谨研究和解析，以对传承地方优秀传统文化，起到积极推动作用。

如果你是土生土长的四川人，通过此书你将了解以前并不知道的许多身边奇事。如果你是异乡客人、外国游子，翻开此书，你将会为这块神秘土地所吸引，渴望亲历巴山蜀水。

一部记录乡土文化的优秀地方图志，不但受本乡本土读者青睐，而且更受异乡人士欢迎。这类书籍，如陈年老酒经久越醇，足可传之子孙后代。

成都是四川省省会，中国历史文化名城，中国西部最大的经济、文化、交通中心城市之一。成都历史上号称“六朝古都”“七朝古都”，从有确切记载的开明九世建都成都起，至今已有约 2500 年历史。21 世纪初成都金沙遗址的发现和发掘，更将这个时间延长到 3000 年以上。

成都今日的辉煌，是建筑在昔日深厚的历史文化底蕴之上的。因此，了解成都，了解四川，了解她的历史和文化，使之不被遗忘、不被湮没并得以传承，这既是我们的需要，更是一种责任。

这本雅俗共赏的《成都旧事》，披露了许多不广为人知的或几乎被遗忘了的城市历史，极具特色。本书作者郑光路是学者型的作家。他人生经历丰富、交游甚广，同时谙熟巴蜀文化和成都历史，各种旧资料和文物收藏极为丰富，所以他写的文章题材和视角都很独到，极具内涵，受到各界广泛好评。

本书内容大致分为以下几个方面：

第一方面，叙述了成都城池和街巷的演变历史，湮灭了的名胜古迹。如成都老城墙、江河、皇城、少城，以及著名街巷的昨天和今天……许多为我们所熟知并经常使用却又不知其所由来的老风景、老地名、老街名，读完本书会令你有恍然大悟之感。此外，还有“百年成都劝业场”“成都庙会的历史风云”“闻名全国的青羊宫打擂”“一百年前的成都人过年”等内容，读后会感觉妙趣无穷。

第二方面，叙述了一些历史人物的趣闻轶事及地方掌故。如“成都历代开国君王”“清末奇人傅崇榘”“清末成都的外国领事馆”“成都近代慈善事业”等，都极具史料价值。

第三方面，介绍了一些有重大历史影响的事件、史实。如拆毁老皇城的始末，成都宽窄巷子景区所在少城的真实历史……披露的史料和老照片，都罕见而极具独家性。

本书作者长期坚持司马迁“文史结合”的中国优秀史学传统。本书具有三大鲜明特色：

第一，极具史料和学术价值。本书每篇文章都披露了许多作者苦心收藏的独家史料，足可以补正史之不足。都“持之有故、言之有据”，文后附有注释，严谨地标明史实根据或资料来源。

第二，本书可读性极强，熔学术性、知识性、趣味性于一炉。

本书披露的奇闻轶事，并不仅仅是解密、搜奇，实际上都是某种历史话题的研究。但作者这种研究不是枯燥的论文式写作，更不是故作深沉、玩弄玄虚和卖弄技巧，而是像和老朋友摆龙门阵一样娓娓道来，令人读起来趣味无穷、欲罢不能。正像国内外一些报刊评论的那样：作者行文风格看似朴实无华，实则显示了深厚的学者风范和写作功力。

第三，本书配有珍贵老照片多幅（很多是极少见或未曾披露的），使本书文图并茂、雅俗共赏，极富阅读和收藏价值。

所以，本书不仅具有研究成都和四川历史的严谨学术性价值，也是一本多角度了解成都和四川地方文化不可或缺的大众通俗性读物。

附带需要说明的一点是：本书是《四川旧事》的姊妹篇，也可称之为续集或补充。成都是四川之一部，而四川为成都之所在，二者不可能截然分清。之所以分为《四川旧事》和《成都旧事》二部，主要是为了编排和篇幅安排上的方便。事实上，这两部书里的很多内容，都是很难用地域上的成都和四川来区分开的，这点尤需提请读者们注意。

目录

大城城池篇

约2500年前，开明九世带领臣民们把都城迁到成都，公元前316年秋，秦惠王派大军伐蜀，蜀国烟消灰灭。几年后，张仪、张若在成都筑墙建城……

一扬二益古名都，
禁得车尘半点无。
四十里城花作郭，
芙蓉围绕几千株。

西
北門

會省城池圖

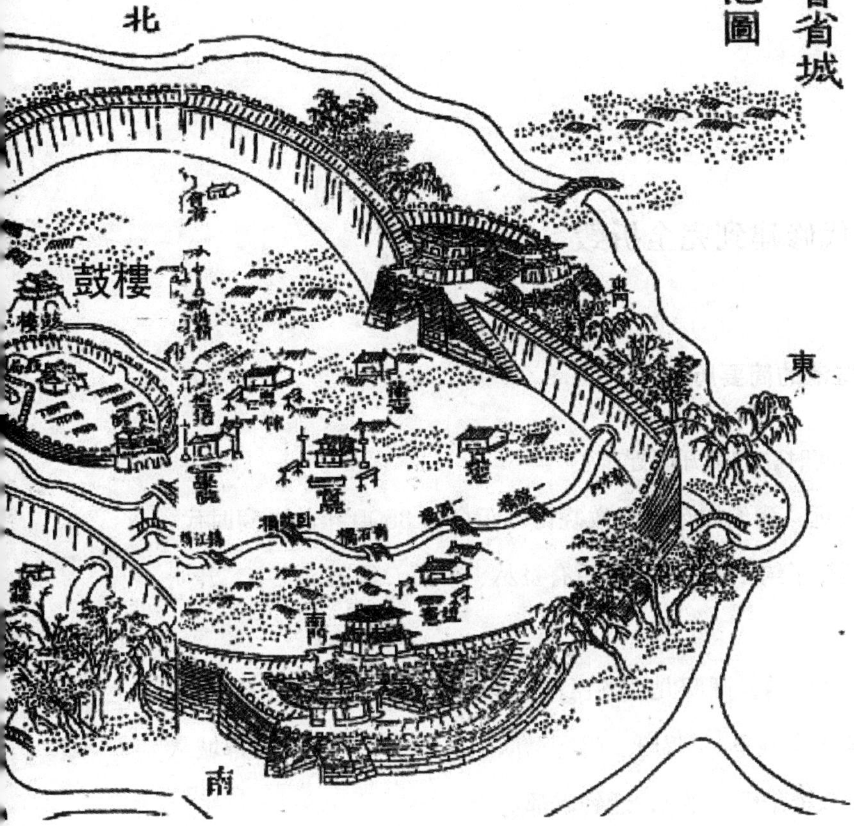

成都城墙历代修建到完全拆毁

一、成都城池的简要历史

最早何人、何时在成都开国建都？

那历史太遥远，我们如今只大致晓得：距今约3500年的夏商时代，古蜀国建立并延续了约1500年，前后有蚕丛、柏灌、鱼凫、杜宇、开明等王朝。

大约在2500年前，开明九世的臣民们身披兽皮、麻片，赶着牛羊，在乘坐牛车的蜀王带领下，"呜呀、呜呀"吹响苍凉的牛号角，把都城从广都樊乡（即今双流华阳一带），迁到成都。①

公元前316年秋，秦惠王派张仪、司马错、都尉墨率大军从石牛道南下伐蜀，历时300多年的蜀国烟消灰灭。公元前311年，张仪、张若在成都筑墙建城，城墙周长12里、高7丈。②

成都的建城史由此开启，距今已2300多年。

公元876年，西川节度使高骈征调工匠十余万，扩筑新城罗城；罗城周长25里，加上外围瓮城共33里，城墙高2丈6尺。高骈又从城西北角新开辟一条河道（即现在的府河），在现今合江亭处与南河汇合，形成两河抱城的格局。

明末清初，四川遭遇战乱，整座成都城成了巨大野生动物园。清人王培荀记录:“草木蔽塞,麋鹿豺虎,纵横民舍,官署不可复识。各官栖于城楼,兵则射猎于城内。蜀王府野兽聚集,二三年间捕获未尽。”③

康熙六年(1667),汉军镶蓝旗人张德地任四川巡抚,和众官员共同捐资简单重修城墙。康熙五十七年(1718),再次修建成都城。雍正五年(1727),四川巡抚宪德又补修一次。④

乾隆四十八年(1783)四月初一,成都发生了一场大火。四川总督福康安“奏请发帑银六十万两彻底重修”成都城。历时两年多修整好的大城十分巍峨:周长二十二里八分,垛口有八千一百二十二个;城墙高三丈,墙根有石条三层,上有城墙砖八十一层,城楼顶高五丈;城墙厚一丈八尺……远望城墙垛口,有如锯齿,十分雄伟。四门城楼皆五楹二层,即所谓八角楼。⑤

成都城修好后,按水克火的五行学说重新命名城楼,且悬有巨大黑漆横匾:

东边城门叫“迎晖门”,东城楼题名为“溥济楼”;南边城门叫“江桥门”,南城楼题名为“浣溪楼”;西边城门叫“清远门”,西城楼题名为“江源楼”;北边城门叫“大安门”,城楼题名为“涵泽楼”。

四个城门上的城楼名字,偏旁都从水。其中寓意,一是表明成都是因水而生的城市,二是希望能够厌伏火灾。戏剧的是,就在福康安重修成都城第二年的四月初一,城中又失火了:火灾由三义庙烧起,延烧一千余家。杨燮《锦城竹枝词》注解说:“乾隆四十九年四月初一日,城中失火,延烧至大半城,说者谓作城时,将有三点水的匾额取下,即遭此厄,理或然也。”⑥

成都有在城墙上遍植芙蓉花的历史。宋朝人赵抃撰《成都古今记》

描述："孟蜀后主（按：即孟昶）于成都城上遍种芙蓉。每至秋，四十里如锦绣，高下相照，因名锦城。"

贵州黔西人李世杰（1716—1794），继福康安任四川总督，为"复五代之旧，符锦城之名"，命令官民"遍种芙蓉，且间以桃柳"。他专门写《成都种芙蓉碑记》说：绿化后的成都"葱葱郁郁蔚为茂林……春秋之季望若画图"，而且可防城墙"风雨之飘摇，冰霜之剥蚀"。

清嘉庆年间的杨燮，写竹枝词赞叹："一扬二益古名都，禁得车尘半点无。四十里城花作郭，芙蓉围绕几千株。"⑦

这是成都简称"蓉城""锦城"的来源。1983 年，成都市正式将芙蓉花定为市花。

清代历经顺治、康熙、雍正、乾隆、嘉庆等多个时期，才完整修复了清初近于毁灭的成都城池。主要表现为：

第一，清朝初期修复了严重毁坏的明代成都大城城墙，它成为中国西南地区著名的城垣建筑。

第二，清朝初期修复了近于毁灭的老皇城（明代蜀王府），改建为全省科举考试的贡院。

第三，康熙五十七年（1718）之后，四川巡抚年羹尧上奏朝廷，在大城垣内新筑一城，专驻八旗官兵及众多眷属 5000 余人。此城中之城称"满城"，又叫"少城"。

第四，光绪二十四年（1898），四川总督奎俊最后一次重新修葺城墙和四座重要城门、城楼。

从城外进四城的城门洞内，为月牙形瓮城，也就是大城门外还有一个小城楼（箭楼）。古代瓮城又称月城、曲池，多呈半圆形，少数呈方形

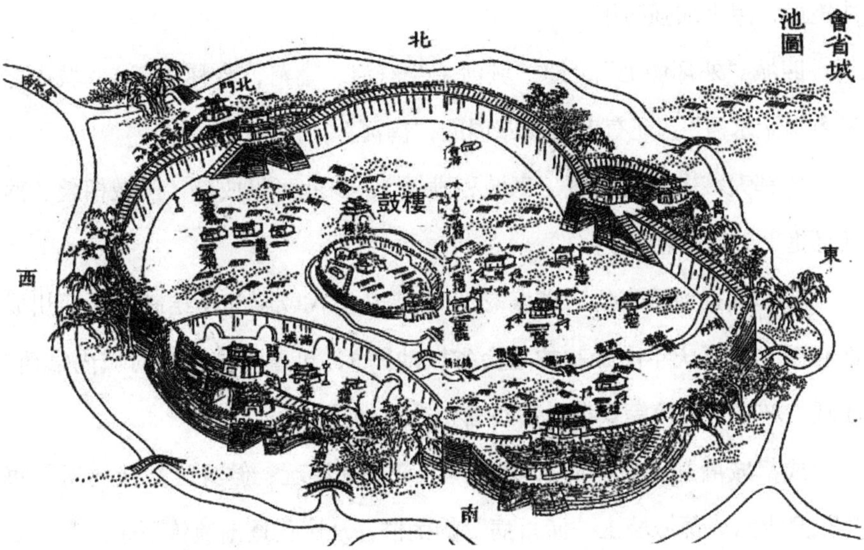

清代成都城池图中清晰可见三城（大城、满城、皇城）相叠，城内有金河、御河，大城外两江环抱。（来源：清代刊本《嘉庆成都县志》）

图为民国初期正月十六成都城墙上“游百病”的风貌。（供图：刘正生）

或矩形，用来加强防御。

四城“外环壕池”，即护城河（今府河、南河，合称锦江）。城内之河名“金水河”，还有老皇城四周的“御河”。[8]

成都大城中还有两城（皇城和满城），由此可见成都“三城相叠、两江环抱”的城市特征。

成都城直到清末仍“楼堞屹然”。[9]从清代乾隆初年绘制的《四川成都府图》和嘉庆年间绘制的《会省城池图》，可看见成都当时城内官衙、庙观、城墙、河流等景况，古香古色令人神往。

成都城墙并不只有防御功能，也是百姓游玩、健身之最佳场所。每年正月十六成都城墙上“游百病”的民俗，从唐代逐渐流传下来。[10]

清代竹枝词里描写，成都人“新年过罢觉无聊，转瞬良辰隔一宵。游病芙蓉城上去，人山人海路迢迢”[11]，“说游百病免生疮，带崽拖娃更着忙。过了大年刚十六，大家邀约上城墙”[12]。清代杨燮《锦城竹枝词》写道：“为游百病走周遭，约束管裙总取牢。偏有凤鞋端瘦极，不扶也上女墙高。”诗后有注解：“正月十六，城上城下妇女遍游，谓可除一年疾病，号曰‘游百病’。”[13]

二、成都是“因水而兴”的城市

公元前311年，按咸阳格局修筑成都城。建城后约60年（公元前256—前251），秦国蜀郡太守李冰，主持修建都江堰水利工程：将岷江分成内江、外江。内江流入成都后分为二江，即郫江和检江，也就是现在南河和府河的前身。所以东晋人常璩在《华阳国志》中说：“于是蜀沃野千里，号为陆海……水旱从人，不知饥馑，时无荒年，天下谓之天府也。”[14]

成都“因水而兴”，逐渐成为中国西南最重要的水运港埠和商贸大都市。唐代杜甫“门泊东吴万里船”，李白“濯锦清江万里流，云帆龙舸下扬州”……都是成都江河航运功能的解说。

唐德宗贞元元年（785），剑南西川节度使韦皋在成都城内挖了条河，叫解玉溪，与皇城摩诃池连通。唐宣宗大中七年（853），节度使白敏中再开金水河（也称金河），自城西引检江（又称流江）水入城内，汇入摩诃池连接解玉溪，至城东汇入府河（油子河）。

西川节度使高骈（821—887），筑罗城时将靠北面的郫江在九里堤处轧断，重新引一条人工河向东再向南，在现今的合江亭处汇入南河，这条人工河就是府河。

南河和府河，从此形成“二江抱城”之势。[15]二江最后在九眼桥附近的合江亭交汇，通向彭山江口镇入岷江干流到乐山，再到宜宾汇入长江。

成都城内处处沟渠、河流、湖塘纵横交错。处处可见古桥古渡、水天一色。清末傅崇榘《成都通览》明确记载：“四川虽属山国，而成都实为泽国。”城内外有名可考的桥，约有一百九十二座，平桥、拱桥、铁桥、石桥、竹桥、木桥……应有尽有。傅崇榘说：“古桥甚多。”[16]

成都城内外还有星罗棋布的大小池塘，据傅崇榘所记共有29个。锦江清流与古城墙相影映。沿河茶楼、酒肆、客栈生意兴隆，笙歌彻夜不绝……“水乡泽国”的成都，历史上一直留存在墨客骚人的诗文中。

20世纪70年代，随城市扩张等原因水量减少，成都水上航运完全结束。[17]而城内金河、御河，民国初年就因修马路等原因水量减少而停航，其后逐渐淤塞成臭水沟，20世纪70年代更改建为地下防空洞而彻

1911 年的“水乡泽国”成都风景如画，图中展示了锦江中的打鱼船、鱼篓和江畔吊脚楼房。〔摄影：[德]魏司（1910 年后德国驻成都领事）〕

底消失。

生态环境学者认为滨水城市的河流，是孕育城市的母亲。成都母亲河昔日漂亮风姿，已成残梦。

三、民国后城墙的逐渐破坏

1912 年中华民国成立后，最先拆毁的是少城，大致情况是：

1912 年，首先拆毁少城北段城墙（即八宝街、西大街老西门城上北栅子一段），随后又拆毁南段（即包家巷到南较场城上南栅子一段）。1921 年，拆除少城西御街口的城垣。1935 年，最后存留在少城公园从半边桥到少城小南街的一段城墙被拆毁。

短短 23 年，最富特色的少城灰飞烟灭、彻底消失。

成都大城墙的破坏也越来越厉害。1914 年之后，成都新开通了西城墙的新西门（通惠门）和东城墙的新东门（武成门）。

1924年起破坏加重。作者收藏的原始历史档案准确记载了这些历史细节。1929年8月17日，市长黄隐给工务局发布公告："兹奉四川省政府省字一二八零号指令……兹经本府查明，西城楼确已倾圮应即拆卸，以免危险。"⑱

1929年10月，成都市政府发布《请款建修环城马路及增辟城门》：

成都环城长约四十里。以城垣阻隔，交通多不便利。拆城筑路，本为当务之急。惟体察情形，因治安关系，似不宜将城关（按：即城门）张然拆除（按：即全部拆除），故拟将城外旧有沿濠大路，建为环城马路，俾全市脉络回环贯通……⑲

清末站在南门城墙上望城外，河边道路即如今城边街至百花潭一线。（摄影：[美]罗林·张伯林，1909年）

也就是说，早在1929年成都市政府已有了修建类似现在一环路的设想。

其实早在清末宣统元年（1909），为方便成都市民赶“青羊宫花会”，劝业道沈秉堃曾于老南门外锦江北岸筑马路，以达青羊宫附近的马家花园，全长三里多，由商人自上海购回新式马车载人往来。此为成都最早之马路与马车。[20]

1929年11月，成都市市长黄隐发布《呈省政府：请划拨东南两门月城砖石地基变价，作环城马路增关城门专款》，要点是：

> 惟查本市东南两门月城，妨碍交通早应拆废。所有城砖石条及其基址地皮，折扣变卖。余去挖运泥土等一切工价，约可获洋二三万元之谱。划作此两项工程开办费用……[21]

此后陆续拆毁大城东南西北各个瓮城（月城），辟为街道。如原少城内小北门（延康门）开辟为西月城街，该名至今犹存。

一些军队士兵，也拆除变卖城墙砖。1930年市政府工作人员刘荫浓汇报：“往北门西马道街弥勒庵对门城墙上，看见有滥军流氓十余人，在该处窃取城砖”，“过东教场小营门，见城上有军队一连之谱，在城上挖取城砖运往华阳城隍庙内……”[22]

1932年，成都市政府调查：“查东门城门洞，宽二丈一尺、深八丈，墙高二丈六尺……敌楼（城楼）本身装修全无，仅存柱架及其少数未腐朽之梁。”市政府决定“拆卸东门城楼”。[23]

1932年，成都市政府调查：“本市各城门，均属冲衢要道。往来庞

1935年两名西方妇女站在垮城墙上留影。〔来源：[美]戴谦和（华西协合大学外籍教师）〕

杂，城门狭窄和行人拥挤，每滋事端，汽车出入亦颇危险。非设法加宽城门、改建城栏，不足以利交通而保全安。”㉔

1938年，为躲避日本飞机空袭，当局撤除了成都所有城门。

1939年，为方便城内居民“跑警报”疏散，在城南中、下莲池之间增辟“复兴门”，习称“新南门”。并在城墙上开辟了多个缺口，称为“垮城墙”。

尽管如此，民国时期古城墙大体仍存。

四、1958年城墙完全拆毁

民国早年，城墙的守护功能仍然强大。当时日本学生在考察报告中写道：“城门日出而开，下午6点关闭……我们也拜其所赐，眼看着成都城就在眼前，却不得不露宿城外荒野。听说如果要晚于关门时间回城，

1958 年 6 月后
成都市拆除旧城墙。
（供图：刘正生）

须提前通知回城时间，即使如此，城门也不会开，而是用一根粗绳缠在身上，然后拉上去，放入城内。这真是令人惊奇。”

这个年轻的日本学生以下一段话很有分量，至今仍让人深思：“成都城内名胜古迹众多，但该国不太注意加以保护，于是很多在风雨侵蚀下烟消云散，实在是太过可惜。”㉕

20 世纪 50 年代后，拆除城墙的呼声在中国从未间断，其依据主要有：封建遗存、妨碍交通、危险建筑、整体规划等。

1958 年 4 月，成都市第二届人大四次会议，决定彻底拆毁成都城墙。

1958 年 6 月，成都市成立了拆除旧城墙总指挥部，按分片包干的任务安排，连城墙附近的中学生都有每天挖多少砖的任务，例如成都 16 中的每个学生每天任务是 10 匹。不到半年，出动了民兵 297160 人次，原来的清代大城基本上被拆除光了。㉖

作为农耕社会重要象征符号的古城墙，曾记载城市的悠久历史。北京、成都等中国古城墙的毁灭，殊为可惜。如今中国人已认识到这点，但为时已晚。尽管许多城市出于多种目的“恢复”城墙，但难逃“假古董”之嫌。

令人欣慰的是，2016年5月7日，成都市政府宣布：“将与联合国人居署合作开展少城片区城市人区更新”，新修的“四大城门将‘托’起千年少城”。[27]

注释：

① 参见《太平寰宇记》引《蜀王本纪》：“蜀王据有巴蜀之地，本治广都樊乡，徙居成都。”引自贾大泉主编：《四川历史辞典》，四川教育出版社1993年版，第21页。

② 郑朴辑西汉扬雄《蜀王本纪》：“秦惠王遣张仪、司马错定蜀，因筑成都而县之。成都在赤里街，张若徙置少城内。始造府县寺舍，令与长安同制。”

③ 王培荀：《听雨楼随笔》卷一，上海古籍出版社1995年版，第59页。

④ 参见常明等修，杨芳灿、谭光祜等纂：《四川通志》卷二四《舆地志二十三·城池》，巴蜀书社1984年版，第1—2页。

⑤ 参见罗廷权等修，衷兴鉴等纂：同治版《成都县志·城池》。

⑥ 林孔翼辑录：《成都竹枝词》，四川人民出版社1982年版，第42页。

⑦ 林孔翼辑录：《成都竹枝词》增订本，四川人民出版社1986年版，第42页。

⑧ 傅崇榘：《成都通览》上册，巴蜀书社1987年版，第16—17页。

⑨ 见光绪二十年（1894）甲午秋日的《四川省城街道图》题记，制作人为当时成都照相楼主人吴绍伯。

⑩ 方礼平：《游百病》，成都群众艺术馆编：《成都掌故》第一册，成都出版社

1996年版，第731页。

⑪ 佚名:《游病芙蓉城上》，成都市文联、成都市诗词学会编:《老成都——历代诗人咏成都》，四川文艺出版社2000年版，第579页。

⑫ 林孔翼辑录:《成都竹枝词》，四川人民出版社1982年版，第100页。

⑬ 林孔翼辑录:《成都竹枝词》，四川人民出版社1982年版，第39页。

⑭ 参见刘琳校注东晋常璩:《华阳国志·蜀志》，成都时代出版社2007年版，第103页。

⑮ 如今府河、南河合称锦江，也称府南河。

⑯ 参见傅崇榘:《成都通览》，巴蜀书社1987年版，第12—15页。

⑰ 成都市交通局等编:《成都市交通志》，四川人民出版社1994年版，第281页。

⑱ 黄隐:《为转省令批复拆卸东西城楼一案文》，《成都市市政公报》1929年第17期。

⑲ 成都市政府:《请款建修环城马路及增辟城门》，《成都市市政公报》1929年第13期。

⑳ 四川省文史研究馆:《成都城坊古迹考》，成都时代出版社2006年版，第371页。

㉑ 黄隐:《呈省政府：请划拨东南两门月城砖石地基变价，作环城马路增关城门专款》，《成都市市政公报》1929年第17期。

㉒《成都市市政公报》1930年第16期，第146—147页。

㉓《路市建设：成都市工务局拟具整顿交通计划书：展宽东门城门及培修大桥，呈省府及三军部拨款兴工》，《道路月刊》1932年第36卷第3期，第37—38页。

㉔《路市建设：成都市工务局拟具整顿交通计划书：展宽东门城门及培修大桥，呈省府及三军部拨款兴工》，《道路月刊》1932年第36卷第3期，第37—38页。

㉕ 冯天瑜、刘柏林、李少军选编，李少军等译:《东亚同文书院中国调查资料选译》上册，社会科学文献出版社 2012 年版，第 98 页。

㉖ 袁庭栋:《成都的清城与满城》,《西华大学学报》(哲学社会科学版) 2010 年第 29 卷第 2 期，第 76 页。

㉗《国务院批复同意的〈成渝城市群发展规划〉公布，定位成都目标：国家中心城市》,《成都商报》，2016年5月6日，02版;《设计两条“文化体验步行环”，打造“少城民俗国际体验区”》,《成都商报》，2016 年 5 月 7 日，03 版。

南河、西郊河水系城门和桥梁旧影

一、成都西门

(一)清远门和西门大桥

清代成都有四座重要城门。1912 年进入民国时期，陆续开辟了新西门(通惠门)、新东门(武成门)、新南门(复兴门)、存正门(黄埔军校后门)。

成都西门名为“清远门”，城楼名为“江源楼”；位置在现今西大街与上同仁路交叉口处(同仁路在城墙内)。清代清远门为大城和少城(满城)共用。

清远门城门洞外。这张照片留下了农耕时代成都城门洞的风貌。

下面几张照片，显示了成都西城门从清朝末年到民国时期的变化。

成都西門城樓相傳爲列國時張儀所建（夏紹裘贈）
It is soid that the tower of the West Gate, Ching-too, was built by Mr. Chang-i in Eastern Chow Dynasty.

1929年成都西门城楼内侧，瓦片残缺，城楼已经破败。（摄影：夏绍裘，上海《图画时报》1929年第591期）

20世纪40年代成都西门外的一段城墙，城墙上的箭楼已经消失。城墙上写有超级大广告“及时钟表眼镜公司成都春熙路”，城墙外小路也变成大马路。城市变得现代化。

如今人们只知道成都有东门、南门、北门等大桥，很少有人知道还有一座西门大桥。

1894 年吴焯夫（吴绍伯）画的《四川省城街道图》，可以看见成都西门的城墙和城楼，以及和城门相对的西门大桥、节孝坊。

西门大桥横跨西郊河，为石头砌成的拱桥，有单独的桥洞，桥上有两层飞檐翘脚的楼阁，这在四门大桥中很有特色。桥西边不远处，有一座称得上典雅辉煌的节孝坊。有趣的是，成都东门外也有一座类似的节孝坊。

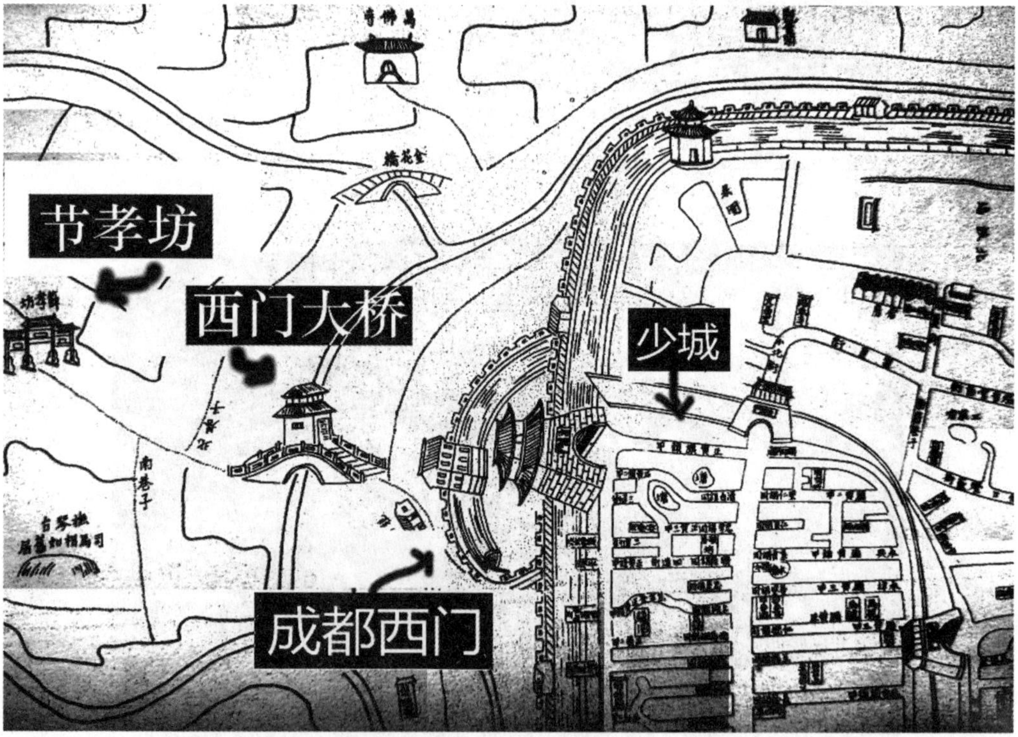

1894 年吴焯夫（吴绍伯）画的《四川省城街道图》（局部）。（郑光路标注处理）

清末成都西门外的节孝坊，为城西一景。（来源：[法]杜满希：《法国与四川》）

民国时期成都城市交通史料明确记载："五、外西干道：自西门大桥经石灰街、花牌坊街至乌龟牌车站……"①

（二）通惠门和十二桥

1912年中华民国成立，四川当政者认为：少城（满城）自成封闭体系，堵塞成都东城到西城交通。于是，民国成立后成都第一次大拆城墙开始，大致情况是：

1912年，首先拆毁少城北段城墙（即八宝街、西大街到老西门城上北栅子一段）。

1913年，时任四川督军的胡景伊下令：在少城西较场的城墙处新辟一城门，根据古书《左传·闵公二年》"务材训农、通商惠工"之意，取名"通惠门"；当时又称"新西门"，把原来的西门（清远门）称为"老西门"。

又新开通进出通惠门的路，名为“通惠街”，自此成为成都西线重要街道。通惠门的位置，大致是现在琴台故径牌坊外东边几十米处的马路中间。

据成都文化前辈唐振常回忆，1913年通惠门建成时，牌坊上高悬清末劝业道道台周善培的题匾：“既丽且崇，名曰成都；文明建设，今有古无。”②

民国时期的通惠门是什么模样，如今的人已很难想象。看了下面三张老照片，能大致了解100多年前通惠门的景观。

通惠门城门外，摄于1913年后，为当时成都的外国人拍摄，人名不详。照片中戴大檐帽的4个人是运送邮件的邮差；装邮件的两轮车上写有“（邮）政局”。城门洞边有几个头裹青头巾的人在旁观。进城门洞前方通向金河街、祠堂街。（郑光路收藏）

从通惠门城内拍摄，城外路中央有飞檐翘角的街亭。（来源：《道路月刊》1933 年第 40 卷第 1 期。郑光路收藏）

从通惠门城外拍摄。显示城墙外侧有垛口，城门洞外马路上有飞檐翘角的街亭，即十二桥。（来源：上海道德书局发行《神州胜境》，1935 年）

民国初期新辟通惠门后，在其外侧护城壕上修建木篷廊桥。此处碧波映月、林密花幽，是蓉城一景。

晚唐诗人杜牧写扬州的诗："青山隐隐水迢迢，秋尽江南草未凋。二十四桥明月夜，玉人何处教吹箫。"光绪年间任翰林的富顺人宋育仁，在"十二桥"桥头勒石题字，大意是："古扬州有二十四桥，此桥虽仅得其半，可'平分扬州明月'也。"

成都市民赶青羊宫花会不再绕路吃苦了，当时成都文人刘师亮写竹枝词赞道："通惠门前十二桥，游人如鲫送春潮。与郎走过桥头去，笑指仙都路不遥。"③

20 世纪 40 年代扩建西安路，改建廊桥为砖拱桥，以省长邓锡侯的字晋康命名为"晋康桥"。1950 年后几次扩建，为混凝土公路桥。十二桥桥名依旧，廊桥古景永远消失。

民国初期修建的十二桥。木篷廊桥风景优雅，还有游人和小吃摊。廊桥头正对着通惠门的城门洞。廊桥旧址大致是现在琴台故径牌坊左边十多米外车水马龙的道路中间。

二、成都南门

（一）江桥门和南门大桥

清代南城门叫江桥门，南城楼题名为浣溪楼。到 20 世纪 30 年代后抗日战争时期，城门和城楼逐渐被拆除。

英国传教士陶然士（Thomas Torrance，1871—1959），是汉学家、英国皇家地理学会成员。陶然士在清朝末年拍摄的成都南门右侧城墙，有可能是至今所见成都城墙最早的老照片。照片显示当时城墙保存完好、巍峨雄壮，城墙外十分空旷。

1907 年，署理四川通省劝业道周善培和成都商务总会协董樊孔周、董事马正泰等人，在成都修建劝业场。1909 年，樊孔周等人倡导，由商

清朝末年的成都南门外右侧城墙，保存完好、巍峨雄壮。（摄影：[英] 陶然士）

20世纪40年代南门城墙，和上图比较，城墙上衰草连天，已经显得颓败。（郑光路收藏）

1917年南门城楼紧临大江，气势巍峨。（摄影：[美]甘博）

1917年成都南门大桥码头上的远程木船，出川之人可由此顺流而下沿长江远航。（摄影：[美]甘博）

1917年成都南门城楼内，可见推鸡公车、挑担、担水的人和背夫（背负大量家具的人）等各种底层民众。（摄影：[美]甘博）

清末民初成都最早的自来水取水装置——“自来水穿城墙”奇观，水车的背后可以看见南门城楼顶。（来源：［日］岛崎役治：《亚细亚大观》画报，第3册，1926年）

民集资成立成都利民自来水公司。南门万里桥下架起水筒车，引水穿过城墙，通过专用管道输送至城内劝业场、盐道街、学道街、总府街、督院街、藩署街、康公庙等7处蓄水池。④

当时在成都任教的日本人中野孤山，曾谈道：“引水管是由粗大的竹子连接而成的。竹子的连接处用苎麻捆绑，再敷上水泥。水源是锦江，先用一个直径为三丈的大水车把锦江水打上来……是蜀都自来水之开端。”⑤

（二）南门城墙外的万里桥

西晋常璩《华阳国志》：“李冰造七桥……南渡流江曰万里桥。”万里桥修建距今有2000多年了，是我国最古老的桥梁之一。

李冰筑都江堰、辟二江，主要目的是开通蜀中水运通道，直达长江而出四川、通大海。万里桥是古代蜀人走出四川盆地的起点。三国时期诸葛亮在桥上送费祎出使东吴，长叹："万里之路，始于此。"

杜甫名句"门泊东吴万里船"，正是诸葛亮"万里之路，始于此"的诗意解说。

万里桥也是古成都标志性建筑，屡屡跳荡在古人诗中。如唐朝名诗人张籍《成都曲》："锦江近西烟水绿，新雨山头荔枝熟。万里桥边多酒家，游人爱向谁家宿？"一幅大江、古桥、闹市的图画，鲜活地浮现在人们眼前。

唐朝大诗人杜甫，骄傲地介绍自己的居所："万里桥西一草堂"；女诗人薛涛也自述："万里桥头独越吟"……

唐朝大中九年（855）中进士的扬州人陆肱，写了有名的《万里桥赋》，从赋中"潮生而夕月初明""帆去而秋滩正急"⑥可想见当年万里桥宽阔水面上，浪淘江月、大江东去……幽雅而壮观。宋代苏东坡，在异乡也魂牵梦绕地吟出思乡曲："我欲归寻万里桥，水花风叶暮萧萧……"

元朝时意大利人马可·波罗说，成都有座廊桥是繁华的集市："桥上有房屋不少"，"商贾、工匠列肆执艺于其中"。桥上木屋能"朝构夕拆"，相当于现今的活动摊点。桥上还有官方"征税之所"，税金"每日不下精金千两"。⑦

这座桥，就是与成都最热闹的"南市"联为一体的万里桥。现在有人说是安顺廊桥，那是错误的。

清朝康熙五年（1666），四川巡抚张德地等人捐资恢复城墙、津桥。复建后的万里桥已经不是廊桥。桥头有冀应熊手书"万里桥"石碑。廊桥上有"武侯饯费祎处"等额联……万里桥外"金沙寺"，风景如画。

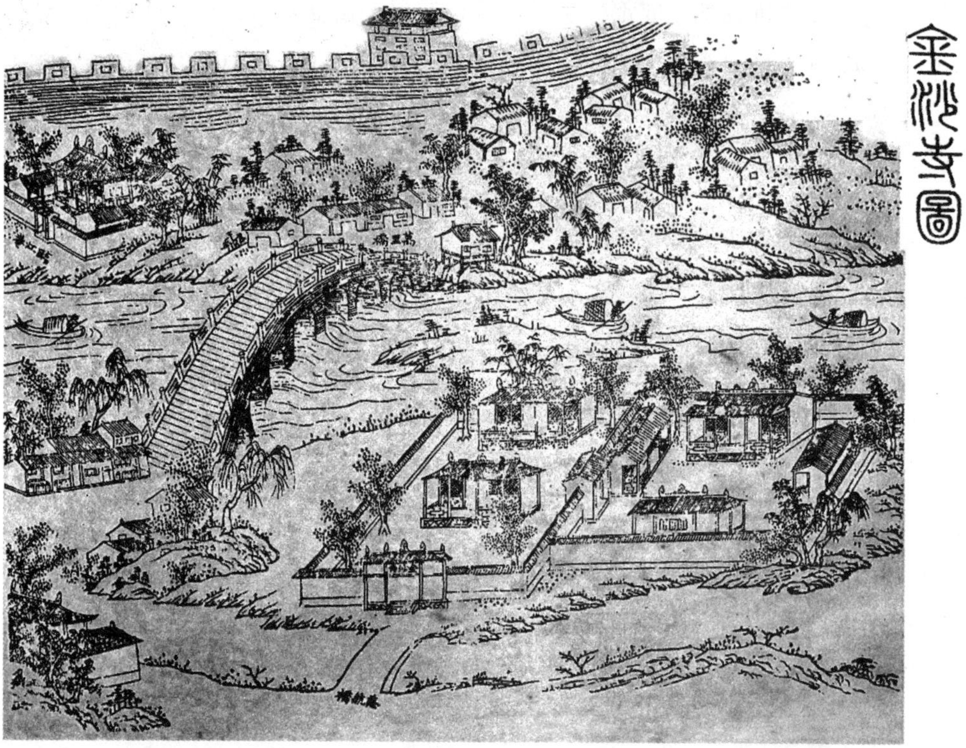

从描绘清代成都金沙寺的图上，可见万里桥之宏大。（来源：清嘉庆《华阳县志》）

20世纪20年代，成都南门外锦江风景十分优美，左侧可见城墙。（摄影：夏绍裘。来源:《卷筒纸》画报1929年第5卷第213期）

清末成都南门大桥，桥洞可见南城门。注意“桥之两边，设摊成市”，有许多商业摊点。（郑光路收藏）

光绪三十三年（1907），再次改建万里桥为七孔石拱桥；桥长20丈，桥宽3丈余，石板护栏。清末官员徐心余亲眼所见：

> 出成都南门南行百余步，水声淙淙。有万里桥跨江横卧……附近居民，聚集桥之两边，设摊成市。中间车马往来，行人如织，不觉其拥挤，其宽阔可知矣。⑧

扩桥工程就是被后人骂为“赵屠户”的清末四川总督赵尔丰，为拓宽通藏大道主持修建的。当时桥南桥头上有巨大石碑，刻有这位赵大人亲书“万里桥”，三个大字十分壮观。

万里桥岸北江畔的枕江楼，开业于1905年。酒楼匾联更添雅趣：“百

民国时期的万里桥，岸北江畔是有名的枕江楼。（郑光路收藏）

民国时期的成都南门大桥，从这张照片上可看见大桥栏杆上的局部雕饰。

花潭上三秋水，万里桥头一酒楼”。桥下河坝老杨树下是卖鱼虾的小码头，客人亲自买鱼虾，厨房大师傅趁鲜活做出非常好吃……枕江楼名声大振，就餐都要抢座头。[9]

日本画报上有一幅《万里桥下》，江水荡荡，渔民正在整理鱼篓子……可见百年前锦江的良好生态环境，万里桥享誉海内外。

1954 年后，对万里桥进行多次维修扩建，拱面改平铺沥青，两侧新增钢架人行道。岸北江畔原来的枕江楼，作者记得好像成了旅馆。

古万里桥遭灭顶之灾，是 1995 年 2 月 23 日。当时虽众多专家和市民抗议拆毁，万里桥还是在这天被爆破拆除。轰隆巨响、烟尘腾飞时，许多老成都人泪水盈眶，市民拥塞围观，一片叹息。

民国时期成都万里桥下渔夫用竹篓“活水养鱼”。（来源：[日]岛崎役治：《亚细亚大观》画报第3册，1926年）

20世纪80年代末的万里桥，岸北江畔是原来的枕江楼，作者记得当时已经成为一家旅馆。桥头右上方是南大街，左边是城边街。桥面已经扩宽，桥墩在桥面之下。（来源：成都市武侯区文化馆）

原址新建了一座完全现代化的单孔水泥大桥，1996 年 5 月 31 日正式通车。后在南岸又修了一座现代化海洋巨轮形状的混凝土建筑，成都人冲壳子（四川方言，意为聊天、吹牛，同“摆龙门阵”）说：“不伦不类，泰坦尼克号搁浅到老南门了。”

1997 年岁末，上游几里外的浣花溪修建了一座所谓万里桥。自此坐出租车，的哥往往问：“哥老倌是去老南门？还是去浣花溪假万里桥？”

有专家批评，“城市建设不能干拔掉真牙安假牙的傻事”。何况即使假牙、金牙，总应该安在原处，能乱安在不沾边的腮帮子上吗？

远在上海的著名历史学家唐振常在《文汇报》专评此事：“此非保存文物乎？答曰：如此更糟，是把真古董毁掉，另造一假古董以冒充之，徒淆乱历史耳！”[10]

（三）复兴门

1937 年 7 月 7 日，日本发动全面侵华战争。1938 年冬月，在南门大桥下游大约 3 公里，新辟复兴门（俗称新南门），以便于市民跑警报躲避日本飞机空袭。

这道复兴门最大特色，是按照行人靠右走的规矩，有两个门洞一进一出。同时又在南河上，修建了石墩木面桥复兴桥（新南门大桥）。

1951 年后为了扩展通往磨子桥的马路，拆除新南门。从建成到拆除，新南门只存在 14 年。

南门大桥和新南门大桥之间，抗战时期也修建了一座便于跑警报的木桥，名叫“南虹桥”。1958 年，在此处修建现在著名的人民南路锦江大桥。此桥是砖砌拱桥，主要建筑材料是当年拆除成都南城墙的 42.8 万块城墙砖（另用了条石 1805 方）。[11]

城门洞上方写有大标语“（下定）国存与存、国亡与亡的决心！”表达了四川民众抵抗日本侵略的坚强意志。（摄于 1940 年。郑光路收藏）

1938 年后新辟复兴门，城门前有一个指挥交通的岗警台。（摄于 20 世纪 40 年代末。郑光路收藏）

三、消失的古安顺廊桥

元朝时意大利人马可·波罗说，成都有座廊桥是繁华集市：“桥上有房屋不少”，“商贾、工匠列肆执艺于其中”。[12]

如今有人说这就是安顺廊桥。其实，马可·波罗描写的是万里桥。

宋代陆游任蜀州刺史时，有诗《合江园涉江至赵园》。陆游说游罢合江园，欲至锦江南岸的赵园，必须跨马“涉江”（当时是枯水季节）。可见南宋时期，这里江上无桥。

安顺桥的修建，确切记载是在清朝康熙初年的1680年，原名长虹桥。

清乾隆九年（1744）发大水将桥冲毁，四川按察使李如兰重修，后来又毁于洪水。乾隆十一年（1746），华阳县知县安洪德捕获巨盗高某，“析其赃之无主者”，再次重修木结构七个桥洞的风雨廊桥。[13]

清嘉庆《华阳县志·津梁》载：安顺桥“长二十丈，宽一丈，木架为主”；桥建成后题额名安顺桥；“桥上覆以屋顶，供神像祭祀，设摊市”。

安洪德（1736—1795），字硕伯，山东聊城人，当过四川绵州（今绵阳）和泸州知府，乾隆十二年（1747）任华阳县令。[14]史籍说他“建置潜溪书院、安顺桥等，自出俸钱，不烦民力。工书，笔法苍劲”[15]。今青羊宫所悬青羊宫匾额，即其墨迹。

民间传说安洪德清廉爱民，老百姓就将长虹桥改名为“安顺桥”。

安顺桥桥身高两层，造型典雅。上层供神像不作通行，上盖有房顶；下层宽约四米，桥周有木栏杆；中有两米多宽通道，供推油、盐、柴、米的鸡公车和担挑子的行走；左右两旁靠木栏杆处是人行通道，摆地摊的小贩很多。

清代古安顺桥，图为北侧桥头和大佛寺的情景，风景幽雅。（来源：清嘉庆《华阳县志》。郑光路收藏）

清代古安顺桥，图为南侧桥头的情景，右下角是道教真武宫山门。（来源：清嘉庆《华阳县志》。郑光路收藏）

1917 年的成都安顺桥。（摄影：［美］甘博。郑光路收藏）

民国初期的成都安顺桥下，江面宽阔。南岸建筑较多，树下的古建筑是道教真武宫。（来源：微信公众号“史影古建筑旧影研究”）

民国时期枯水季节的成都安顺桥，南岸房屋（真武宫）与上图比较已显颓败，树也枯萎了。一些男女老少在打捞木料、维修木船。（来源：微信公众号“史影古建筑旧影研究”）

枯水季节的成都安顺桥，有条大木船正在维修。照片右侧可看见桥头北面大佛寺的部分建筑。（微信公众号“史影古建筑旧影研究”称此图为“埃贡·埃克斯坦德特拍摄，1938 年，德国图片库”）

1981 年的安顺桥正在简单维修，图为古安顺桥消亡前的影像。可见桥南岸真武宫早已无踪无影成为民居。北岸大佛寺 1950 年后也逐渐成为居民大杂院。（来源：成都市建设信息中心）

安顺桥北口有佛教的大佛寺，明崇祯七年（1634）创建，清康熙四十八年（1709）重建。寺内有铁铸大佛像身高二丈多，“衣裤间俱铸以小佛凡千数，故以为名。”[16]安顺桥南口有道教真武宫。安顺桥区域是百年前成都东门重要风景区。

1947 年 7 月，古安顺桥被冲毁。《新新新闻》报道：聚集桥上观看涨水的人群落入河中“顺水而逝”，“安顺桥头的锦春园药号及其开设的茶馆，一并冲光……”

此后三十多年，这里砌石为墩、架横木为简易石桥，只供人行走。20 世纪 70 年代的安顺桥和清代的廊桥相比较，可说有天壤之别。

1981 年 7 月中旬成都又遇洪水，众人围观致桥崩塌，53 人落水，淹死26人。1983年，在稍下游处建成混凝土大桥，名为“新安桥”，但人们仍称其为安顺桥。

原古安顺桥位置在两江汇合处上游。2002年，在两江汇合处下游约200米处，新建三孔仿古廊桥，名曰“安顺廊桥”，实为江上营业性高档大餐馆，其外观也非清代的安顺桥。

注释：

① 李文海主编，夏明方、黄兴涛副主编:《民国时期社会调查丛编·城市（劳工）生活卷》上（二编），福建教育出版社2014年版，第465页。

② 参见唐振常:《繁弦杂奏》，上海书店出版社1997年版，第64页。

③ 丘良任撰:《竹枝纪事诗》，暨南大学出版社1994年版，第326页。

④ 参见陈祖湘、姜梦弼:《成都劝业场的变迁》，《成都文史资料选编工商经济卷》，四川人民出版社2007年版，第170页。

⑤ [日]中野孤山:《横跨中国大陆——游蜀杂俎》，中华书局2007年版，第107页。

⑥ 周绍良主编:《全唐文新编》第4部第1册，吉林文史出版社2000年版，第9111页。

⑦ [意]马可·波罗著，冯承钧译:《图释马可·波罗游记》，吉林出版集团2009年版，第151页。

⑧ 参见徐心余:《蜀游闻见录》，四川人民出版社1985年版，第10页。

⑨ 参见李劼人:《李劼人说成都》，四川文艺出版社2001年版，第377—388页。

⑩ 唐振常:《闻万里桥拆》，文汇报笔会编辑部编:《一个甲子的风雨人情：笔会六十年》（珍藏版），文汇出版社2006年版，第261页。

⑪ 袁庭栋:《成都街巷志》上册，四川人民出版社 2010 年版，第 159 页。

⑫ [意] 马可·波罗著，冯承钧译:《图释马可·波罗游记》，吉林出版集团 2009 年版，第 151 页。

⑬ 成都市交通局等编:《成都市交通志》，四川人民出版社 1994 年版，第 21 页。

⑭ 季啸风主编:《中国书院辞典》，浙江教育出版社 1996 年版，第 407 页。

⑮ 薛天沛编:《益州书画录续编》安洪德条目，成都薛志泽崇礼堂 1945 年版。

⑯ 陈法驾、叶大锵等修，曾鉴、林思进等纂：民国《华阳县志》卷三〇。

府河水系的城门和桥梁

一、万福桥又叫流沟桥

成都两江抱城。南河在百花潭汇合西郊河，顺南城而下；府河绕成都城北和城东而下。两江在安顺桥下游的合江亭处汇合。

府河上，有万福桥、北门大桥、东门大桥三座主要桥梁。清末傅崇榘说："北门大桥（一名大安桥，有石板，石栏）。万福桥（有楼，大桥也，在西北）……"[①]

清同治《成都县志·津梁》记载："万福桥，县北二里。架木为桥，上履以屋，有亭有坊，长五丈，宽丈余。"

万福桥之得名，是因为桥不远处，有一座历史悠久的万福寺。根据明朝万历时人黄辉《重建万福寺碑记》等史料记载：

> 万福寺，在今成都城北万福桥，相传创于东汉延熹间，六朝曰安浦寺，唐宋以来名净众寺、竹林寺、净因寺。以唐无相禅师于此建塔"镌佛者万"，故名万佛寺，明又称万福寺……（寺庙占地）计八千四百亩，寺产亦云多矣。[②]

历史上万福桥几次被洪水冲毁，又几经修复。光绪十三年（1887），桥向东移到万福街、任家湾和金华街交界处。这次建的是廊桥，飞檐翘角、角系风铃。桥廊东岸有庙，庙中塑有龙王菩萨。[③]

1894 年吴焯夫（吴绍伯）画的《四川省城街道图》，从图中可以看见成都北门的城墙和城楼，以及迎恩桥（北门大桥）和万福桥的情景。

万福桥离万福寺不远，桥上挂有“万福来朝”匾额。每年正月初六到十五，成都人有踩桥朝拜万福寺的习俗，认为会带来“万福”。

专业志书记载：“自清康熙四十八年（1709），巡抚年羹尧开螃蟹堰新河，引柏条河水入府河后，使集聚灌县的竹木能编筏，直漂成都北门西北桥到万福桥一带起岸销售。从此，这一带形成了木材码头市场。”[④]

民国早期，万福桥也俗称为流沟桥，1935 年的《成都万福桥》老照片，可以看见府河中有很多木材，说明这一带区域，是水上漂运木材和交易的重要码头。

民国早期万福桥俗称为流沟桥。（来源：《成都流沟之桥》，载上海《星期》1922 年第 34 期。郑光路收藏）

1935年的成都万福桥，可以看见府河中有很多木材。（来源：上海道德书局发行《神州胜境》，1935年。郑光路收藏）

1947年成都大水灾，风雨廊桥万福桥被洪水冲毁，桥东龙王小庙也荡然无存。

1950年后北门建火车站，新修人民北路；1959年后在被冲毁的桥下游一百余米处，新修跨府河混凝土大桥，最初叫人民北路大桥，1981年定名为万福桥。

二、存正门及北较场、中央军校

紧靠府河的成都城墙，有1935年后新开辟的存正门，以及北门、东门两座老城门。

1924年，孙中山在广州创办中国国民党陆军军官学校（黄埔军校）。1935年10月1日，在成都北较场开办成都分校（三分校）。

1937年7月7日，日本侵略军悍然发动卢沟桥事变。1938年，总校

1942年北较场军校阅兵。这张照片可以一览民国时期成都武担山风貌，可看见山上的砖塔、木亭。（来源：中华民国纪录片《1942·成都》。郑光路处理）

1936年后存正门的城墙。（郑光路收藏）

从南京迁到成都。1946年该校改名为“陆军军官学校”。

成都北较场内有一座武担山，或称五担山、武都山，实为两座相连的土丘，高20多米。土丘东西凸出之处分称“东台”和“西台”。武担山圈入军校后，在东台建一座砖塔，在西台建一个木亭。塔上设有炮兵观测所，又称“瞭望塔”。

北较场的军校大门，有正门（南门）、东门、北门（存正门）。

进正门（南门）300余米处，还有一个门，称作“二校门”或“奋斗门”，为军校主门。二校门形如牌坊，有3个圆拱洞。二校门上端有“陆军军官学校”6个大字，左右有副对联：“研究崭新军学，期为党国干城”。正前方30余米处，有蒋介石身佩战刀戎装立姿铜像，基座高约5米。铜像由刘开渠设计，铸于1941年6月，1950年后销毁。

成都分校1935年成立后，为便于野外演习，在北门和老西门之间的城墙，开了一个专用城门。分校副主任彭武扬，命名此门为“存正门”，城门上有彭武扬亲笔写的“存正门”三个大字。在军官集会上彭武扬解

抗战时期的成都北较场军校正门。（供图：王启华）

北较场军校二校门又称奋斗门，为军校主门。（来源：《成都黄埔军校校址考》，中国共产党新闻党史频道，《人民政协报》，2013年7月4日）

释：存正，取正气长存之意，也寓蒋介石的名号“中正”。彭还写了篇《存正门命名记》。分校主任李明灏题了字，还有一个中校秘书贺鹏武题了一首诗。三人的作品，用石刻镶嵌在城门洞内，珠红填底光彩夺目。

城门外面，有一座和存正门一道新建的沟渠小桥，题名“文白桥”。“文白”是当时军校教育长张治中的字。据说后来有一天，李明灏陪蒋介石到城墙外散步，蒋介石抬头看到存正门、文白桥，显得很不高兴。第二天，李明灏急忙让人将城门洞内刻字，用水泥封盖起来。

存正门外，就是横跨府河的万福桥。桥头两端有一些野店，其中有陈麻婆豆腐。存正门开通后，军校学生成了这里的主要食客，并且使其名声远扬……⑤

三、成都北门和迎恩桥（北门大桥）

成都北门又叫大安门，城楼名涵泽楼。

清朝，京城任命的官员经川陕道赴任，必从北门进入。成都北门李家巷建有迎恩楼。北门大桥，也叫迎恩桥。从1894年吴绍伯画的《四川省城街道图》观察，迎恩桥是一座石头砌成的拱背大桥，桥中央位置有一牌坊门洞，推测门洞上方有书匾“迎恩桥”。

光绪二十三年（1897）三月，合川县人丁治棠到成都谋差事。他过了天回镇，“行十余里至北门外小憩。小街旁有金绳寺，竹阴笼道、暑不漏日。过牌坊，架石拱桥，愈进愈幽，突现大刹，殿庭楠树干云……”[⑥]

金绳寺紧邻北门大桥，叫小南海。四周还有城隍庙、金华桥、大南

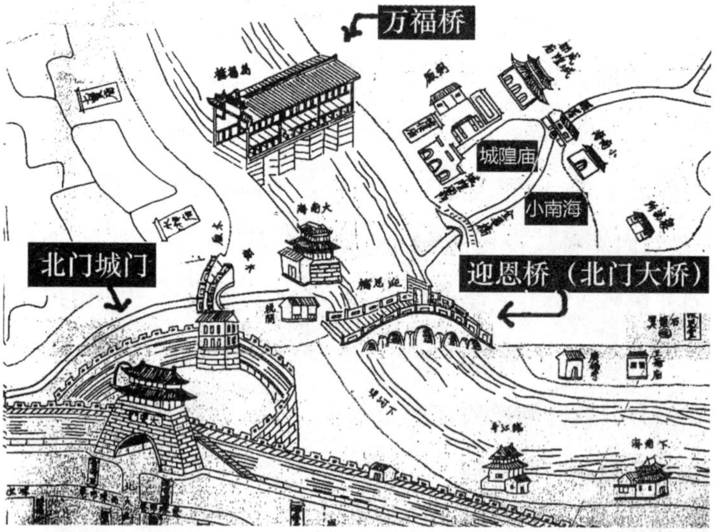

1894年吴绍伯画的《四川省城街道图》（北门局部），图中可见北门城墙和城楼、万福桥、迎恩桥（北门大桥）。（郑光路标注处理）

海、下南海、临江寺，是当年城北游宴名胜；如今小南海、城隍庙这一带成为城隍庙电子市场。百余年，不过历史长河一瞬间。对照下面非常珍稀的“北门小南海”老照片，已如庄周梦蝶令今人慨叹。

1911 年的北门（大安门）城墙、城楼和瓮城，图片右方有垛口面向城外。

1917 年成都涵泽楼内的情景。（摄影：[美]甘博）

北门大桥外有小南海、城隍庙、金华桥，是当年城北名胜集中区域。（郑光路收藏）

20世纪80年代的北门大桥，前方是城外簸箕街，右侧是当时有名的大安茶铺，右方通向曹家巷。（供图：王启华）

四、成都东门和濯锦桥（长春桥、东门大桥）

明天启《成都府志·关梁》记载："濯锦桥，府城东门外，其下有坊。"桥头东侧，依次有天福阁（楼）、紫东阁（楼）、牛王庙、节孝坊等，直通牛市口，是去重庆东大路的要冲所在。

此桥明末战乱破坏，清乾隆五十年（1785）重修为三洞石拱桥，中部稍隆起；高 2 丈、长 10 余丈，桥两侧有石头栏杆。此后更名为"长春桥"，俗称"东门大桥"。清末傅崇榘记载：光绪癸未年（按：1883 年）修补时发现有宋碑，其为宋代所创无疑。[⑦]

清代濯锦桥下游，为成都东门码头区和交通要道："轮蹄络绎……百货交驰，是以本地繁庶而毂击肩摩，自朝达夕，必以东门桥为最。"[⑧]

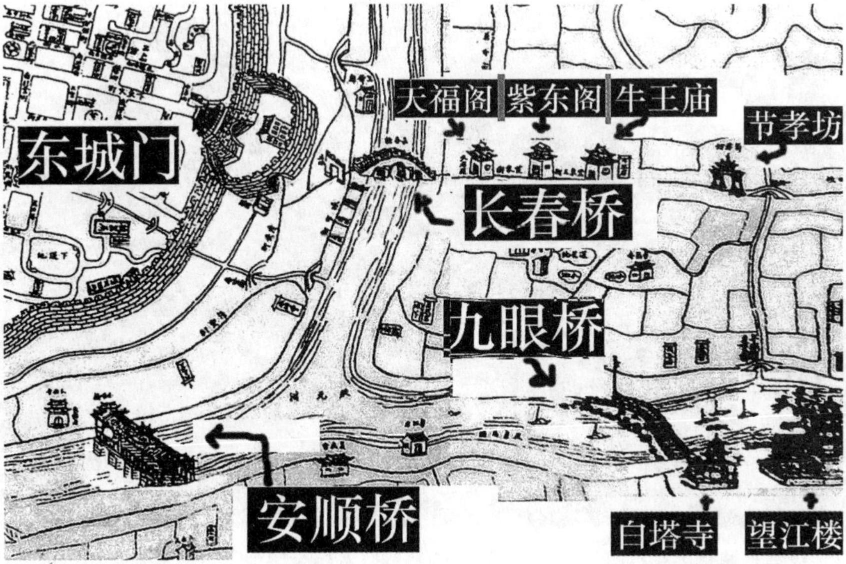

1894 年吴绍伯画的《四川省城街道图》（东门局部）。（郑光路标注处理）

清代成都东城门，称为迎晖门，城门内就是古老的东大街。

东城门之上修建高达五丈的城楼，叫溥济楼。民国《华阳县志》卷二七记载城楼“堂皇壮丽”。1932 年东城楼已经很破败，成都市政府调查：“查东门城门洞，宽二丈一尺、深八丈，墙高二丈六尺……敌楼（城楼）本身装修全无，仅存柱架，及其少数未腐朽之梁。”⑨

市政府决定拆卸东门城楼。1938 年，为方便城内居民跑警报躲避日本飞机空袭，当局撤除成都所有城门。

成都东城楼（亦称溥济楼），曾经辉煌典雅。右侧为城内，可看见紧临房屋的“马道”。左侧有垛口，为瓮城的箭楼，朝向城外。（摄于 1910 年前后）

東門城樓

20世纪20年代成都溥济楼内熙熙攘攘的热闹情景。（来源：[日]岛崎役治：《亚细亚大观》画报第3册，1926年）

1910年濯锦桥码头为成都东门水上交通要道。（摄影：[德]魏司）

20 世纪 50 年代的成都东门大桥。中间桥墩上有工人正在加固桥的护栏，众人围观。前方下游是合江亭位置，左侧是成记饭店，桥头左侧通向牛王庙，右侧通向东大街。（摄影：陈德龙）

20 世纪 60 年代初期的成都东门大桥，桥的护栏已经加固。桥头右转弯是水津街，桥头左侧是成都东门有名的成记饭店。（来源：成都市建设信息中心）

注释：

① 傅崇榘:《成都通览》，天地出版社 2014 年版，第 23 页。

② 龙显昭主编:《巴蜀佛教碑文集成》，巴蜀书社 2004 年版，第 439 页。

③ 张新宇主编，成都市金牛区地方志编纂委员会办公室编:《金牛掌故》，巴蜀书社 2004 年版，第 101 页。

④ 成都市地方志编纂委员会编纂:《成都市志 · 物资志》，成都出版社 1995 年版，第 140 页。

⑤ 参见《成都黄埔军校校址考》，中国共产党新闻党史频道，《人民政协报》，2013 年 7 月 4 日；参见王秉文:《成都“存正门”命名与除名》，四川省文史研究馆编:《巴蜀述闻》，上海书店出版社 1992 年版，第 157—158 页。

⑥ 丁治棠:《丁治棠纪行四种》，四川人民出版社 1984 年版，第 150—151 页。

⑦ 傅崇榘:《成都通览》，天地出版社 2014 年版，第 21 页。

⑧ 吴巩、董淳修，潘时彤等纂：嘉庆《华阳县志》卷一三《古迹》。

⑨《路市建设：成都市工务局拟具整顿交通计划书：展宽东门城门及培修大桥，呈省府及三军部拨款兴工》，《道路月刊》1932年第36卷第3期，第37—38页。

南河与府河交汇后的风景点

一、合江亭和合江桥

都江堰岷江水系的走马河，流到成都形成府河和南河。府河绕城北、城东而流，南河绕城西、城南而流。两条河在合江亭处汇合以后，通常称之为锦江。

南河与府河的交汇处，唐代后建有芳华楼、合江亭、合江园，成为“一郡之胜地”，也是锦江重要船运码头。

淳熙元年（1174）十月，四川制置使兼知成都府范成大，叙述离别时此处风景：“是日，泊舟小东郭合江亭下……绿野平林，烟水清远，极似江南。亭之上曰芳华楼，前后植梅甚多……蜀人入吴者，皆自此登舟。”①

宋末战乱中，合江亭与合江园全部被毁，一直未能重建。1894 年吴绍伯画的《四川省城街道图》（东门局部），图中可见清朝末期东城门和东门大桥、安顺桥、九眼桥。两江汇合的合江亭区域，并没有什么风景点。夏天枯水期两江汇合处的江中心，有一个“状元洲”。

20 世纪 60 年代，两江汇合处稍上游的府河上有渡船。记得作者读书的水井街 35 中，很多住家对岸的同学，当时每天都要坐渡船过河（每次一分钱）。

1987 年在府河渡口处修建了合江桥，1989 年建了合江亭，1991 年入选为“蓉城八景”之一。

二、九眼桥、回澜寺（白塔寺）

明朝以前，商贾行人、驮马车辆过合江亭下游锦江，全靠船渡。

明朝万历二十一年（1593）九月，四川布政使余一龙主持下，在合江亭下游约一里处修了一座桥。州邑官民纷纷捐资，明蜀王也捐千金。历时四年建成的石拱大桥，高约3丈、长约40丈、宽约4丈。蜀王恭请卸任的礼部尚书李长春，撰写《新修桥塔碑》立于桥头。碑文中颂扬桥之壮观：“虹舒电驰，霞结云构……俯而瞰之，飙涌涛舂，鲸飞鲵走。”[②]

此桥名为宏济桥，又称镇江桥；因有九个桥洞，俗称九眼桥。

宋代于今九眼桥南建有东山白塔寺，后寺毁。1922年其地发现宋乾道时（1165—1173）断碑，知宋有此寺（见民国《华阳县志·古迹四》）。

1593年余一龙建宏济桥时，又于桥南东侧建回澜塔。

1644年张献忠入成都，不久毁此塔，寺亦不存。清朝乾隆三十年（1765），四川总督开泰重建回澜寺，并于寺之东侧建三层亭式楼阁，名叫“同庆阁”（又称“回澜塔”），俗呼为白塔。所以回澜寺，也被称为白塔寺。[③]

乾隆五十三年（1788），四川总督李世杰重修九眼桥。九眼桥是成都航运的重要水码头。清末白塔寺虽颓败，因紧临九眼桥仍是城东一景，游人多于此依依惜别，临江处舟楫繁多。

清末，外国人也推崇九眼桥，如日本人中野孤山说：“东门外，宏大的九眼桥横跨锦江。该桥由硬砂岩建成，坚固精致……真的是一座独一无二的巨大石桥。”[④]

据傅崇榘记载，清末白塔寺内供奉有东岳像、弥勒佛像、文殊像、

成都东门外九眼桥江水中的船只不少。桥上搭有竹棚和商品交易的摊点，说明九眼桥是成都重要的“桥市”。（摄影：[英]威尔荪，摄于1908年，大致从现合江亭位置东望）

20世纪40年代的九眼桥。上方桥头左侧通水井街、右侧通静居寺。（摄影：[美]法利）

普贤像。⑤1945 年白塔寺因附近贫民棚户失火，殃及寺塔而全毁。1953 年辟为望江路，直抵望江公园大门。

从英国人威尔荪（Ernest Henry Wilson，1876—1930）摄于 1908 年的九眼桥照片来看，桥上还搭有竹棚和商品交易的摊点，说明九眼桥不仅供交通，也和万里桥一样是成都重要的“桥头市场”。

如今人多不知白塔寺图景，下面这两张作者收藏的清代嘉庆刻图及日本人岛崎役治所摄白塔寺，堪称珍贵。

1992 年，尽管不少专家学者、老成都人呼吁“手下留情”，古九眼桥仍被拆毁，在上游几十米处建起“半立交桥”。下游约四里外，不久却修了座“仿古九眼桥”。

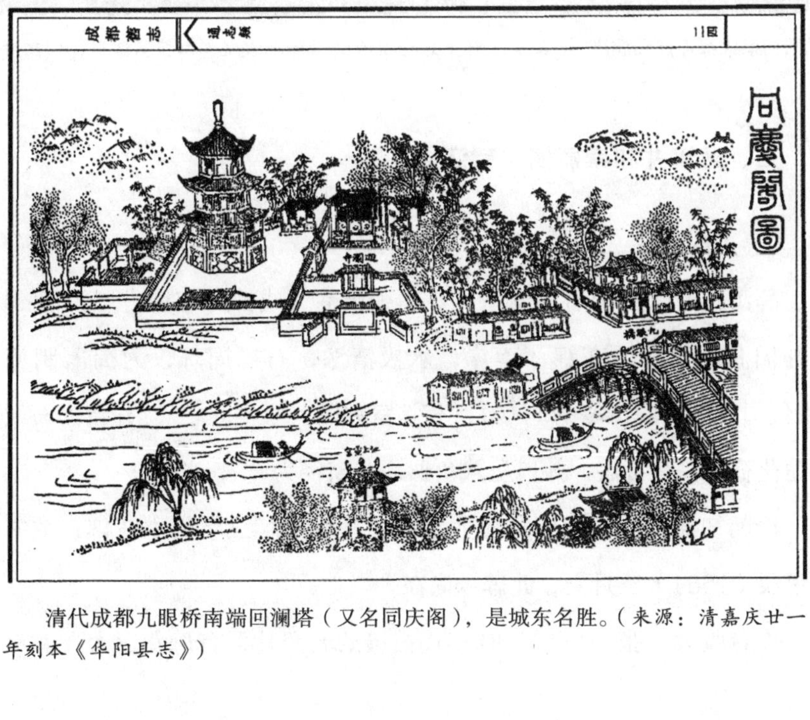

清代成都九眼桥南端回澜塔（又名同庆阁），是城东名胜。（来源：清嘉庆廿一年刻本《华阳县志》）

民国初期成都锦江回澜塔。(来源:[日]岛崎役治:《亚细亚大观》画报第3册,1926年)

三、薛涛井和崇丽阁(望江楼)

(一)薛涛井

薛涛是唐代成都著名女诗人。明朝天启《成都府志·古迹》说:"薛涛井旧名玉女津,在锦江南岸,水极清澈,石栏周环,为蜀藩制笺处(明代蜀王仿制薛涛笺的地方),有堂室数楹,令卒守之。"井台为石质圆形莲花石座,有石盖,井口呈八角形,井口径为0.75米。

清朝初期,成都知府冀应熊手书"薛涛井"三字刻立石碑,款书康熙甲辰(1664)三月立,此碑今尚在。

作者收藏一张20世纪30年代拍摄的老照片,有母女三人在薛涛井旁合影。其中身穿旗袍的母亲脚踏井栏，摆拍从井里提水的样子，很有生活情趣。另一张是 20 世纪 40 年代，为著名摄影家郑鸣玉拍摄。

值得注意的是，现在薛涛井旁两棵大树，比下面两张老照片中的树小很多，应当是后来补栽替换的。

1935 年母女三人在薛涛井旁合影。薛涛井在成都东门外、望江楼侧，相传薛涛曾以此井水造“松花笺”，后明蜀王建亭其上，每以三月三日汲水造笺。（摄影：龚敬威。来源：《良友》1935 年第 107 期）

20 世纪 40 年代末期薛涛井风景。（摄影：郑鸣玉）

（二）**崇丽阁（望江楼）**

1814年，四川总督常明在薛涛井左侧修建雷神庙。后来，四川布政使方积、成都知府李尧栋在培修明代薛涛井时，在井斜对面和井旁建成吟诗楼和浣笺亭，后又增建濯锦楼。

清代光绪初年，华阳县人马长卿看到回澜塔（同庆阁）坍塌，加之四川科举不兴，清朝200多年未出一个状元。马长卿创议在薛涛井前，造崇丽阁以代之。

马长卿自述："丙戌（1886）兴工，阅两寒暑"，光绪十四年（1888）崇丽阁告成，举办隆重的开楼庆典。由四川学政赵以炯、重庆镇总兵田在田主持，"盖文武两状元也"。[⑥]之后相继在崇丽阁旁构建浣笺亭、五云仙馆、流杯池、枇杷门巷等诸多园林设置。

为什么名为崇丽阁？汉代人左思《蜀都赋》有"既丽且崇，实号成都"；班固《西都赋》有"肇自高而终平，世增饰以崇丽"，故取其意而名。

此阁仿照同庆阁而修，但形状而更宏伟，五层楼阁、碧瓦朱栏。清末成都人冯骧说："胜境也，揽益州之胜景，据长江之上游……盖与登楚之黄鹤楼、湘之岳阳楼无以异也。"[⑦]

（三）**江景历史趣事**

清末，这里成为市民游江和雅集、游宴、饯别之所。傅崇榘记载这里的热闹情景：

> 放生会在东门外大佛寺，每年四月初八举行，官商士女，彩船如织，尽一日之兴而散，筵宴所多设于望江楼。

买舟东下者，多设饯于此……夏日纳凉者多……雷神祠居其侧。有售茶者，每碗六文。近年设有饮食店，楼外亦有小车，对岸即新厂（按：即新式兵工厂），有渡船。

傅崇榘还记载了望江楼成为热闹景点的几件事：

光绪己亥年（1899），纪姓之争渡，人多舟覆，溺毙数人……又记丁酉年（1897），因游人上望江楼，压力太重，楼梯忽断，跌伤妇女十余人。又光绪三十四年（1908），江边路窄，有官轿被拥入河，某太太则为浴佛矣。⑧

“江边路窄”，怎么样的“窄”？如今人难以凭空想象。

这张照片很可能是望江楼最早的影像（摄于1892至1900年之间）。江边路窄，不能并排走三人，小路右侧很空旷杂草丛生。有官员带领几个兵弁在行走。（摄影：[英]玛丽·汤普森。来源：微信公众号“史影古建筑旧影研究”）

拍摄于1907年望江楼下四川总督的游览官船。（摄影：[日] 山川早水）

1909年锦江边的成都崇丽阁（望江楼）风景如画，堪称经典。（摄影：[美] 罗林·张伯林）

民国初期成都望江楼和江中渡船，可看见对岸萲华寺和兵工厂。（来源：[日]岛崎役治：《亚细亚大观》画报第3册，1926年）

1935年的望江楼放生会。（摄影：龚敬威。来源：《良友》1935年第107期）

关于望江楼的照片，最早的可能是英国人玛丽·汤普森所摄的两张照片，拍摄时间为1892至1900年之间。

从老照片观察，傅崇榘记载的1908年时一个官太太乘官轿被挤下河，落水变成“浴佛”的情景，就如在眼前了。

四、雷神庙和荟华寺

早在崇丽阁建成之前，薛涛井附近已有雷神庙、方公祠、武圣宫等古建筑。

嘉庆十五年（1810）四川总督常明修建雷神庙：“兼祀风云雷雨诸神，岁时享祀，以祈丰岁。”同治五年（1866）重建，专门史料记载：“园中旧有雷神庙及方公祠，今废。”⑨

1934年望江楼对岸三官堂街的荟华寺，照片前方通九眼桥，江岸空旷为城东一景。（摄影：鲁文辉。来源：《家庭周刊》1934年乙种第74期）

如今望江楼公园内的薛涛纪念馆，即是在2005年由雷神庙旧址改建而成。

望江楼锦江对岸，有一座荎华寺。相传成都彭县荎华山有一个学佛的人，成正果后，善男信女为他立庙，号“荎华祖师”。成都也立了庙，在东较场附近。清末寺为军队占为兵营，哥老会众（袍哥组织）又在望江楼对岸三官堂街购地新建，迁原寺神位奉祀，为城东一景。民国时期，成都中学创办时租其正殿为礼堂。⑩

20世纪50年代后改为成都十九中学，本书作者常去该学校，见神像虽荡然无存，仍感觉庙貌巍峨。十九中学现改为田家炳中学，混凝土建筑已经古意全无。

民国后的1928年，望江楼风景区辟为“成都市第一郊外公园”。四川军政要人邓锡侯为之题写公园横匾。

清末成都望江楼旁边的雷神庙（现为望江楼公园内的薛涛纪念馆），有坐着的游客，还有端着簸箕卖小食的妇人。（摄影：[美]罗林·张伯林，1909年）

20世纪30年代望江楼辟为“成都市第一郊外公园”，公园牌匾上的题字为四川省省长邓锡侯所书。走进大牌坊的右边是雷神庙，进望江楼还有一道门。外面有小商小贩和黄包车等候客人。（供图：刘正生）

望江楼如今是成都“历史文化名城”的重要标志，全国重点文物保护单位之一。

注释：

① 范成大：《吴船录》，顾宏义、李文整理标校：《宋代日记丛编3》，上海书店出版社2013年版，第836页。

② 参见天启《成都府志》《成都府志·山川》《四川通志·津梁》。

③ 四川省文史馆：《成都城坊古迹考》，四川人民出版社1987年版，第378—379

页。

④ [日]中野孤山:《横跨中国大陆——游蜀杂俎》，中华书局2007年版，第100页。

⑤ 傅崇榘:《成都通览》上册，巴蜀书社1987年版，第563页。

⑥ 吴巩、董淳修，潘时彤等纂：嘉庆《华阳县志》卷一三《古迹》。

⑦ 林孔翼辑:《成都竹枝词》，四川人民出版社1982年版，第124页。

⑧ 傅崇榘:《成都通览》上册，巴蜀书社1987年版，第36、73、75、549页。

⑨ 彭芸荪:《望江楼志》，四川人民出版社1980年版，第20页。

⑩ 吴世先主编:《成都城区街名通览》，成都出版社1992年版，第80页。

皇城和少城篇

你如果回到清末，从大城西御街进入少城受福门，回头一望，大城那边全是房屋、商铺、石板街，市民摩肩接踵、人声喧闹。而少城内，则仿佛鸟语花香的郊野，到处是碧树、荷塘，绿荫中有一条条幽雅街巷。

城内景物清幽，花木甚多，
空气清洁，街道空旷，
鸠声树影，令人神畅！

成都皇城沧桑录

一、成都皇城的历史由来

清代成都城中有城，即大城内还有皇城和少城（满城）。“三城相叠”、城外“两江环抱”，是清末成都最具有代表性的城市特征。

历代传说三国时期刘备的金銮殿旧址，就是皇城，但这点史书未确载。可信的是，隋文帝杨坚第四子杨秀被封为蜀王，在这片区域兴建王宫、凿摩诃池、建散花楼。唐末五代十国时期，前后蜀国的皇城也在这里。

此后历朝历代，这座金碧辉煌的城中城，始终是巴蜀政治中心。时而崔巍宫阙旌旗飘扬，赵女吴姬笙歌彻夜；时而漫天战火杀声四起，城摧墙毁虎狼栖身……

明朝开国时，朱元璋立第十一子朱椿为蜀王。洪武十八年降谕景川侯曹震：“蜀之为邦，在西南一隅，羌戎我所瞻仰，非壮丽无以示威，汝往。钦哉。”①

史书记载，蜀王府是选定刘备宫城旧址而兴建：“以蜀先主旧城水绕处为外垣，中筑王城。”②

曹震奉旨，1385 年起历时五年修成蜀王府，占地数千亩。从南至北有承运门、承运殿、圆殿、存心殿、王宫。大殿王宫前后铺陈，雕梁画栋，极尽豪奢。

蜀王府有两道城墙。里面一道在御河内，名为“砖城”（即城墙外层包砖），外面一道墙名“萧墙”。据明朝《四川总志》记载：“砖城周围五里，高三丈九尺。城下蓄水为壕。外设萧墙，周围九里，高一丈五尺。”

明代正德年间修的成都府大城的城墙，不过三丈四尺；蜀王府砖城高达三丈九尺，显示了朱家王朝的至高无上。

萧墙南垣在今东御街、西御街一线，东垣在顺城街一线，北垣在羊市街、玉龙街一线，西垣在东城根街一线。[3]

大城内有条横贯成都的金水河，直通蜀王府护城御河。金水河上有三座三孔汉白玉石桥，称为“三桥”，正对蜀王府门洞。三桥位置，在如今东御街和西御街分界之南的人民南路（金水河今已不存）。

蜀王府城门洞向南，有条长约一华里的笔直甬道，尽头是道二十余丈长、三丈来高的砖墙石屏，涂成红色名为“红照壁”。[4]1925 年红照壁为军阀拆卖，此街名今犹存。

蜀王府大体上模仿紫禁城建造，被民间称为皇城，旧址大致就是如今的天府广场、展览馆和后子门街的区域。著名学者李劼人说：

“明朝的蜀王府非常大，几乎占当时成都总面积的五分之一……整个宫殿坐北朝南，这座建筑非常宏伟，山水之美，亭台楼阁，小桥流水，鸟语花香，简直是人间仙境。”[5]

1935 年，欧亚航空公司的德国籍飞行员卡斯特，航拍成都城。照片中皇城大致居成都中心，为规则的长方形。这张照片有可能是至今发现的第一幅皇城航拍照。

1935年欧亚航空公司德国籍飞行员卡斯特航拍的成都城。皇城为规则的长方形。（来源：[德]格拉夫·楚·卡斯特：《西洋镜：一个德国飞行员镜头下的中国1933—1936》，台海出版社，2017年）

1909年4月在陕西街基督教堂钟楼向北拍摄，皇城以南一带（今天府广场）成都民居鳞次栉比；左上角皇城城门洞和城墙清晰可见，后面大建筑是贡院内明远楼。（摄影：[美]罗林·张伯林）

1909年4月，美国地理学家张伯林到成都，在陕西街基督教堂钟楼上向北，拍摄了一张照片：皇城以南一带（今天府广场）的成都民居，鳞次栉比（清末这里主要是回民居住区）；远处（左上角），皇城的城门洞和城墙清晰可见，后面的大建筑是贡院内的明远楼。

这张照片，显示了清末成都皇城以南的大致景观。

二、清代皇城变身为科举贡院

1644年，张献忠攻进四川，在皇城登基建立大西国。两年后他逃离成都，一把大火将皇城烧得精光。盘龙石柱烧不烂，则“裹纱罗数十层，浸油三日，一火而柱折……”⑥

明朝末年华阳县知县沈云祚的儿子沈荀蔚，1659年自洪雅县回到已逃离16年的成都：“时成都城中绝人迹者十五六年，唯见草木充塞，麋鹿纵横……城中豺虎熊貐，时猎得之，故蜀王府内二三年后犹然。”⑦

四川政治、经济中心成都，十多年中已变成超级野生动物园，清兵在城里“打猎”收获甚丰。皇城草茂林密动物很多，当时被称为“棘园”。

清初因成都全毁，全省考举人的乡试改在保宁府（今阆中）举行。

康熙四年（1665），成都重新复活。四川巡抚张德地奏请朝廷：在蜀王府遗址上修建全省科举考试的贡院：“康熙五年丙午，始试蜀士于成都。”

贡院气派太大，民间仍称皇城或王城。城墙呈矩形，东西宽540米，南北长660米。贡院比原蜀王府小，御河之外已是民居。

同治元年（1862）贡院多处倒塌，官府“通省筹款，彻底重修”，次

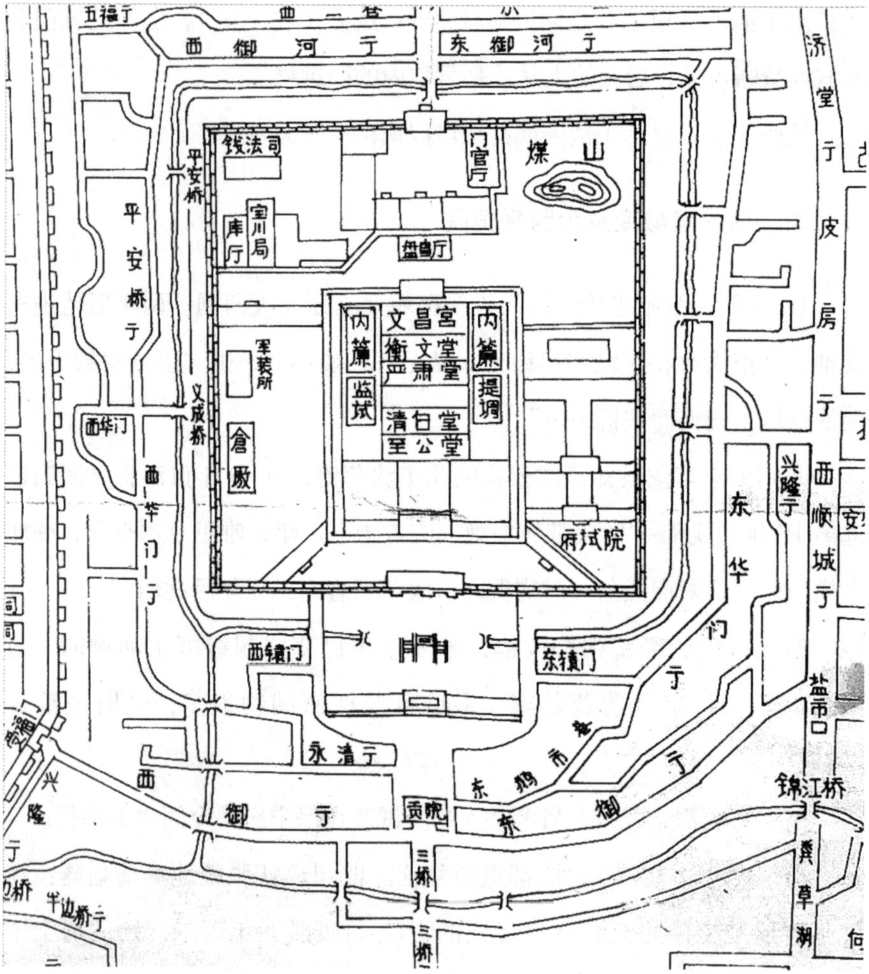

光绪五年成都皇城地图（局部摹绘图），可大致了解成都贡院的区域结构情景。（来源：四川省文史馆编：《成都城坊古迹考》，2006 年）

成都皇城内用木板钉成的考棚共 13935 间，照片中可见最高建筑明远楼，屋顶已较破败，次高处是至公堂。（摄影：[英] 陶维新，1900 年）

年七月完工。贡院内是什么样的情景呢？

贡院正门内，由南到北共建成龙门、明远楼、至公堂、清白堂、严肃堂、衡文堂、文昌殿，其后即界墙。

1744 年乾隆皇帝御赐草书“旁求俊乂”匾额，悬挂至公堂。御笔龙飞凤舞，考生戏称写的是“狗来滚叉”。

清末贡院这些仅三尺高、照《千字文》编号的一串又一串用木板钉成的考棚共 13935 间，“来省应试者每科约共一万四五千人”。⑧

清末，皇城前半部分作乡试贡院，后半设宝川局，即川省铸制钱币所在。宝川局停制后，在这里改修近代化色彩的劝业道署及劝业公所。皇城最北面有一大门洞俗呼“后子门”，即宝川局大门。皇城内，尚存“淤涸已久、荒草离离”的摩诃池，和花蕊夫人故井。⑨

皇城也是城中制高点。咸丰十一年（1861），汉州（今广汉）人张懋畿到成都考举人时所见：“蜀王城上春草生，蜀王城下炊烟横。千家万家好门户，几家高过蜀王城？”⑩这时成都完全是农耕社会城市风貌。

1911 年 11 月 27 日，皇城内宣布四川反清独立，成立大汉四川军政府。参加庆典的成都民众，潮水般涌进皇城。

12 月 22 日皇城明远楼下，清朝末任四川总督赵尔丰，被军政府大都督尹昌衡砍头示众。当时成都有容照相馆，拍摄了杀赵之前的珍贵历史镜头。这是成都皇城从封建帝制，走向近代中国的显著标志。

至公堂前照《千字文》编号的考棚。（摄影：[英] 陶维新，1900 年）

成都皇城内照《千字文》编号的考棚之图二。（摄影：[英]陶维新，1900年）

1911年11月27日，参加庆典的成都民众潮水般涌进皇城，最高建筑是明远楼。（摄影：[美]路得·那爱德。供图：王玉龙）

1744年乾隆皇帝御赐草书“旁求俊乂”匾额悬挂至公堂。这张照片拍摄于1911年11月27日，大汉四川军政府成立大典之时。（摄影：[美]路得·那爱德。供图：王玉龙）

1911年12月22日皇城明远楼下，杀赵之前的珍贵历史镜头。下跪者为赵尔丰，左一为尹昌衡。（摄影：成都有容照相馆。供图：吴燕子）

三、贡院拆除成了“高校城”

1905年农历八月，张之洞、袁世凯等朝廷官员奏请停废科举，在中国延续近一千三百年的科举制度，寿终正寝。

皇城贡院内，陆续兴办了各种新式高等学堂。

1906年，四川总督锡良亲自撰写《贡院废号记》并立碑。此碑，可以说是新旧教育体制变革的里程碑，意义重大。

非常可贵的是，锡良下令留下一些考棚作为文物永远保存：“拆号之日，余命存留若干间，封识而保护之，以待来者……余之存此度号并记其颠末，保存古物，以资历史之一证云尔。”次年春三月由代理按察使赵藩书碑。[11]

此后，皇城内前后办了留东预备学堂、通省师范学堂、优级师范选科学堂、通省补习学堂、甲等工业学堂、绅班法政学堂、通省师范附属高等小学堂……

皇城内还开设了一些新政机构，如劝业道、劝工总局、蚕桑传习所、陶瓷讲习所等。城门洞外，长长短短挂满了学校名称的吊脚木牌。皇城门洞两边背靠城墙地方，还修建了两列平顶房子：西边叫教育研究馆，东边叫教育陈列馆。[12]

清末皇城成了“高校城”。当时日本教师中野孤山说，“整个皇城几乎被学堂充满”。[13]

1912年进入民国时期，四川军政府、四川都督府的办公官署都设在皇城内。

1918年，皇城内各官署迁走，这里就主要作为学校。前后有四川

1906年外国人参观正在拆除的成都贡院考棚（号舍）。（摄影者为当时在成都的外国人。此后贡院内开建各种高等学校）

1912年进入民国时期，四川军政府、四川都督府都设在皇城内。1917年皇城“为国求贤”牌坊后的城门上，高挂“四川督军署”匾牌。1918年，皇城内各官署迁走。（摄影：［美］甘博）

优级选科师范学堂、四川高等师范学校、成都师范大学、成都大学等。1931 年，成大、高师与公立四川大学合并组成“国立四川大学”，这里有校本部和文学院、法学院。

1933 年 9 月，军阀刘湘决定“变卖皇城地基，以作剿匪经费”，理由是“皇城，在名实上均觉有封建思想；省城迭遭巷战争夺该城，存之不祥”。川大校长王兆荣号召师生反对，11 月 12 日向全国发布《反对变卖皇城校址宣言》，结果皇城未遭彻底拆除。⑭

1937 年，四川大学迁走，大量贫民迁入皇城内栖身。

皇城城门洞是前清贡院的大门，也就是明代蜀王宫的正门端礼门。1917 年高挂“四川督军署”匾牌。1931 年，题名改为“国立四川大学”。

民国时期皇城内，四川大学法学院大门。（郑光路收藏）

图为皇城内主要建筑物明远楼在 20 世纪 40 年代后的景况。（郑光路收藏）

四、清末皇城坝长得像啥样?

清初为缓和满汉冲突，特意在少城和皇城相连的边缘地带，安插回族移民居住，于是形成皇城坝片区。这里不仅建有几座清真寺，还放牧牛羊。

嘉庆年间杨燮描写这种城市田园风光:“后宝川局前举场，摩诃池上故宫墙。石狮双坐三桥首，日看牛羊下夕阳。”杨燮诗后注解:“宝川局即铸钱局……正阳门侧，悉是回人居住，昼牧牛羊于野，傍晚皆来王城坝中。”⑮

皇城南边，是气象森严的贡院正门(明蜀王府端礼门旧址)，门额上写有金灿灿的“天开文运”四字(康熙年间成都知府冀应熊所书)。

正门外广场左右，两只巨大石狮子威风凛凛。中央有“为国求贤”石牌坊，左边刻有“建福”，右边刻有“会昌”。

“为国求贤”牌坊稍南左右两侧，各有两层翘檐房顶的牌楼，这就是皇城的东、西辕门。两侧牌楼形制相同，其上均题“起凤”二字(牌楼背面均题“腾蛟”)。辕门左右有高大桅杆，乡试时悬旗左书“腾蛟”右书“起凤”。

“为国求贤”石坊及左右辕门前后的空坝，就是清末的皇城坝，大致即今天的天府广场北侧毛主席像区域。

清末民初时人徐心余，叙述当时的皇城坝:

> 成都皇城正门，三门并列，中与西常扃，平时由东门出入，中门非乡试年不开也。门外地，宽广数十亩，俗所称皇城坝是也……

1904年前的贡院正门和“为国求贤”牌坊。牌坊两侧有两座东西相向、两层翘角瓦檐、三个小洞门的小牌坊。贡院中间和西边大门都是紧闭的，东边大门洞开，与上文徐心余所述吻合。据此推断拍摄于1904年之前，因为1904年举行四川省最后一次乡试。1905年停废科举，贡院内兴办新式高等学堂，则三大门都洞开。（供图：刘正生）

“为国求贤”四字，每字大三尺余，杰作也。每日自黎明起，或说鼓书，或唱道情；耍百戏者，锣鼓齐敲；卖打药者，刀矛并举。他如医卜星相各家，则争驰于极南之照壁墙下，如棋布星罗。东西两辕门内外，遍设饮食茶点等处，所谓有物皆备，无美不臻者，直至日落西山，始见人影乱散焉。[16]

日本教师中野孤山则这样记载1906年后的皇城坝：

皇城门前是一个宽敞的市场，饮食摊点接二连三，杂乱无序……还有站在小摊前吃肉包子和面条的。有人提着山羊肉匆匆而过，有人沿街乞讨，还有人边走边啃包子。道路拥挤，轿夫举步维艰。喧嚣声起伏，吵闹声不断，市场一片混乱。凤起门（即右辕门）下的四周，有理发摊、补衣摊、旧货店、日用品店，还有从事下流职业的妇女一字排开等待生意。[17]

清末皇城坝究竟是什么样的情景，至今少有人能说清楚。下面四张成都皇城坝最早的照片，提供了极为珍贵的历史信息。

照片中可见“为国求贤”牌坊和数米外的照壁，以及左右两侧两层翘檐房顶的牌楼（皇城东、西辕门），其上均题“起凤”。照片中有多家商贩的布棚和桌凳，以及来往聚观的民众。（推测摄于1900年之前。供图：刘正生）

在“为国求贤”牌坊正南数米外，还有一座和“为国求贤”牌坊类似宽度的照壁。照壁上绘有图形，所画可能是沧海波涛图。（推测摄于1900年之前。供图：刘正生）

1908 年“为国求贤”牌坊前面的皇城坝，有很多小商贩。从这张照片上可看见皇城的城墙。整体概貌和前三张照片比较，已经显得杂乱颓败。（摄影：［日］山川早水）

照片摄于 1911 年 11 月 27 日，大汉四川军政府成立大典时。此时皇城坝的影壁和东、西辕门都没有了；中间改成一道大门，两边是栅栏。（摄影：［美］路得·那爱德。供图：王玉龙）

五、民国时期皇城坝的历史变化

1912年中华民国成立。民国初期，皇城城墙还大体上保存，但“为国求贤”牌坊南边的照壁和两侧辕门牌楼都被拆除。照壁南边，拆除不少民居辟为通道，皇城坝随之扩大。

历次军阀混战中，皇城是双方争抢的主战场。1917年，驻守成都的川军刘存厚、滇军罗佩金和黔军戴戡，为争夺地盘大打出手。炮火轰开皇城城墙，毁损惨重。

皇城最北面门洞俗呼“后子门”，至今罕见其老照片。作者收藏的1917年《东方杂志》第14卷第11期，刊有《成都兵灾》，文字说明是

图为1912年后，从皇城南望“为国求贤”牌坊，已经没有照壁和两侧辕门牌楼，形成一条通道称为“贡院街”，皇城坝显得杂乱荒凉。右上角可以看见陕西街福音堂的钟楼。

民国初期“为国求贤”石栏牌坊正中上方高高的装饰和东西相向的辕门牌坊已经消失。(来源:[日]岛崎役治:《亚细亚大观》画报第3册,1926年)

1917年成都兵灾后后子门情景。照片中,后子门城墙枪弹损害如蜂窝,门洞外站有手拿红十字旗的士兵。此图可略见后子门单城门洞之形状。(来源:《东方杂志》1917年第14卷第11期)

1917 年成都发生军阀混战，照片中皇城的城墙被炮火轰塌，皇城坝民房被毁，老百姓只有居住在一个个鸭儿棚棚里。（摄影：[美] 甘博）

“后子门（即皇城督军署之后门）第二次战后之光景”。照片中，后子门是单独城门洞，可略见后子门劫后之形状。

1917 年 7 月战争刚刚平息，美国人甘博用照相机记录下皇城浩劫。此后皇城的城墙大部遭拆除，只保留了南面城墙和三座圆拱门及城内明远楼、至公堂等建筑，皇城坝也更为混乱。

20 世纪 30 年代，成都当局进行市政建设。皇城坝改建道路，环境有所改观。

民国后期战乱不已，皇城只剩一座三洞城门。皇城内外，东倒西歪的贫民烂棚户星罗棋布；连城门洞两个威武的大石狮子，也被竹笆烂棚户包围得严严密密。

1931年，皇城内成立国立四川大学后，皇城坝改建市路，环境有所改善。“为国求贤”牌坊上面写的字已经不存在。（来源：《道路月刊》1933年第40卷第1期）

照片右方是1949年时成都皇城外的贫民棚户区。照片左方明远楼和至公堂也很破旧。图片中一些贫民在平整道路（后来的人民东路），有妇女在捶碎石头。（郑光路收藏）

六、20世纪50年代皇城内外情景

1949年10月1日，中华人民共和国中央人民政府成立了。

当时皇城内的建筑除一部分仍是实验小学，一部分改为博物馆，一部分驻公安部队外，还有几千家贫民窟。1951年，成都市政府将贫民移去西郊人民新村，将博物馆移到人民公园。这年，成都市政府迁入皇城办公，至公堂是大礼堂。[18]

当时的皇城城门洞，也"正名为成都市人民委员会大门"。[19]

1952年七一前，为庆祝成渝铁路通车和举行宝成铁路开工典礼，市政府要打通一条直达火车北站的中心大道，号称"人民北路"。还要在市中心开辟一个能容几十万人集会的人民广场，并在残存的皇城城楼上修建一个天安门式的检阅台。

当时成都规划建设的主要领导人马识途，回顾了这段重要的城市史：

"我到川西区党委（那时还不叫省委）向领导汇报，他（按：李井泉）对修道路毫无意见，但是对于在皇城大门前要修一个大广场，以及在城门洞上修一座天安门式的检阅台却犹豫了……他说：'你敢在成都修一个天安门吗？'"李井泉主张"搭个席棚检阅台就行了"。

马识途解释皇城的大门本来就像一座小天安门，"我们现在不过是还原罢了"。于是，米建书市长马上下令，连天连夜地拆房。那种木架竹编房屋，只要把人动员出来，把瓦下了用绳子一拉就垮了，真是摧枯拉朽。两三天工夫，从皇城城门洞拆起，一直拆到红照壁，把场地稍加平整夯实，一个广场的模样就出现了……这就是后来人民南路一段的基础。[20]

1953年国庆大典时，由四个人肩扛"成都市人民政府"大标牌的队伍，就从有些像小天安门的皇城城楼下亮相经过。

1954 年开始，四川领导人出于慎重考虑，城楼已不再像飞檐翘角的北京天安门，变为平顶检阅台。

1956 年后，在皇城东西两侧兴建了省、市人民政府办公楼。两侧基本对称，为四层一式两幢各 9200 平方米，各有办公用房及会议室 178 间。

按原规划设计，省、市两幢办公楼中部的主楼，要拆毁皇城三洞拱门高墙，修建高九层的省政府主体办公楼。因皇城的确是明清两朝珍贵遗存，当时决定暂时缓修主楼，只先修两侧辅楼。[21]皇城得以暂时保存。

1952 年后修建的百货大楼（右）和新华书店（左）与老皇城成“品”字形鼎立，长期成为成都标志性景点。（供图：王元宝）

图为1957年成都庆祝国庆节时皇城坝（现天府广场）的情景。（来源：成都市档案馆）

1952年后，在东御街、西御街和人民南路交界处，分别修建了五层高的百货大楼和四层高的新华书店（1954年10月建成），为20世纪50年代成都拓宽人民南路广场的三大工程项目之一。

老皇城、百货大楼、新华书店，成“品”字形三足鼎立，长期成为成都标志性景点。

一年又一年的10月1日国庆节，游行队伍都会从皇城门楼下经过，接受四川省、市党政领导人和各界先进代表的检阅。皇城坝周边，广场也不断变大。每年国庆大典市民倾城而动，人数都突破20万。档案记录显示，游行方阵数最多的是1963年，高达71个方阵。

此后，皇城和城楼下的人民南路广场，一直成为成都市大型聚会活动中心。皇城内至公堂、明远楼、牌坊与部分贡院旧屋，至20世纪60年代尚存。

七、20 世纪 60 年代动乱岁月中的皇城

1966 年中国爆发“文化大革命”，中国大动荡。

“文革”时期，成都皇城和人民南路广场，经常召开数十万人的群众大会。（郑光路收藏）

成都皇城和人民南路广场，经常召开数十万人的群众大会，只能用人山人海来形容；人潮经常从皇城下，长达几公里一直排列到火车南站。

成都皇城外墙上，经常贴满各种组织的大标语和大字报，显示出狂躁动荡的时代特征。

八、万岁展览馆、毛泽东塑像修建工程

（一）毛泽东塑像工程

1967 年初，清华大学红卫兵“井冈山兵团”，捣毁古色古香的二校

门，在此修建全国第一座大型毛泽东塑像，1967 年 5 月 4 日塑像落成。此后，中国掀起大建毛泽东塑像狂潮。[22]

1967 年下半年，成都皇城前广场的毛主席巨像开始修建。

巨型雕塑设计颇费周折，省、市革命委员会专门成立由九人组成的“毛主席塑像成都委员会”创作组，1968 年 6 月 3 日到北京学习。他们先后在清华、北大、中央美院、北京雕塑厂、《收租院》泥塑出国展览制作组既学习又实验性操作，忙碌 9 天才匆匆打马回府。

据作者收藏的第一手史料《工地战报》记载：从河南调集 30 吨石膏粉（为塑像模具用）时，三门峡市为此忙得不亦乐乎。当地农民纷纷出动，赶马车，拉架车，半天时间就把石膏粉拉到火车站，洛阳铁路分局提前一个月就将货源运回成都……[23]

《成都市建筑志》记载：“（雕塑）像体石，经地质部 50 多个探矿组多处选点，后选用攀枝花汉白玉石料雕刻，像体重 50 吨，由四川省美术学院教师郭其祥，成都工艺美术研究所韩松，工人卓大成、杨光一及大邑县唐明安、李绍瑞等人设计，经四川 10 余县 170 名石工试雕、排孔、接缝并以预应力钢筋连接而成。像体安装，由四川省机械化施工公司以吊车提升分段就位。”[24]

“敬祝毛主席万寿无疆展览馆”的修建也在紧张进行，后正式命名为“毛泽东思想胜利万岁展览馆”，简称“万岁展览馆”，就是后来的省博物馆。

1968 年 12 月 1 日，天府之国古老文明象征的成都皇城被毁。

（二）万岁展览馆修建工程

万岁展览馆主要由建工部一局所属 101 公司、机械化施工公司、六公司、一公司、木材厂等单位承建，并且全民参与。

整个工程 1968 年 12 月开工，仅仅花了 10 个月时间，四川省建筑史上建设速度最快的万岁展览馆，在 1969 年 10 月前落成。

万岁展览馆坐北朝南，高 38 米，楼分 5 层，大小 35 个展厅。馆内穹窿形大厅高 17 米，正面彩绘是 350 平方米的《红太阳》。

（三）毛泽东塑像及万岁展览馆的历史变迁

“文革”结束，各省市绝大多数的毛泽东塑像被拆毁，成都则保留了这座塑像。

1969 年 10 月前，万岁展览馆和毛泽东塑像即将完工。（郑光路收藏）

这座万岁展览馆，20世纪90年代后成为人头攒动、人声鼎沸的多家证券公司交易场所，后来名称也相继改为四川省展览馆、四川科技馆。这一片区，如今命名为“天府广场”。

2014年8月有媒体披露：成都老皇城“东华门遗址”已确定原址保护，将建设遗址公园或遗址博物馆。

我曾在接受成都报纸采访时说：“皇城是成都历史上的地理中心、政治中心、经济中心、文化中心的见证。皇城的毁灭，切断了成都自身历史血脉。我希望现在的发掘和保护能够接地气，老皇城再也不能完全恢复，可以部分恢复，还可以采取微缩景观的方式来展示。就像西安兵马俑那样直观，使之成为历史文化名城的重要文物支撑。”㉕

2016年，“成都中心”规划出炉，据说将借鉴纽约中央公园和伦敦海德公园：在天府广场—后子门片区，打造上千亩的成都版中央公园，集文化中心、城市遗址、中央公园和产业高地等功能为一体。根据规划，这里将重现摩诃池、东华门、西华门，以及新增“两坊一楼一门”，并部分复建御河、城墙等。㉖

注释：

① 刘大谟等修，杨慎等纂：嘉靖《四川总志·藩封·蜀府》。

② 李国祥、杨昶：《明实录类纂（四川史料卷）》，武汉出版社1993年版，第927页。

③ 四川省文史研究馆：《成都城坊古迹考》，成都时代出版社2006年版，第73页。

④ 参见熊相纂修：正德《四川总志》卷四《封藩·蜀府》。

⑤ 李劼人：《李劼人说成都》，四川文艺出版社2001年版，第13页。

⑥ 刘景伯:《蜀龟鉴》，陈力主编:《中国野史集粹2》，巴蜀书社2000年版，第170页。

⑦ 沈荀蔚:《蜀难叙略》，载何锐等校点:《张献忠剿四川实录》，巴蜀书社2002年版，第114页。

⑧ 参见同治《成都县志》，《成都旧志》第11册，成都时代出版社2007年版，第167—168页。

⑨ 参见周询:《芙蓉话旧录》，四川人民出版社1987年版，第3—4页。

⑩ 李谊辑校:《历代蜀词全辑》，重庆出版社2007年版，第670页。

⑪ 锡良《贡院废号记》碑文，四川省博物馆收藏，可参阅谢凌:《蜀中废科举、办新学的纪事碑——〈成都府贡院废号记〉》，《四川文物》2005年第3期。

⑫ 参见李劼人:《大波》第3部，人民文学出版社2013年版，第331页。

⑬ [日]中野孤山:《横跨中国大陆——游蜀杂俎》，中华书局2007年版，第136—137页，第140页。

⑭ 四川大学校史编写组编:《四川大学史稿》，四川大学出版社1985年版，第167—168页。

⑮ 林孔翼辑:《成都竹枝词》增订本，四川人民出版社1986年版，第45页。

⑯ 徐心余:《蜀游闻见录》，四川人民出版社1985年版，第115—116页。

⑰ [日]中野孤山:《横跨中国大陆——游蜀杂俎》，中华书局2007年版，第141页。

⑱ 参见李劼人:《成都历史沿革》，载《李劼人研究》，巴蜀书社2007年版，第15页。

⑲ 李劼人:《成都的一条街》，傅德岷编:《当代四川游记选》，四川人民出版社1982年版，第46页。

⑳ 参见马识途:《解放初期成都城市建设的日日夜夜》，载《成都掌故》第三集，四川大学出版社 2001 年版，第 494—496 页。

㉑ 成都市建筑志编纂委员会:《成都市建筑志》，中国建筑工业出版社 1994 年版，第 71—72 页。

㉒《第一座毛主席像修建始末：引发各地争相修建热潮》，中国新闻网，2009 年 12 月 1 日。

㉓ 四川省革委、成都军区《毛泽东思想胜利万岁》展览馆敬建办公室主办:《工地战报第 4 号》，1968 年 12 月 3 日。

㉔ 参见成都市建筑志编纂委员会:《成都市建筑志》，中国建筑工业出版社 1994 年版，第 90—91 页，第 335—336 页。

㉕《从东华门出发寻找成都人的千年乡愁》，《华西都市报》，2014 年 8 月 20 日。

㉖《“成都中心”规划方案出炉将打造世界级中央公园》，《四川日报》，2016 年 8 月 11 日，01 版。

成都少城的历史谜团

一、古代少城极简史

凡到过成都的人，都知道宽巷子、窄巷子、井巷子是享誉中外的著名旅游胜地。但是，他们不一定了解它的前身——清代少城内那三条胡同是怎么一回事。

知道少城这个名称的人，不一定知道它两千多年复杂的历史变迁——因为清代少城，只是少城历史中的一小段“老年”时期。

公元前316年秋，秦惠王派张仪、司马错、都尉墨，率大军从石牛道南下伐蜀，历时300多年的蜀国烟消灰灭。公元前311年，张仪、张若在成都筑墙建城，周长十二里、高七丈。[①]先筑大城，为军事政治中心；继筑少城，为经济重心。少城筑成后，县治始迁入少城。

唐朝段成式《酉阳杂俎》说成都古少城很繁荣：“广填华屋，置楼、观、榭、圃，并饰以金碧珠翠。”[②]

历史上少城大有名望，第一，它曾经是成都官衙所在地；第二，它又是贸易繁华区；第三，历史名人最爱居住少城。

晋代武帝时人张载，有首很有名的诗《登成都白菟楼》，说少城是宜居之城：“重城结曲阿，飞宇起层楼……郁郁小城中，岌岌百族居。街术纷绮错，高甍夹长衢。借问扬子宅，想见长卿庐……人生苟安乐，兹土聊可娱。”[③]

成都城历史变迁过于复杂，限于篇幅这里仅简单小结。概言之，公元前 311 年，秦代张仪、张若修筑成都城（大城和少城），至今已有 2300 多年历史，此间屡经战乱圮毁，大致可分为以下几个时期：

1. 张仪筑成都城至唐朝高骈筑罗城以前，可称为“秦城时期”（公元前 311—公元 876）。

2. 秦少城约建立于公元前 307 年。第一次大毁灭，是东晋永和三年（347）被桓温所毁，历史经过如下：

西晋末年，益州巴氐族领袖李特起兵反晋。之后李特之子李雄在公元 304 年攻下成都称“成都王”，306 年称帝，国号“成”。公元 338 年，李寿杀李雄之子李期自立为帝，将国号改为“汉”，史称“成汉政权”，是中国历史上的十六国之一。

公元 347 年，东晋的大将桓温率兵攻打蜀地，成汉政权灭亡。桓温认为成都山高水远，容易产生土皇帝，就纵火焚毁成都城。南宋时人祝穆编撰的《方舆胜览》记载：“桓温平蜀，夷少城，独存孔明庙。”

3. 230 多年过去后，隋朝初年隋文帝杨坚封其子杨秀为蜀王。杨秀不仅恢复少城还扩建大城，史称隋城。少城在秦少城旧址西南区域重建：“隋时，杨秀附旧城西南二隅，增筑少城，广十里。”[④]因此也称为“隋少城”。

4. 隋少城始建于 592 年至 602 年，此后存在约 200 多年；具体毁弃时间不详，大约在公元 870 年前的唐朝中后期拆毁少城。

5. 高骈在公元 875 年正月任西川节度使，六月上奏朝廷：请在旧城外增筑罗城，当年农历十一月完工。此后成都变为内外重城（即城中有城），罗城内的旧城遂称“子城”（也叫少城）。到了五代，前蜀国和后蜀国的宫殿都在少城之中，少城就更繁华了。南宋范成大吟出：“十里珠帘都卷上，少城风物似扬州。”⑤

6. 由晚唐至清朝，成都大城在罗城基础上屡毁屡建，可称为罗城时期（876—1949）。

7. 元代，威尼斯旅行家马可·波罗（约 1254—1324）到了成都，他写道：“穿山越岭，来到一片平川，那里有一个名叫成都府的地区……它的省城是一座壮丽的大城，方圆三十二公里，分作三个区。整座城市虽然同由一列城墙环抱着，但是，里面各部分用分墙隔开。”⑥

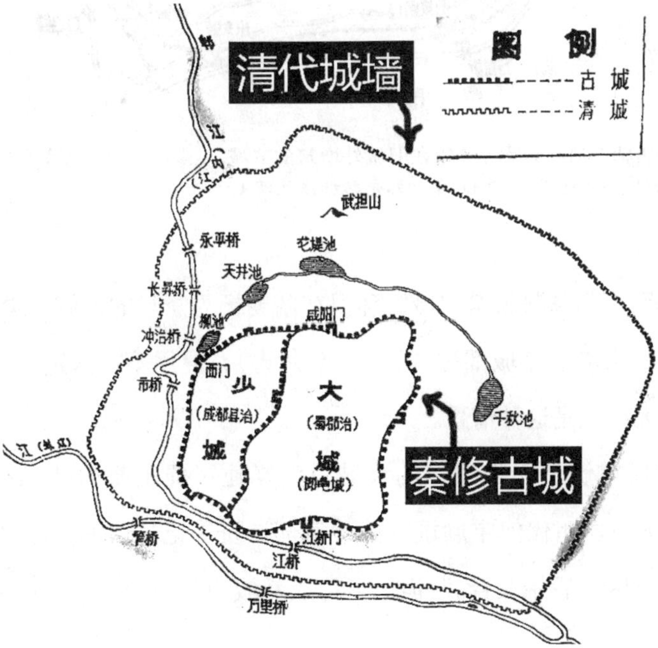

秦代创筑大城、少城示意图。（来源：四川省文史馆编《成都城坊古迹考》，2006 年。郑光路标注处理）

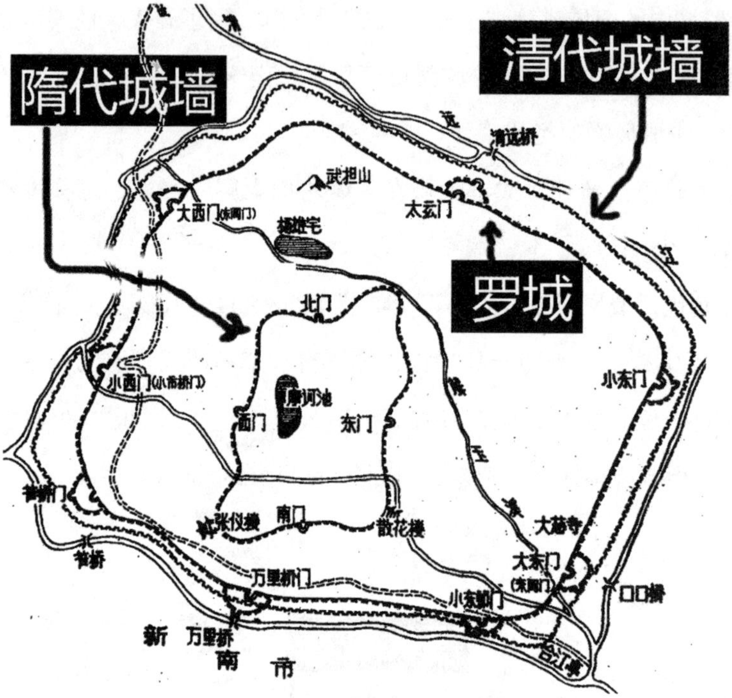

唐朝高骈在公元 875 年在旧城外增筑的罗城。（来源：四川省文史馆编《成都城坊古迹考》，2006 年。郑光路标注处理）

这是因唐朝高骈新筑罗城，环卫在隋朝杨秀修建的大城、少城之外，因而原先的大城、小城都称“子城”（少城），混用不加区别。马可·波罗所见，大约就是这种情景。

8. 明代重修了元末毁损的大城，又修建了蜀王府内外二城（即蜀王城及萧墙）。明代何宇度撰写的《益部谈资》记述：“成都有大城、小城、子城三区，后始改合。”但仍习称成都城西部为少城，常见于明人诗文。⑦

所以明朝末期天启年间（1621—1627）编纂《成都府志》，绘制的

《成都府治图》，只有大城（罗城）和蜀府（即蜀王城，俗称皇城），已经没有少城了。

古代少城因为屡经兴废，其城址也屡有变迁。所以，很难确定古代少城在如今的具体位置，只能说大致在成都城市的西部区域。

9. 清代康熙五十七年（1718），四川巡抚年羹尧委派成都知府刘世奇，在城西开始为八旗驻防修建满城，此后也称少城（详见下文）。

以上所述，就是清代以前成都古城及少城的大致概略。⑧

二、清代少城（满城）的修建

（一）清军进入四川射死张献忠

1644 年 9 月 9 日，张献忠率大西军杀进成都。农历八月十五日（1644 年 9 月 15 日），张献忠建大西国。⑨

被抓获的意大利传教士利类思和葡萄牙传教士安文思，被张献忠封为“天学国师”，亲见“献忠除正（皇）后四人外，尚有妃嫔三百名”。

然而张献忠称孤道寡仅两年，便被迫逃离成都。利类思、安文思亲眼看到张献忠逃离时毁灭成都：“复令将全城四面纵火……川中首城已成焦土，人畜同化灰烬……”⑩

正像地方学者李劼人先生所说：“自有成都城市以来，虽曾几经兴亡、几经兵火，即如元兵之残毒，也从未能像张献忠这样破坏得一干二净。”“成都城经张献忠这一干，的确是焚完毁尽！”⑪

1646 年八月后，张献忠大西军向川北大逃亡。十月下旬，张献忠驻扎在川北西充县金山铺大山中，准备造船率部沿嘉陵江到长江逃出四川。

顺治三年（1646）十一月初七，八旗兵自汉中启程，二十七日

（1647 年 1 月 2 日）抵达四川南部县。清军“衔枚疾驱，一昼夜行三百里”，于次日（1647 年 1 月 3 日）黎明浓浓晨雾中，悄然抵达西充凤凰山。张献忠对此竟一无所知，还夸海口：“我老爷统天兵在此，谁敢来捋虎须耶？”⑫

话声未毕，归降清军的张献忠部将刘进忠早引清军冲入大营。张献忠仓皇上马刚出营门，清军神箭手雅布兰一箭嗖地射来，直贯张献忠胸口。张献忠惨叫一声，坠马而死……⑬

1606 年出生的张献忠，死时虚岁 42 岁。此后八旗兵不定期进入四川作战。

（二）清代修建少城（满城）的准确时间

八旗正式驻防成都始于何时？什么时候开始修建成都少城（满城）？何人具体监造？

这些重要史实，近世各种地方史志，大都把年羹尧刚到任四川巡抚的康熙四十八年（1709），作为修建成都少城（满城）的起始年。如《成都城坊古迹考》中记载：“康熙四十八年（公元 1709）成都修建满城，供八旗军队驻防……”⑭

真实历史是：八旗正式驻防成都始于康熙五十七年（1718）。下面作者根据原始档案（年羹尧奏稿及皇帝御批），逐一论述。

康熙五十六年（1717），因为准噶尔部的大汗策妄阿拉布坦，进军西藏，四川成为军事战略要地。康熙五十六年十月十四日（1717 年 11 月 16 日），荆州将军拜音布遵照康熙谕旨，派荆州八旗防地的副都统宁古礼，率领八旗兵二千人到达了成都。⑮

康熙五十七年十二月二十一日（1719 年 2 月 9 日），年羹尧上奏“见在备料鸠工”，准备修建满城。鸠工，意思是召集工匠。年羹尧上文，明确记载开始准备修满城，是康熙五十七年十二月的事。

康熙五十八年（1719）正月，康熙皇帝批准了年羹尧向兵部请求修筑成都少城（满城）的工程计划。

作者详查专门史料《八旗通志》，年羹尧委派成都府知府刘世奇督修，并且向朝廷上报了满城的具体规模：

坐虎皮将帅交椅的大将军年羹尧，曾主持修筑成都少城（满城）。（郑光路收藏清代刊本）

> 檄委成都府知府刘世奇，于府城西北隅斜板桥监造满城一座。（康熙）六十年二月完工。计城垣周围八百一十一丈七尺三寸，高一丈三尺八寸，底宽五尺，顶宽三尺。城楼四座，共十二间……

修建满城用了两年多时间，康熙六十年二月（1721年2月底至3月）基本完工。《八旗通志》还记载，最初长驻八旗兵数量是：“四川成都府，设兵二千名。”[16]即留下甲兵1600人、军官53人，连同匠役和随军眷属约5000人。

作者收藏有《八旗通志》书中珍贵原始档案，是修建成都少城（满城）历史过程的实证。（见图）

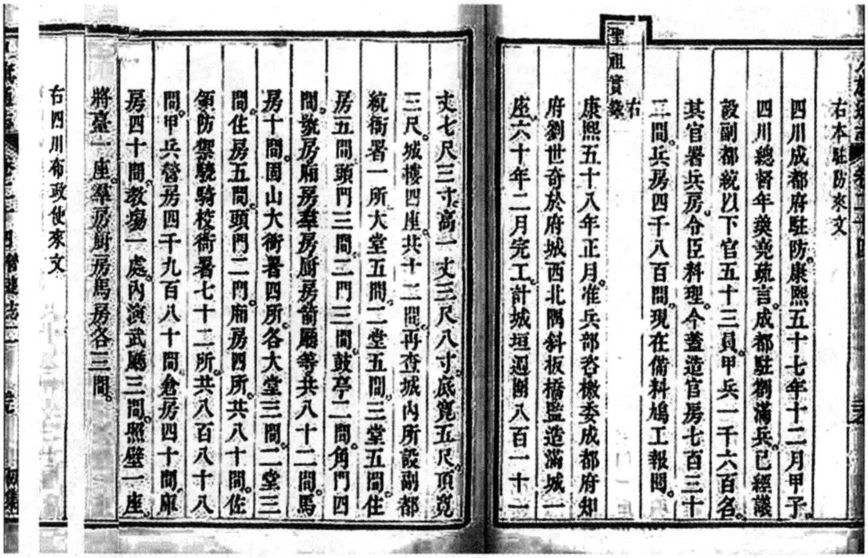

右本駐防來文
四川成都府駐防。康熙五十七年十二月甲子。
四川總督年羮堯疏言。成都駐劄滿兵。已經議
設副都統以下官五十三員。甲兵一千六百名。
其官署兵房。令臣料理。今蓋造官房七百三十
三間。兵房四千八百間。現在備料鳩工。報聞。
右
聖祖實錄
康熙五十八年正月。准兵部咨檄委成都府知
府劉世奇於府城西北隅斜板橋監造滿城一
座。六十年二月完工。計城垣週圍八百一十一
丈七尺三寸。高一丈三尺八寸。底寬五尺。頂寬
三尺。城樓四座。共十二間。再查城內所設副都
統衙署一所。大堂五間。二堂五間。三堂五間。住
房五間。頭門三間。二門三間。鼓亭二間。角門四
間。號房廂房羣房廚房箭廳等共八十二間。馬
房十間。圍山大衙署四所。各大堂三間。二堂三
間。住房五間。頭門二門。廂房四所。共八十間。佐
領防禦驍騎校衙署七十二所。共八百八十八
間。甲兵營房四千九百八十間。倉房四十間。廒
房四十間。教場一處。內演武廳三間。照壁一座。
將臺一座。羣房廚房馬房各三間。
右四川布政使來文

图为康熙五十七年后，年羹尧委任成都知府刘世奇修建成都满城的珍贵原始档案，是研究成都清代少城的第一手重要史料。（来源：《八旗通志初集》，雍正五年鄂尔泰等奉命修。郑光路收藏）

成都驻防八旗，由满、蒙两族构成。八旗兵以三甲为一旗，共 24 甲；每旗有一甲为蒙古兵，因此蒙古族人约占驻防旗兵及眷属的三分之一，满族则约占三分之二。[17]

按每个官兵一家 3 至 4 口家眷的最低数目估算，成都满城至少应该保障近万人的居住。

（三）清代少城“借用”皇城和大城的城墙

因为满城修建在古代少城区域，所以又称为少城。

必须强调，清代少城（满城）和古代少城，绝不是一回事（如今很多文章书籍都混为一谈）。

清代成都少城（满城），到底修在古代少城什么具体位置？已无从

考证。清末人傅崇榘就说：“今之满城，一曰少城，亦非秦张仪筑之少城。古少城之故址，今不可考，毁于隋时。”⑱

如今许多文章书籍都把旅游胜地宽窄巷子，生硬地解说为“成都两千多年的少城风景遗迹”，是很不严谨的。

年羹尧把满城选址在成都城西的原因，至今极少有人论及。原来计划满城修建在省城西门外空地，大致位置是如今一环路外的营门口地段。为什么后来又修建在成都城内西边呢？

原因是如果修建在省城西门外空地，则必须花大量经费才能新修一个崭新的城堡。

当时成都人口不多，城市西北隅更人烟稀少，在这里新筑满城阻力轻、花费小、困难少。乾隆初年董邦达领衔绘制的《四川成都府图》中，最为重要的发现是：

成都少城（满城）的东边城墙，实际上就是贡院（明代蜀王府皇城）的西边城墙（即“明墙故基”）；而成都少城（满城）的西边城墙，就是成都大城的西城墙（即“以大城西墙为西垣”）。

再说明白点：修建成都少城时，巧妙地“借用”了原有的东边老皇城和西边大城墙，实际上只新筑建了南北两边的城墙，工程量和费用因此至少节约了一大半。

《四川成都府图》上还有文字注明：“八旗驻防官捌拾伍员，兵贰仟壹佰陆拾肆名”。这是成都设八旗驻防初期可信的原始物证。

这时还未设成都将军，图上所画成都少城最高指挥机关是“副都统衙门”，并有西较场、支矶石古迹等。

清乾隆初年董邦达领衔绘制的《四川成都府图》。

（四）乾隆时期扩建少城并设成都将军

康熙五十八年（1719）以后，驻成都八旗兵常保持在 2000 至 3000 名之间，有时视情况需要酌有增减。[19]

康熙六十年（1721）筑建完工成都少城（满城），正式组建成都八旗驻防，设副都统（满语称“梅勒额真”）指挥，由荆州将军兼辖。[20]

1764 年，又从西安调来八旗官兵 1579 人，加上原有 2000 多人，此时成都驻防八旗官兵至少在 3500 人以上（眷属及养育兵未计入在内）。

乾隆二十九年十一月三十日（1764 年 12 月 22 日），四川总督阿尔泰因此上奏朝廷，新来八旗官兵 1579 人，基本上按兵、房 1 ∶ 3 的比例，应新修营房 4842 间。除在成都少城内“西南隅空地拆建百余丈墙垣”，还在满城西北面“拆墙一百三十丈”，把满城向外扩大；另外“南北筑墙一百八十余丈”，以扩展满城。[21]

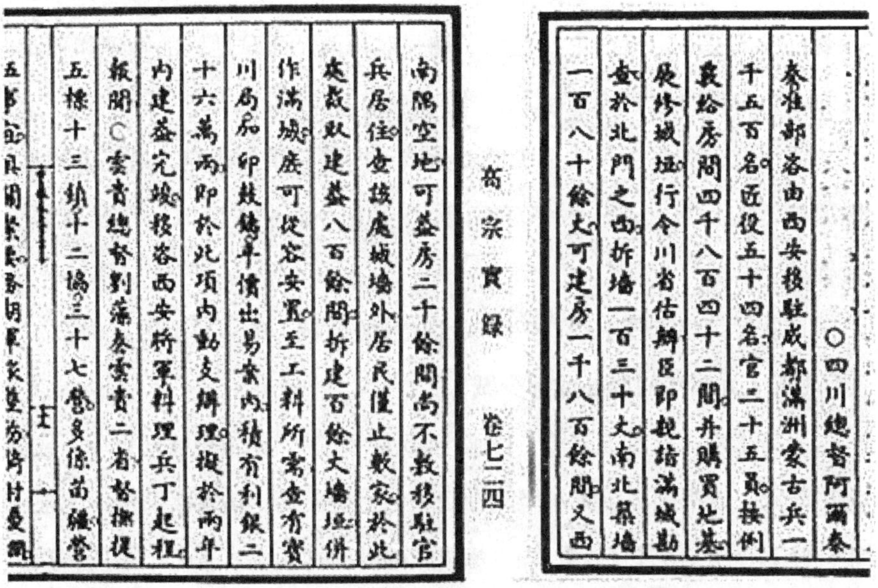
○四川總督阿爾泰奏准部咨由西安移駐成都滿洲蒙古兵一千五百名匠役五十四名官二十五員按例應給房間四千八百四十二間並購買地基及修城垣行令川省估辦臣即親詣滿城勘查於北門之西拆墻一百三十丈南北築墻一百八十餘丈可建房一千八百餘間又西

高宗實錄　卷七二四

南隅空地可蓋房二千餘間尚不敷移駐官兵居住查該處城墻外居民僅止數家於此處截斷建蓋八百餘間拆建百餘丈墻垣併作滿城庶可從容安置至工料所需查有資川局加卯鼓鑄平價出易錢內積有利銀二十六萬兩即於此項內動支辦理擬於兩年內建蓋完竣移咨西安將軍料理兵丁起程報聞○雲貴總督劉藻奏雲貴二省督撫提五鎮十三協二十七營及係苗疆營

四川总督阿尔泰上奏扩展满城的原始档案。（来源：清廷原始档案《高宗实录》。郑光路收藏）

1776 年初，历时五年的第二次金川之役结束。乾隆皇帝沉痛总结教训：只有八旗兵才能信赖，他很后悔没早在四川建立更强大的八旗驻防。

乾隆皇帝决定，成都驻防八旗从副都统级别升格为将军级别。成都将军全衔是：“镇守成都等处地方将军、统辖松（茂）建（昌）文武、提调汉土（司）官兵、管八旗事”。[22]

乾隆皇帝给予成都将军的职权，远较各省驻防将军为大。乾隆四十一年三月初十日（1776年4月27日），乾隆下谕旨：“授明亮为成都将军，节制绿营，控驭番地……”[23]

按照清制，驻防八旗将领不能指挥汉人为主的绿营。但成都却是例外，“将军兼统绿营者惟四川”[24]。

成都将军官阶从一品，与总督品位相同，却可监约总督。清廷之所以委以成都将军重权，主要是为了加强对川西及康藏地区的管理和节制。这为维护中国西南地区稳定，发挥了积极作用。

添设成都将军后，成都少城（满城）内又有重要改建。最重要的是，以原副都统衙署，改建为将军衙门。[25]另在今商业街区域，新建副都统衙署。

这就是清朝乾隆中期，扩建成都少城（满城）的重要历史。

（五）光绪年间修补成都少城

光绪十六年三月十五日（1890年5月3日），四川总督刘秉璋、成都将军歧元、成都副都统雅尔坚，专门联名上奏朝廷，请求援旧例（例限十年一修），借款修葺官署兵房：“窃照成都满洲营额设官署七十余所，兵房五千七百余间，遇有朽坏、坍损，向由藩库借款修理，分年扣还……”[26]

距光绪十六年又过了十年，已是光绪二十六年（1900）。

四川总督奎俊、成都将军绰哈布，又修补成都少城（满城）破烂。工程首先“择其坍塌不堪者，作为急修”。工程还未完工，北方却闹起了义和团。

奎俊、绰哈布顾全大局，在光绪二十六年九月三十日（1900年11

月21日），上奏朝廷说暂停维修工程，以共赴国难。[27]

这时，离大清王朝大厦的倾覆，也仅有十来年了。成都少城（满城），再没有修葺的机会了。

这里有必要披露罕为人知的史实：清末宣统年间，少城内成都八旗驻防的人口是多少呢？

民国时期学者施居父，记载了详细统计数据："成都驻防。户数：3985。男：9907。女：8775。口数：18682。每户平均：4.69人。男女性比例：112.9（即男112.9，女100）"。[28]

（六）从古今度量衡不同说少城究竟有多大

建成后的成都少城（满城），四川地方志书上大都说："满城，在成都府城西。康熙五十七年建，筑城垣周四里五分，计八百一十一丈七尺三寸，高一丈三尺八寸。"[29]

以上仅是大致性描述，真实情况是：满城四面城墙并非都是"高一丈三尺八寸"，仅指新修筑的南北两面城墙之高度。原因是东边"借用"蜀王府皇城，是高两丈多的皇城旧城外墙；西边"借用"成都最外围的大城城墙，则高三丈、厚一丈八尺。

所以成都少城（满城）四面城墙，不仅参差不齐高低也各异。南北两边新筑的城墙，较"借来共享"的大城和蜀王府旧城墙都要低。

作者曾考察少城旧址周长，发现与各种史料记载的"周（长）四里五分"，要长得多。所以，这里必须强调被许多学者都忽略了的问题：古今度量衡不同，清代每一里，约为今576米；1950年后，每一华里则统一为500米。[30]

以此论之，清代少城"周四里五分"，实合今2592米，即少城周

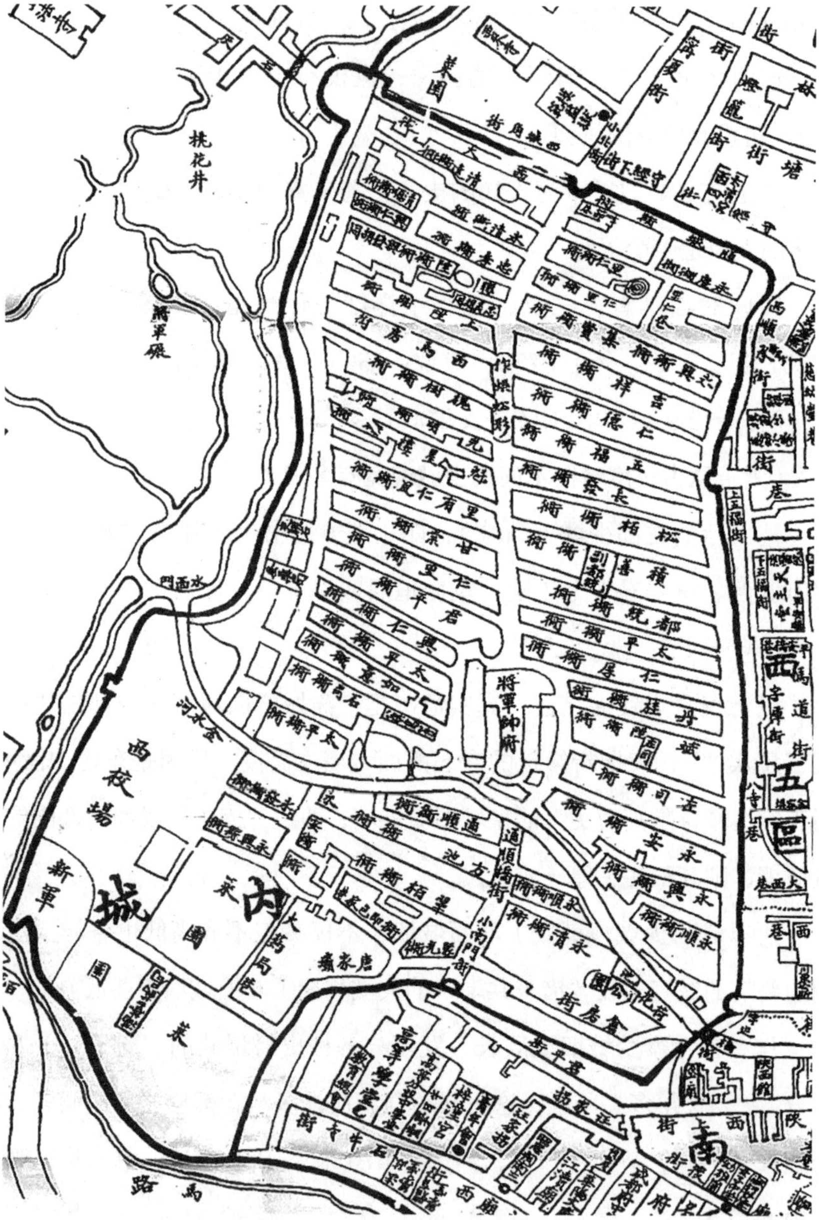

宣统三年（1911）傅崇榘绘少城（满城）地图，显示少城大小官街胡同，像蜈蚣也像鱼刺。（郑光路收藏）

长为 5.184 华里。同理，地方志书上说清代成都大城周长“二十二里八分”[31]，实合今 13132.8 米，即大城周长为 26.2656 华里。

成都人素有“穿城九里三分”的老说法，即从东城门到西城门，直径大约为九里三分。这个九里三分，实合今 5356.8 米，即为 10.7136 华里。

连很有影响的《成都城坊古迹考》，也忽略了古今度量衡不同的重要问题。该书因此说：“蓉人旧时常以九里三分为大城之代名词，亦显与实际不合”，“志载不足为据”。[32]

由此可见研究城市历史，必须注意古今度量衡不同，否则容易得出错误结论。

三、风景幽雅的田园之城

（一）官街、兵丁胡同和将军衙门

清代修的少城，有五座城门和城楼：南门名为安阜门（今小南街与君平街交口处）；北门名为延康门（今长顺街与西大街交口处）；东边两门，一叫迎祥门（羊市街大东门），一叫受福门（西御街小东门）；西门则仍用大城清远门老名。

受福门在今祠堂街口，清末时城楼内外有白底黑字的巨匾：内有“少城旧治”、外有“既丽且崇”；除清远门外，以这一道门为最壮丽。

少城的设施，恰如一座大军营。

中国驻防八旗，分内外八旗；满、蒙古兵为内八旗，汉军为外八旗。成都驻防八旗为内八旗，没有汉军八旗。旗以下是甲（满语称“牛录”）。一旗包括的甲数不等，在成都一旗只有三甲。头甲、二甲系满洲兵，三甲是蒙古兵。

少城军事机构如衙署、营房、盘查哨卡、军械、火药库房、练兵场等，占着绝对主要的地位。

少城是驻防旗人的封闭性小社会：还有储备钱粮的库房和各种学校及庙宇、祠堂、田园菜地等。

少城房屋街巷，按照八旗军传统及五行相克规划。

少城内街道形似蜈蚣：将军衙门像蜈蚣脑袋；城内中心宽街（今长顺街）像蜈蚣身子；宽街两侧共有官街八条（八旗分住），兵丁胡同就像蜈蚣百脚，最初是三十三条，后为四十二条，清末变化更大。所以前后

清代少城将军衙门图景，衙门外左右旗杆上悬挂“钦命四川将军”。（来源：清代刊本《同治重修成都县志》。郑光路收藏）

胡同出现同名异街的情况。[33]

少城内，最重要衙署就是将军衙门（旧址约在现金河大酒店处）。头门匾额上写“帅府”，二门上写“仪门”，二门以内有五座厅堂。

清末少城内一条官街。（摄影：[英]威尔荪，1908年）

大门前有高大的照壁，两旁有栅栏式的东、西辕门，分别悬挂“望重西南”“声扬中外”的巨匾。大堂前矗立照壁牌坊一座，上题满汉文对照的“控驭岩疆”四字，表明它是西南的军事重镇。将军衙门前后都有八旗步兵营，衙门气势巍峨俨然王府。[34][35]

（二）少城是独特的田园之城

少城满蒙八旗驻防的早中期，不设店铺、茶楼、酒肆之类商业场所。

成都少城以将军衙门为中心“龙头”，各级衙门、营房、兵甲胡同，分布在少城南北大通道（即今长顺街、小南街）两翼（两侧）。

八旗官兵等级有定制。少城既有官宅（宅前门楼屋檐翘角，门前有石狮或石鼓，大门绘有金钱狮子等吉祥图案；有的人家门前还有下马石；有的墙内空地有高木杆，为祭天而设），也有兵甲小院（宅院门楼简单，四周筑土墙或以树竹、荆棘、木栅隔离）。

每条胡同大致划分为四十多个小庭院，每家约占地（又称甲地）一至二亩，马甲（骑兵）所得大于步甲（步兵）。内修住房三间以上，余下空坝形成四周有围墙的独院。

旗人重礼节、爱清洁、好修饰，各家院内栽花种草、营建花园。因此少城内树木繁茂、香飘四处。这些小庭院鳞次栉比，金水河大小溪流又使少城更增添了水乡风光。[36]

这比北方胡同更胜一筹，全国罕见。

你如果回到清末，从大城西御街进入少城受福门（今祠堂街口），回头一望，大城那边全是房屋、商铺、石板街，市民摩肩接踵、人声喧闹。而少城内，则仿佛鸟语花香的郊野，到处是碧树、荷塘，绿荫中一条条幽雅街巷……正像作家李劼人所说，“满城里，你走完一条胡同，未见得就能遇见一个人……一句话说完，满城是另一个世界”，“是一个极消闲而无一点尘俗气息，又到处是画境、到处富有诗意的地方”。[37]

清末傅崇榘记载：少城内有不少池塘种有荷花，如关刀塘、太极塘、清顺胡同塘、里仁巷塘、方池胡同大坑塘、永清胡同塘、荷花池……[38]

少城内金河碧波荡漾，还有很多小溪流和小桥。两岸夹杂农田、菜畦、花园、小桥、流水、池塘、人家……傅崇榘在《成都通览》还说：“城内景物清幽，花木甚多，空气清洁，街道通旷，鸠声树影，令人神畅！”[39]

这也是如今许多老街荡然无存，宽巷子、窄巷子成为成都老街孑遗珍宝、旅游胜地的重要原因。其实，今天幸存的宽窄巷子，算不上少城精华街巷。

英国著名植物学家、探险家威尔荪和美国摄影家罗林·张伯林（Rolin Chamberlin）1908 年来到成都。威尔荪和张伯林摄下多幅少城照片，留下珍贵的历史记忆。

清末少城内一条街巷上房屋建造典雅，应是官员人家。（摄影：[英]威尔荪，1908年）

少城到处有蜿蜒的土道、参天的大树，人迹较少。少城兵甲小院门楼简单，四周筑土墙隔离。（摄影：[美]罗林·张伯林，1909年）

少城兵甲小院，每家约占地一至二亩，内修住房三间以上，余下空坝形成四周有围墙的独院。（摄影：[英] 威尔荪，1908 年）

少城兵甲小院门楼简单，四周筑土墙或以树竹、荆棘、木栅隔离。（摄影：[美] 罗林 · 张伯林，1909 年）

少城西较场，是当年八旗兵操练的场所（20世纪70年代后为成都军区后勤部驻地）。清末少城西较场内可以放牧羊群。从这张照片中，可看见少城的一线城墙，上面有一座“堆房”（供军士住宿和堆放军械）。（摄影：[日]山川早水，1906年）

四、少城内的庙宇和名胜古迹

（一）今奎星楼街、吉祥街西侧的关帝庙

在1894年吴焯夫（吴绍伯）所绘《四川省城街道图》中，可以看见少城通顺胡同（又名吉祥胡同，今吉祥街）和光明胡同（今奎星楼街）西面，靠近西城根下有处关帝庙。这里是清代少城正红旗区域。

这处关帝庙位置，大致就在现今的奎星楼街、吉祥街西侧，和中同仁路交会的部分区域。下面三张照片，所摄就是这处关帝庙（现在常被误认为是祠堂街关帝庙，是因为不知少城详细历史）。

第一张照片左上方有“正红旗义学”标牌，第二张照片中央有“正红旗初等小学堂”吊牌。

照片左上方有“正红旗义学”长方形小标牌。三位男子身着厚衣马褂，显示可能是农历二月后的春天，三位男子可能是教职人员。大门中央上方，书有“关帝庙”。（摄影：[德] 恩斯特·柏石曼，1908年。供图：刘正生）

关帝庙由“正红旗义学”变成了“正红旗初等小学堂”，是旧义学转变为新学堂的表征。守门人身穿短上衣，而草丛比上面那张照片繁茂，显示可能是成都的夏秋季节。左下侧有门岗小屋，屋旁有菜油灯，每天晚上要派人去点。（摄影：[英] 威尔荪，1908年。供图：刘正生）

关帝庙门外全貌，处处参天大树。旧址大致在现今的奎星楼街、吉祥街西侧，和中同仁路交会的部分区域。（摄影：[英]威尔荪，1908 年。供图：刘正生）

成都驻防对八旗子弟，基本上实行普及教育；由八旗各甲自设“义学”，又称“八旗小官学”，共二十四所；由各甲佐领（武职正四品）负责管理和年终考核。所以“正红旗义学”设在这里。

1908 年，遵从朝廷教育近代化改革政策，成都驻防八旗官学、少城书院等，相继改为新式学堂。“正红旗义学”其后也改为“正红旗初等小学堂”。[40]

相关史料记载 1908 年春，德国建筑师恩斯特·柏石曼（Ernst Boerschmann，1873—1949）到成都。他到少城，摄下“正红旗义学”（关帝庙）照片。

1908年秋，威尔苏摄下“正红旗初等小学堂”（关帝庙）照片。相隔几个月，两位外国摄影师却记录下少城教育从旧义学转变为新学堂的历史变化。这些对普通大众或许并不重要，却是判断这个关帝庙究竟在哪里的关键证据。

（二）祠堂街东侧的关帝庙

1720年前后，年羹尧创修成都少城（满城），旗民在少城东南角喇嘛胡同（又名蒙古胡同），为年羹尧建了生祠（即为活人建祠堂），故后名祠堂街。此处为正蓝旗三甲地界，街东头为少城南段之东门（受福门）。

雍正三年十二月（1726年1月）年羹尧获罪被诛，生祠被废。旧址

1913年少城祠堂街关帝庙一座殿宇，右侧匾额为“刚直勇义”，左侧匾额为“名垂□□”。前为农田，左侧一条街巷可能是后来的半边街（待考）。（摄影：[德]魏司。来源：四川省人民政府编《老四川，老照片》，2002年，书中对这张照片的说明是：“魏司夫人参拜关帝庙，1913年”）

于乾隆四十八年（1783），建修关帝庙。

关帝庙坐南向北，西侧有荷花池、魁星阁及石舫（民国初年街前著名餐馆聚丰园，开通荷池连接石舫，再西边即为少城公园大门）。

关帝庙东侧有太极塘，金水河横穿关帝庙。庙门内钟楼列左、鼓楼列右，殿宇三重。金水河由第二殿后横过出半边桥。二殿东为僧房，西有凉厅。三楹殿临荷花池，号君子轩。

光绪年间，协领瑞征用少城八旗兵丁历年积存银数千两大加培修，更名武圣宫（关帝庙别称）。每年春、秋二季，成都将军率官佐亲临祭祀。

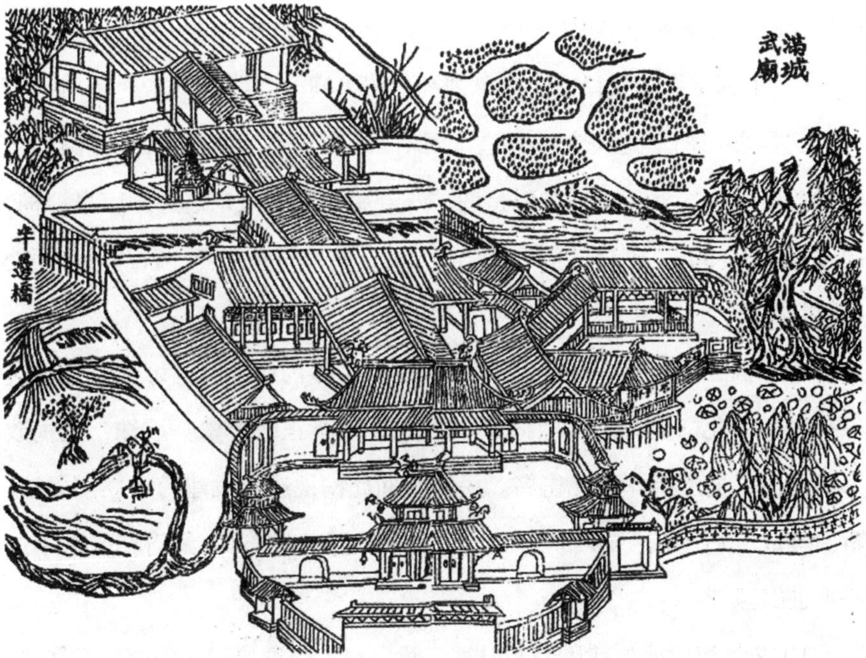

祠堂街关帝庙（武庙）紧临半边桥，图中可看见半边桥水闸房和东侧有太极塘，西侧有荷花塘。（来源：清代刊本《同治重修成都县志》）

民国时人徐孝恢回忆说：辛亥革命前的祠堂街，路北有少城书院（按：20世纪60年代后旧址为四川电影院），路南有关帝庙，庙踞金河南岸，有堤长二三里直达金花桥。当年河身较宽，堤南至君平街少城城垣，乃是一片水稻田，现今人民公园即其中一部分。[41]

祠堂街关帝庙是少城中最大的庙宇，还建有大戏台。荷花池很大且风景幽雅，是少城旗人主要游乐之所。清时文人《竹枝词》说："满洲城静不繁华，种树栽花各有涯。好景一年看不尽，炎天武庙赏荷花。"[42]

祠堂街关帝庙在如今何处？很少有人能道其详。

作者收藏的清代同治重修《成都县志》刊本中，有《满城武庙》图，可见它紧临半边桥；旧址为如今人民公园东边，从川军抗日阵亡将士纪念碑地段起，向南到原半边桥一带、向西到现在人民公园的一片很大区域。

（三）祠堂街的文昌宫、康阜神祠、昭忠祠

文昌宫在祠堂街关帝庙西边。同治六年（1867）成都将军完颜崇实奏建。庙南向，有几丈高的魁星阁、八卦墨池。正殿东边通向康阜神祠，同治四年（1865）创建，俗呼"山王庙"；成都将军在春、秋两时，两处都要祭拜。[43]

昭忠祠在康阜神祠之东，内供奉阵亡八旗官兵神牌，每年由各承袭子孙主祀。此祠也称为忠烈祠，有史料说："雍正时年羹尧被诛，生祠改为忠烈祠，祠堂街即由此得名。民国年间此祠被废，改建为市立图书馆。新中国成立后（按：1949年后），因其旧址加以扩建，大门亦改由半边桥街进出。"[44]

1912年清朝灭亡前后，文昌宫、昭忠祠、康阜神祠这些前朝祭拜殿，功用发生改变。如1911年四川保路运动发生，少城内居然也成立了支持

文昌宫在祠堂街。同治六年（1867）成都将军完颜崇实奏建。图中可看见庙南向，左下方是几丈高的魁星阁与八卦墨池。（来源：清代刊本《同治重修成都县志》）

1909 年少城文昌宫中的塑像。（摄影：[美] 罗林 · 张伯林）

运动的“满营同志协会”，以文昌宫为会所。[45]民国元年（1912）7月，撤销原八旗劝学所，在文昌宫建立组合小学。

民国时期，祠堂街关帝庙、文昌宫、昭忠祠、康阜神祠等，已融进少城公园大景区，慢慢就难以区分旧时各处分界线了，成为被人遗忘的历史谜团。

20世纪30年代的祠堂街文昌宫魁星阁。（供图：刘正生）

（四）少城内的其他名胜古迹

1. 药王庙

少城内都统街（今商业街），镶白旗一甲主祀，同治九年（1870）重建。

2. 西来寺、欢喜禅林（欢喜寺）、济祖庙

西来寺在少城延康小北门外宁夏街。初仅破茅屋数椽，一蒙古僧栖其中。相传有怪石飞来，甚奇异，寺僧依其凹凸饰为像，称欢喜佛。

西来寺旁有欢喜寺，又称欢喜禅林。在西来寺之左。建于咸丰四年（1854）或五年（1855），旧与西来寺通。同治八年（1871）成都将军完颜崇实于寺中增修佛堂一楹，供济祖（按：即济公）像，又名济祖庙。

3. 娘娘庙

娘娘庙在少城内都统街（今商业街），正白旗二甲建，旗民妇女最爱前往此庙烧香礼佛。[46]成都文殊院寺庙后墙外小街巷有一娘娘庙，非少城内之娘娘庙。

4. 真武宫

在延康门外守经街。明弘治元年（1488）建，旧名双佛寺，乾隆十年（1745）改名真武宫。《成都县志》记载："同治初年，正黄、正红二旗满洲协领奎文集资培修。每年醉神、演戏一次。"民国时期，这里成为贫困满族、蒙古族同胞栖身之地。20世纪50年代，改建为红光商场。

5. 支矶石庙（严真观）、支矶石公园

旧址是现在支矶石街和宽巷子之间的成都画院区域。支矶石又常写为支机石。清代有君平胡同（也称支矶石胡同），民国初年改名支矶石街。旗人哲克登额记载："严真观在少城西城根镶红旗二甲地面，即支矶石庙。《旧志》以为即（严）君平卖卜处。康熙六年建，至五十八年由镶红旗二甲培修，于中祀关帝，更今名。"[47]（按：即名为严真观，同时供祭关羽和严真人）

1924年，成都市政公所委派卢作孚，在同仁路西侧沿城墙狭长地

民国时期的支矶石公园。“支机石公园在城西，沿城垣占地甚长，亭台楼阁……内有巨大楠木甚多。附居，皆穷困之旗民。”（摄影：倪炯贤。来源：《健康家庭》1940 年第 2 卷第 7 期）

带，开辟森林公园（此处本有楠木近千株），命名为“支矶石公园”，地广一百多亩。支矶石庙址即公园正门处，内有巨石巍然独立，这就是传说的汉代张骞携回之支矶石。民国史料记载其风情：“古木罗列、浓阴满园……登城则青城远照，眼底阡陌；回顾则万家灯火、房屋栉比……更有一般讲摄生术者，视此园为无上呼吸地点。”㊽

民国时期成都著名文人赵熙《下里词送杨使君之蜀》诗云：“少城花木称公园，冬日红梅夏日莲。莫向武担寻石镜，摩诃池水亦桑田。”㊾意思是，武担山石镜和皇城摩诃池的古迹，都湮灭难觅；只有少城支矶石公园，一年四季还风景宜人。

现在成都画院外面有两株树干粗壮的大银杏树，树龄两三百年了，令人遐想昔日支矶石庙浓阴密布的风光……

6. 通仙井、凤凰池、方池、琥珀塘

通仙井，一名君平井，在少城镶红旗二甲地面宽巷子人家。传说井中有严君平卜卦的铜钱，谚语有云："岸余织女支机石，井有君平掷卦钱"。

凤凰池，在少城西城根金花桥侧，昼夜涌泉，与河水两不相涉。居人就其泉涌处，砌以为池，取水饮之，其味独美。故老传闻西较场有古桐三株，凤鸟曾集其上下饮泉水，因得此名云。

方池，在少城镶蓝旗地面方池街。池方不及五亩，夏秋蓄雨水而已。光绪时期，有人取藕种其中，次年满池皆荷花。

琥珀塘，在少城金水河北岸柿子巷口。后来渐淤，塘身甚狭，俗呼为"关刀塘"。清末，少城风景国内闻名。作者收藏上海有名的《图画日报》其上刊载的《大陆之景物——四川成都府印月亭（附图）》，文字介绍是：

> 印月亭，在四川成都府满洲城内……自改满洲城，设将军府，而园亭亦修葺一新……清月朗时，亭台倒影，如入画图。取名印月，良不诬也。迄今益加修饰，亭左右房廊层叠，竹木萧森。沿池岸阑干旁，柏树数株，修剪清洁。四时花卉，亦布置得宜，洵属佳境。

根据上文，印月亭位置可能在将军衙门西侧的琥珀塘，临近现在宽窄巷子景区。

7. 圣寿寺（祠）及石犀寺、石牛寺

少城金水河南岸节旅桥侧、将军衙门之西，其故址即古圣寿寺。

清代同治《成都县志》记载："康熙五十七年，新设广少城，庙移

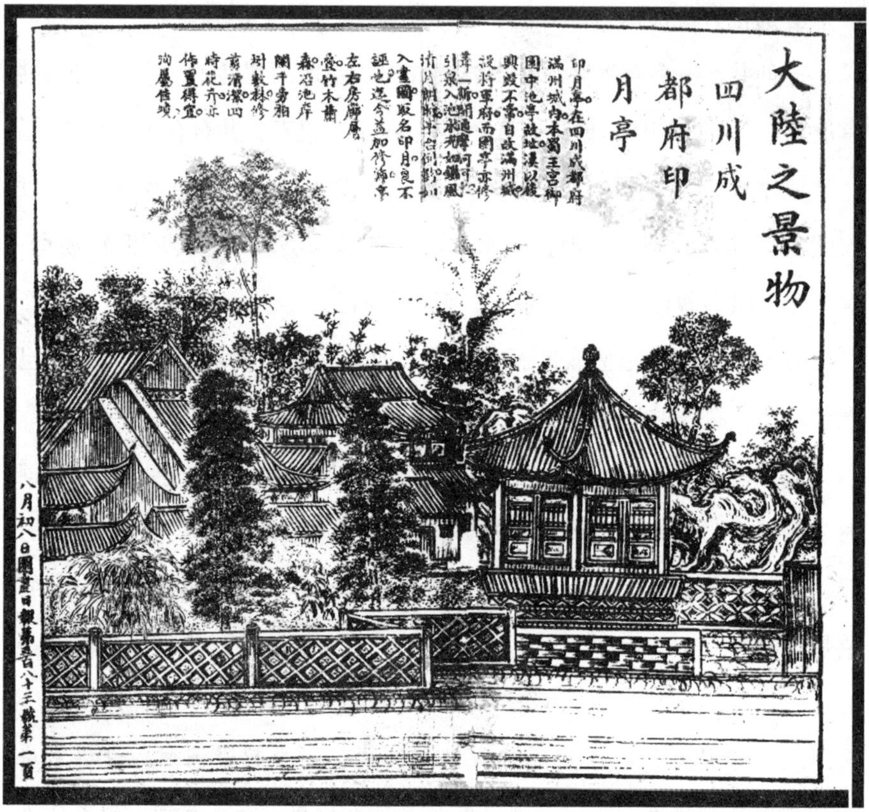

印月亭位置可能在将军衙门旁的琥珀塘，临近现在宽窄巷子景区。（来源：《大陆之景物——四川成都府印月亭（附图）》，上海《图画日报》1910年第383期）

于安阜小南门外君平街，仍就其故址建庙，题为圣寿祠，由镶蓝旗一甲主祀。”

考古史料记载：“圣寿寺，原名龙渊寺，隋代改名空慧寺，在城西南石牛门，俗称石牛寺，亦称石犀寺。”[50]

《成都城坊古迹考》记载：“石犀寺遗址在今西胜街。”据《大唐大慈恩寺三藏法师传》及唐《续高僧传·玄奘传》载：“玄奘尝住此寺，且受戒于此。”[51]现在很多书籍说玄奘受戒于大慈寺，以上玄奘受戒于石犀寺的史实，值得高度重视。

五、宽窄巷子景区的打造

（一）将军衙门的历史沧桑巨变

1912 年清朝灭亡，进入中华民国时期。

拆毁少城大致情况是：1912 年，首先拆毁北段城墙（即八宝街、西大街老西门城上北栅子一段），随后拆毁南段（即包家巷到南较场城上南栅子一段）。同时废少城内各胡同之称，改为 × 街 × 巷；如君平胡同，改为支矶石街……

1921 年拆除西御街口的城垣；1935 年，最后存留在少城公园从半边桥到小南街一段城墙被拆毁。短短 23 年，最富特色的少城灰飞烟灭、彻底消失。

1912 年后，少城破产的旗人流离失所。少城绿树成荫极宜住家，大城汉人们纷纷购置少城房产。

作者查阅到一个典型例子。吴虞（1872—1949），四川新繁龙桥乡人。早年留学日本，1914 年时任川西道署代理内务科长兼《四川政报》主笔。1912 年吴虞购得少城栅子街三十三号一座院落，瓦房十来间还带花园，吴虞欣然名为“爱智庐”。[52]

清代少城八旗驻防中心将军衙门，此后长期为四川军阀占住：1915 年袁世凯手下的成武将军陈宧，督军府驻于将军衙门。其后，滇军将领罗佩金代理四川督军、熊克武任四川靖国军总司令，司令部相继也驻将军衙门。

1920年，北洋政府委刘成勋为川军总司令，总司令部仍设将军衙门。1922年，杨森任四川军务督理，督理署设在将军衙门。此后，四川大军阀刘湘（川军二十一军军长）、刘文辉（川军二十四军军长）的军部，都先后设于将军衙门。

1938年蒋介石在将军衙门设立国民政府军事委员会委员长成都行辕。1945年抗日战争胜利行辕撤销。国民党四川省“特委会”，从西胜街搬到将军衙门。1949年，国民党胡宗南部队溃败成都，军长盛文的防卫司令部，设在将军衙门。

中华人民共和国成立初期，省建设厅曾驻此办公，后改为军区招待所。20世纪90年代将军衙门旧址上修建了如今的金河宾馆。[53]

（二）**宽巷子、窄巷子、井巷子景区**

成都清代少城官衙和兵丁巷子中，现在仅存三条：宽巷子、窄巷子、井巷子，已经重新打造。

被誉为宽窄巷子“活字典”的蒙古族特色画家那木尔·羊角先生，居住在宽巷子标志性景点恺庐数十年。他对本书作者说：“20世纪60年代的宽巷子，街头还有菜园，家家种菜，家家有水井。哪有现在喧闹繁华？”

20世纪70年代至90年代，作者因工作关系几乎每天骑自行车，从这几条巷子经过，还摄留了大量老照片。

大致1980年以后，成都掀起旧城改造狂风。传统古建筑毁灭殆尽，混凝土森林代之而起。到2000年后，很多人发现城市的“老东西”，已与濒危物种熊猫一样少得可怜了。

2003年，成都有关部门决定打造宽巷子景区。历时5年，2008年6月全面竣工开街。

2003年开发以前的宽巷子东侧入口处（如今长顺街菜市场的旁边）。（摄影：郑光路）

2003年开发以前的宽巷子旧民居。（摄影：郑光路）

2003年开发以前的宽巷子旧民居，左边为恺庐。（摄影：郑光路）

如今的宽巷子、窄巷子、井巷子景区，每天游客如织。景区已经成为老成都的标志，是全国旅游创新示范点。

但是，也引起不少老成都人的质疑，批评一些人把开建300来年的满城，等同于具有悠久历史的成都；把此少城说成彼少城。如有人过于夸张地宣传："2300年的成都，魂在少城、在宽窄巷子。""2300年的成都，2300年的少城，2300年的古巷……"[54]

本书前文详细叙述：四川总督年羹尧主持下，在康熙六十年（1721）农历二月，成都满城（少城）才基本完工。

满城（清代少城）内的宽窄巷子，距今（2023年）才302年，怎么能夸大为"2300年的古巷"？又怎么能够代表从金沙遗址后约4000年历史的成都厚重文化、文脉？

重要原因之一，就是本书以上叙述少城的历史详情，并不广为人知。

仅以距今约2400年之久的少城商业街特大型船棺葬遗址，到西汉少城君平街，再到唐朝初年玄奘大师在少城石犀寺受戒……这几个例子已足以说明古代成都少城的重大历史意义，又岂能是现今的宽窄巷子商业景区能代表的？

2016年5月4日，国家发展和改革委员会明确提出：成都要建设成为“国家中心城市”。这年5月7日，成都政府部门公开宣布：“将与联合国人居署合作开展少城片区，四大城门将‘托’起千年少城”。[55]

如能真正“再塑少城历史风貌，恢复少城历史韵味”，成都在中国乃至国际上的影响力，将会空前提高。

注释：

① 郑朴辑汉代扬雄《蜀王本纪》：“秦惠王遣张仪、司马错定蜀，因筑成都而县之。成都在赤里街，张若徙置少城内。始造府县寺舍，令与长安同制。”

② 江畬经选编：《历代小说笔记选清3》，广东人民出版社1984年版，第827页。

③ 熊四智主编：《中国饮食诗文大典》，青岛出版社1995年版，第60页。

④ 王泰云主修、杨芳灿续修：嘉庆《成都县志》卷一《城池》，成都市地方志编纂委员会、四川大学历史地理研究所整理：《成都旧志》通志类第10册，成都时代出版社2007年版，第14页。

⑤ 顾志兴主编：《范成大诗歌赏析集》，巴蜀书社1991年版，第135页。

⑥［意］马可·波罗：《马可波罗游记》，福建科学技术出版社1981年版，第138页。

⑦ 参见王文才：《成都城坊考》，巴蜀书社1986年版，第2、14页。

⑧ 详述成都城池变迁史是非常复杂的事，限于篇幅，以上仅根据可信史料作极简单梳理，详情可参阅嘉庆《成都府志》、同治《成都县志》等“城池”等章节。

⑨《荒书》《客滇述》《纪事略》等史籍，均记载甲申年八月十五日大西国建立，如《客滇述》载："十五日，献忠自称秦王，国号大西，改元大顺。"见《南明史料集下》，贵州人民出版社 2010 年版，第 771 页。

⑩ [法] 古洛东:《圣教入川记》，四川人民出版社 1981 年版，第 39—40 页。详尽史实可参阅郑光路:《张献忠剿四川真相》，四川民族出版社 2010 年版；云南人民出版社 2017 年版，修订本。

⑪ 李劼人:《李劼人全集·第 7 卷·散文》，四川文艺出版社 2011 年版，第 425 页。

⑫ 佚名:《纪事略》，中华书局 1959 年版，第 60 页。

⑬ 李馥荣:《滟滪囊》，载何锐等校点:《张献忠剿四川实录》，巴蜀书社 2002 年版，第 65 页。

⑭ 四川省文史研究馆:《成都城坊古迹考》(修订版)，成都时代出版社 2006 年版，第 128—129 页。

⑮ 齐木德道尔吉、黑龙、宝山等编:《清朝圣祖朝实录蒙古史史料抄》下册，内蒙古大学出版社 2003 年版，第 1234 页。

⑯ 鄂尔泰等修:《八旗通志》第 1 册，东北师范大学出版社 1985 年版，第 459、534 页。

⑰ 四川省地方志编纂委员会编纂:《四川省志·民族志》，四川民族出版社 2000 年版，第 433 页。

⑱ 傅崇榘:《成都通览》上册，巴蜀书社 1987 年版，第 16 页。

⑲ 王纲:《清代四川史》，成都科技大学出版社 1991 年版，第 87 页。

⑳ 定宜庄:《清代八旗驻防研究》，辽宁民族出版社 1999 年版，第 53 页。

㉑ 觉罗勒德洪等奉敕修纂:《高宗纯皇帝实录》卷七二四(影印本)，中华书局 1986 年版，第 1061—1062 页。

㉒ 同治《成都县志》中“各官衔名”，成都市地方志编纂委员会、四川大学历史地理研究所整理:《成都旧志》通志类第 11 册，成都时代出版社 2007 年版，第 7 页。

㉓ 西藏民族学院历史系编:《清实录藏族历史资料汇编》第三册，西藏民族学院历史系，1981 年，第 1068 页；另见嘉庆《四川通志・卷首之七・圣训七》，第 30—32 页。

㉔ 参考《二十四史・附清史稿（上）》（简体横排）第十三卷《兵制》，天津古籍出版社 2000 年版，第 708 页。

㉕《八旗通志》初集卷二四，二集卷一一七，载赵生瑞主编:《中国清代营房史料选辑》，军事科学出版社 2006 年版，第 593 页。

㉖ 参见四川总督刘秉璋、成都将军歧元、成都副都统雅尔坚奏请援例借款修葺官署兵房折，《清续文献通考》卷一〇五，载赵生瑞主编:《中国清代营房史料选辑》，军事科学出版社 2006 年版，第 595 页。

㉗ 参见四川总督奎俊、成都将军绰哈布奏陈：因北事骤兴需款孔亟，前已奏准修理成都驻防官署兵房部分工程暂停折，《光绪朝朱批奏折》，载赵生瑞主编:《中国清代营房史料选辑》，军事科学出版社 2006 年版，第 595—596 页。

㉘ 施居父:《四川人口数字研究之新资料》，成都民间意识社 1936 年版，第 9—14 页。按：鲁子健《清代四川财政史料（上）》，四川省社会科学院出版社 1984 年版，第 38 页，收藏了上述资料。

㉙ 王泰云主修，杨芳灿续修：嘉庆《成都县志》卷一《城池》，成都市地方志编纂委员会、四川大学历史地理研究所整理:《成都旧志》通志类第 10 册，成都时代出版社 2007 年版，第 14 页。

㉚ 参见杨宽:《中国古代都城制度史研究》，上海人民出版社 2016 年版，第 569 页。

㉛ 参见同治十二年重修《成都县志·城池》。

㉜ 四川省文史研究馆编:《成都城坊古迹考》(修订版),成都时代出版社 2006 年版,第 128—129 页。

㉝ 雷敏:《雷履平诗文集》,语文出版社 2017 年版,第 60 页。按:雷履平为少城旗人后裔。

㉞ 陈一石、王端玉:《清代成都的“满城”与旗汉分治》。收于四川省民族研究所编:《民族研究论文选》第一辑,1983 年,第 200 页。

㉟ 四川省地方志编纂委员会编纂:《四川省志·民族志》,四川民族出版社 2000 年版,第 446 页。

㊱ 参见刘钟灵:《少城今昔——古城风貌》,《四川文史资料集粹·第 6 卷·社会民情编及其它》,四川人民出版社 1996 年版,第 3—4 页。

㊲ 李劼人:《死水微澜》,译林出版社 2013 年版,第 241 页。

㊳ 参见傅崇榘:《成都通览》,巴蜀书社 1987 年版,第 11—12 页。

㊴ 参见傅崇榘:《成都通览》,巴蜀书社 1987 年版,第 17 页。

㊵ 赵令志:《成都八旗驻防学校志校注》,西藏民族学院编:《藏族历史与文化论文集》,西藏人民出版社 2009 年版,第 345 页。

㊶ 徐孝恢:《关于成都“满城”的忆点滴》,《四川文史资料选辑》第 10 辑,1963 年,第 39 页。徐孝恢,四川华阳县人,生于 1889 年,为成都名士徐子休之子。

㊷ 杨燮编:《成都竹枝词》,四川人民出版社 1982 年版,第 60 页。

㊸ 赵令志:《满营所属各门志校注》,胡邵华主编:《中国南方民族史研究文集》,群言出版社 2005 年版,第 602 页。

㊹ 李定一:《“满城”的兴废》,《少城文史资料》,成都市西城区政协文史资料工作委员会内部资料,1998 年,第 144 页。

㊺ 参见《成都特别通信二》,《民立报》,1911 年 9 月 16 日。

㊻ 以上参见重修《成都县志》卷二《舆地志・祠庙》。

㊼ 以上参见赵令志:《满营所属各门志校注》,胡邵华主编:《中国南方民族史研究文集》,群言出版社 2005 年版,第 602—603 页。

㊽ 以上各公园史实,参见杨吉甫等编:《成都市市政年鉴》,民国十七年(1928)铅印本,第 538 页。

㊾ 四川省社会科学院文学研究所选注:《历代四川山水诗选注》,重庆出版社 1985 年版,第 207 页。

㊿ 幸晓峰、刘雄峰、沈博编:《艺术考古概说》,电子科技大学出版社 2015 年版,第 171 页。

(51) 四川省文史研究馆:《成都城坊古迹考》(修订版),成都时代出版社 2006 年版,第 324 页。

(52) 邓星盈、黄开国、唐永进、李知恕:《吴虞思想研究》,四川教育出版社 1996 年版,第 362 页。

(53) 参见刘显之、庞孝益:《成都"将军衙门"忆旧》,《少城文史资料》第 5 辑,成都市西城区政协文史资料工作委员会内部资料,1992 年,第 153—158 页。

(54) 百度搜索"宽巷子""窄巷子",这些批评不少。也可参见杨健鹰:《宽思窄想——成都宽窄巷子策划实录》,汕头大学出版社 2011 年版。

(55) 《国务院批复同意的〈成渝城市群发展规划〉公布,定位成都目标国家中心城市》,《成都商报》,2016 年 5 月 6 日,02 版;《设计两条"文化体验步行环",打造"少城民俗国际体验区"》,《成都商报》,2016 年 5 月 7 日,03 版。

城内之河：金河、御河

一、金河是成都城的重要“血管”

唐宣宗大中七年（853），节度使白敏中从成都城西郫江分水，开辟了一条人工河，自西向东横贯城区汇入摩诃池、连接解玉溪，至城东汇入油子河（府河）。

因为此河如城市之束腰衣襟，故当时称“襟河”，后又改称“禁河”，宋朝、元朝屡兴屡废。明代以后此河通常叫金河、金水河。

明代中叶，金河淤塞河水极少，“金水仅仅如线”。夏季则“雨潦无所归，蜀人患之”。嘉靖四十五年（1566）春，谭纶任四川巡抚，率众官员实地查勘后，分派成都府县驻军整治金河。

成都知府刘侃的《重开金水河记》生动地记述了金河疏浚后给成都的贡献：

> 金水之漪，洋然流贯阛阓……由是釜者汲，垢者沐，道渴者饮，缫者洴澼，园者灌。濯锦之官，浣花之姝，杂沓而至，欢声万喙，莫不鼓舞……①

意思是说，金河清波荡漾，贯穿流过成都街市（阛阓）。因为有了金河，才有了种种城市美好景观：有拿瓦罐汲水的，有河里洗澡的，走路渴了就饮金河水，缫丝的可以来漂洗（洴澼），还可以浇灌园林。连管织锦业的官员，浣花的美女，都纷纷来到金河两岸。笑声一片，都是因为有了这条金河而欢欣鼓舞啊……

清朝雍正九年（1731），四川巡抚宪德、成都知府项诚上奏朝廷："成都金水河一道，向日原通舟楫，日久渐至淤塞。"

项诚组织疏淘金河费时半年，从西门摸底河铁栅引水进金河，穿少城在半边桥出少城，再流入大城至东城铁栅东水门出城，汇合于府河。"并将满城水东门别造石桥（按：即半边桥），可以通舟。凡商贾舟楫，由大河拨换小河，直通满城"；"沿河一带，俱为商贾辐辏之所……米蔬柴炭，为民间日用之物，既可船运入城"。②

金河疏浚完后，项诚又开新河直通贡院御河以"通舟便民"。该工程计开御河河道 189 丈 6 尺 9 寸。③

乾隆五十四年（1789），四川总督李世杰又对全城水系进行全面规划，金河由原西面偏南的浣花溪，改由西面偏北的水西门（今通惠门）进水。在西门水关和东门水关分别建置闸门，前者防洪水，后者备枯水季节金河蓄水。

在清代，每遇夏季暴雨季节，西较场军队要昼夜守护水西门，安放闸板，防止江水淤灌成都。④

金河不仅给成都提供了生活用水、环境用水，而且也是城中水上交通通道，还可以起到汛期排洪、平常排污，以及消防灭火等作用。把金河比喻为成都古城的重要"血管"，毫不夸张。

直到民国时期，成都两江环抱、三城相叠，城内有金河、御河，还

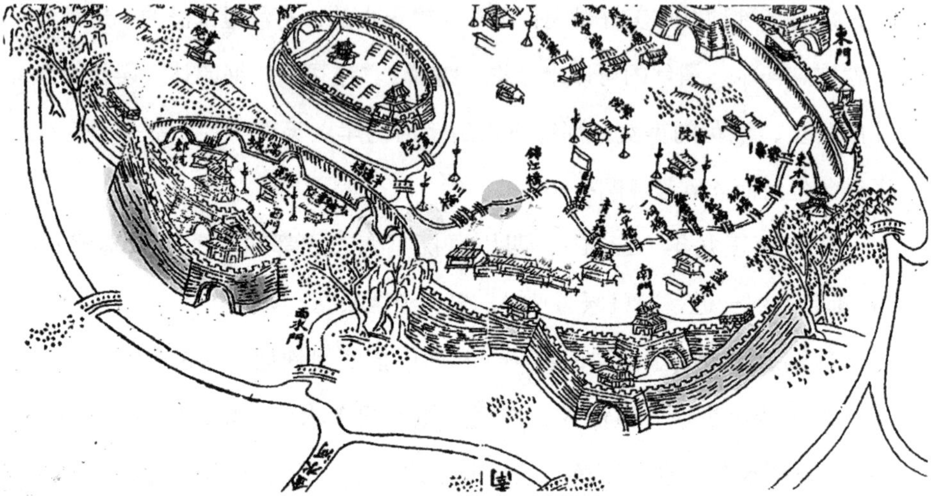

清代成都金河（金水河）、御河及主要桥梁的概况。（来源：清代刊本《嘉庆成都县志》）

有无数水塘、溪流……水乡泽国的成都，真可以用水灵灵来形容。比起绍兴等浙江水乡，成都或许有过之而无不及。

民国末期连年内战民不聊生，成都环境恶化。曾任成都市副市长的李劼人说：至 1949 年，“金河早已变成一道窄窄的阳沟。到 1952 年整修人民公园时，始将祠堂街的一段加以整理”，接着全面疏淘修整金河和御河。⑤

1953 年 8 月 27 日，成都改建御河工程结束，全长 2076 米，河面和岸道总宽 22 米。形成河水流动、波光粼粼的新御河。

20 世纪 50 年代中期，成都金河经整治、疏淘，沿河而居的人们在河中养鱼放鸭，舟楫往来……

1970 年 12 月，为备战备荒，决定将金河、御河，改建成防空工事。此后，金河、御河在成都地图上消失。⑥

二、金河及古桥风情

（一）金河桥梁的多少和名称

金河的长度，按清同治《成都县志》卷一记载是 1526 丈，合今约 5087 米。金河两岸人文景观和世俗风情，有如《清明上河图》。金河碧波荡漾，两岸夹杂农田、菜畦、花园、小桥、流水、池塘、人家……

金河由城西城垣的西水门，经铁窗入城往东而流。

古籍所载金河各桥梁，因是否纳入支流桥梁及屡有兴废，故有官名又有民间百姓的俗称，桥名不一致，桥梁多少也说法不一。还必须明白：就是同一座桥，不同时期桥的形状及桥周景观，也并不相同。

金河确切的桥梁，由西向东大致有以下：

清源桥，清同治《成都县志·津梁》记载：“清源桥，现西城外百步，石桥。上有奎星阁，有土城栅门，跨金水河。”

金花桥，明代建为木平桥，清代建为石梁平桥。在少城镶蓝旗地面西较场北，横跨金水河。少城金水河诸桥俱系一洞，独此桥三洞。1971 年改金水河为防空工程，桥址掩埋于今同仁路与西较场大门之间的西干道下。

节旅桥（将军衙门南侧），木桥，清代建。

通顺桥（小南街北口），一洞石拱桥，清代建。

枕流漱石桥，在少城正蓝旗地面奎星亭南，横跨金水河，本系石桥。同治年间将军完颜崇实改建木桥，旁竖栏上架屋，两端书“枕流漱石”字样。后渐倾圮，仍复为一洞石拱桥。后来多俗称拱背桥、银锭桥，在少城公园内。

作者判断此照片为水西门（今通惠门）城墙外（因为垛口向外）的进水处。判断依据是成都大城墙高三丈，此城墙明显低很多。1913年新开通惠门，城墙与此照片则高度相近（可参见本书“通惠门”）。另外，少城城墙内外风景幽雅，而东门金河出口处城墙高，房屋更是杂乱拥挤（参见后面东门金河出口照片）。（来源：[法]杜满希：《法国与四川》）

半边桥（半边桥街人民公园侧门处），一洞石拱桥，清代建。因满城城墙东水栅半压其上，半桥露外通行，故名。

三桥（染房街西侧人民南路的路中央），明洪武十八年（1385）筑蜀王府时建三座石拱桥，如“川”字排列，与蜀王府城门遥遥相对，总称三桥，有石狮石表柱各一对，1951年建人民南路广场时毁。

锦江桥（染房街口的锦江街上，靠近今盐市口），明代建，石拱一洞桥。

卧龙桥（草湖街口附近），清代建。

青石桥（青石桥街），唐代创建，唐宋时称龟化桥。清乾隆五十七年（1792）重建为石拱桥，桥上建屋。民国十五年（1926）改修拆除桥屋。

太平桥（临督院街和半边街交叉口），石平桥，一洞，清乾隆五十五年（1790）修。

老卧龙桥（南打金街），石拱一洞桥，有桥屋，始建年月不详。民国十五年（1926）改修，拆除桥屋。

板板桥（龙王庙街），木平桥，清光绪初年建，民国八年（1919）重修。

景云桥（龙王庙街龙王庙前），清乾隆三十五年（1770）重修，易木为石，拱式一洞。光绪三十三年（1907）补修。

金津桥（下莲池街），明代修。

拱背桥（东岳庙街），石拱一洞桥，建年不详。清光绪三十三年（1907）重修，立石碑刻“拱背桥”三字。

板桥（又称铁板桥，金河出东门城墙铁窗处），清嘉庆《华阳县志》记名，因临铁窗水门得名。

普贤桥（东门城墙外的清安街龙王庙前），清嘉庆六年（1801）重修，易木桥为一洞拱桥。

大安桥（东门城墙外的珠市街），石拱一洞桥，清嘉庆十五年（1810）重修，旧称下里桥。金河经此桥下流入府河。⑦

这些桥梁中，唯有人民公园正门内的银锭桥尚存（桥早已改建），余皆不存。

（二）金河小南街口通顺桥桥梁旧影像

20世纪30年代后，小南街北口之金河通顺桥情景。通顺桥是金河上游的重要桥梁，照片右方过桥后北通长顺街，向东是祠堂街。可看见图片左方尚存桥栏板，余皆残缺。桥上有几个背竹背篼的妇人。桥下水流很少，可能是冬春之交的枯水期。

20世纪50年代后，金河风景已破败，图为小南街北口之金河通顺桥情景，桥栏损坏殆尽。照片右侧马路上可看见50年代常见的十轮大卡车。

（三）金河少城公园内桥梁旧影像

民国元年（1912）建四川省立图书馆，馆址设在成都少城公园西一座规模不大的青砖楼内（即此照片左边之楼），因楼前植松八十株而得名“八十松馆”，1912年10月20日开馆，林思进担任第一任馆长。此桥修饰精致且成色很新，推测应是民国初期刚修建不久的公园内金河上的桥，详情待考。（来源：[法] 杜满希：《法国与四川》）

枕流漱石桥（多俗称银锭桥、拱背桥）。桥畔有楼亭，即文昌宫的魁星阁，此照片上可以看见石桥和魁星阁后面的文昌宫大殿堂。周围参天古木，石桥下为金河。（摄影：[日] 山川早水，1906年）

图为20世纪50年代的人民公园。与1906年日本人山川早水摄的照片比较，金河石桥虽重修，但其景观仍存有历史痕迹，50年代后三层魁星阁拆除。银锭桥今尚存（已改建），金河上其他桥梁均毁。（供图：刘正生）

图为银锭桥、魁星阁南侧的文昌宫及大门外的“八卦墨池”。晚清后少城旗民生活极其贫困。《清实录光绪朝实录》卷五八八记载，光绪三十三年（1907），成都将军绰哈布上奏清政府：“拟急待施行者三事。曰：清户口，查厂田，兴教育。”

文昌宫外挂有两个招牌：“满营办理编联保甲总局”（即“清户口”实行保甲制度）、“满营义利总局”（安置老弱、救济旗民的新机构）。这些间接反映了清末“新政”背景下少城景观的变化。另外“八卦墨池”（有低矮护栏板）与前面清代《同治重修成都县志》插图完全相同。（摄影：［德］魏司，1911年）

图为民国早期少城公园魁星阁一段的金河。此时小桥已拆除，尚未重建。（供图：刘正生）

20世纪50年代后，少城公园内金河水量充沛，可以荡舟。

（四）金河的半边桥、三桥、锦江桥旧影像

1. 半边桥旧影像

金河、御河上每一座桥，都有一段传说、一段故事。

清代大城与少城交界处，还有兵丁把守半边桥（正式名称是灵寿桥）。半边桥下的金河中设有水栅，大城的船只非特经许可，航行到半边桥为止，禁船出入。少城所需各种生活物资，基本上都是从少城小东门（受福门）进入今祠堂街，有专门的少城官员检查验收。

全国最奇特的要算半边桥：少城城墙跨金河东门这座桥梁而筑，于是一桥两分、满汉各占一半，清代杨燮就写竹枝词道其古怪："右半边桥

橋 邊 半 都 成

《四川之风景画成都半边桥》显示了1912年半边桥的碧水幽潭，生态环境非常好。摄影者是站在少城里面的金河上游拍摄。图片中央的两层飞檐楼阁是桥上的水闸房（水下有铁栅），大城那半边的桥面被遮挡，但可以看见少城内高拱的桥面。楼阁下左边高树下有城墙，水闸房外站立有4个人。图右侧树木蓊郁，可以看见关帝庙部分建筑掩映其中。（来源：《东方杂志》1912年第9卷第1期）

作妾观，左半边桥当郎看。筑城桥上水流下，同一桥身见面难。”

此桥是少见的铁板桥，清人吴好山又有诗云：“城根内外半边存，满汉分开莫乱论。铁板作桥真个好，小东门又水东门。”⑧

少城中最重要的粮食与物资仓库，诸如永济仓、大粮仓、柴薪仓、草料仓等，大都设在半边桥以西如今的人民公园范围之内。因而有《锦城旧事竹枝词》：“半是少城半大城，铁栅跨河满汉分。流向三桥输炭米，蜿蜒直到水东门。”⑨

20 世纪 90 年代的半边桥，有桥名而无河水，有人坐在填平河床的石磴上。如今，这张照片的景观也全部消失，变为大马路和密接的混凝土高楼。（摄影：郑光路）

半边桥国内闻名，但老照片罕见。作者收藏的《东方杂志》[10] 1912 年第 9 卷第 1 期，有《四川之风景画成都半边桥》，非常珍贵。

成都文人姚锡伦先生曾生活在半边桥街几十年，他向本书作者生动地回忆半边桥："民谣唱道：'穿城一条江（金河），江桥上一座城（水栅房），城里站个人（水栅房内开闸人）。' 20 世纪 50 年代，女人们在河边浣衣。每逢半边桥水栅房开闸泄洪之际，金河里的鱼东奔西窜，街坊邻里便纷纷拿来虾耙、渔叉，撒网，甚至扳罾，捕鱼捉蟹……"

20 世纪 90 年代，作者在半边桥街摄下有桥名无河水的照片：昔时碧波荡漾的金河和半边桥，被混凝土替代。

2. 三桥旧影像

三桥，旧桥址在今染房街西侧人民南路的路中央。

明洪武十八年（1385），筑蜀王府时建了三座石拱桥，如“川”字排列。三桥与蜀王府城门遥遥相对，紧临皇城坝。

三桥处有石狮、石表、石柱各一对。三座并列小桥每座桥相距近两丈，都有石栏杆。中间那座桥，比左右两座桥要宽些也略高拱，也稍长一些。每桥都有三个桥洞，所以有“三桥九洞石狮子”的成都民谚。

三桥位于城中心，是米炭柴盐等船运货物的集散码头，从三桥到青石桥一带最为繁荣。

20 世纪 50 年代初，建人民南路时三桥被拆除，三桥下金河被路面覆盖，成了暗河。1971 年金河被填废，改建成人防工程。不久，三桥下面防空洞改建成横穿人民南路的人行地下通道。近年，这个地下人行通道，改建为天府广场地铁站的一个进出口。[11]

20 世纪二三十年代的三桥。（供图：刘正生）

20世纪30年代后的成都三桥南街。（供图：刘永禄）

3. 锦江桥旧影像

20 世纪 30 年代的锦江桥，位于染房街口的锦江街上，靠近今盐市口，明代建，为石拱一洞桥。（供图：刘正生）

20 世纪 50 年代疏浚后的金河，可以洗衣、淘菜、儿童涉水嬉戏。所摄可能是三桥至锦江桥的河段。

20世纪40年代前后的锦江桥到青石桥金河段，两岸房屋紧凑整洁，有江南水乡风情。（来源：[法]杜满希：《法国与四川》）

4. 铁板桥旧影像

1878 年春，四川总督丁宝桢在东门内拱背桥到下莲池一带空地上，创建四川机器局（兵工厂）。东南有铁板桥紧接东水门（金河出东门城墙铁窗处）。

1898 年 6 月，新建的造币厂房在机器局旁边落成。又高又厚的东门城墙，就兼任造币厂东南面的围墙。从上海运来的机器，从锦江船上运上岸。这张百多年前的老照片，是当时搬运情景的珍贵记录：密密麻麻的民众在狭窄街巷上，前拉后推地艰难搬运造币机械（征调附近碾米厂的滚筒做车轮）；城墙根金河上拉起的铁栅上，可发现有不少垃圾；城墙上

当时成都东城房屋远比西城（少城）密集而且陈旧，金河里污秽垃圾也不少（可与前面的西水门照片对比）。（摄于 1898 年。供图：刘正生）

有许多人观望。

这是西方现代工业文明，进入成都的有趣一幕。[12]

三、成都城内另一条“御河”

成都城内另一条“御河”，简况如下：

明正德《四川志·蜀府》记载，明初洪武十一年（1378），朱元璋册封十一子朱椿为蜀王。洪武十八年（1385），景川侯曹震等奉谕，在五代蜀王宫旧址上建造一座占地580亩的蜀王府：“砖城周围五里，高三丈九尺。城下蓄水为濠，外设萧墙，周围九里，高一丈五尺。”

“蓄水为濠”，是说御河始成时主要靠蓄雨水，未与其他河系沟通。

明代中期到清朝，金河、御河淤积都很严重。清雍正九年（1731），

20世纪50年代初，御河已经成了污水沟。（来源：成都市建设信息中心）

四川巡抚宪德、成都知府项诚，组织人力疏浚城内河道。

金河疏浚完后，项诚又开新河直通贡院御河：“议请于蜀王城之南，三桥之西北，相度地形，开新河一道，直通贡院河。并修淘贡院周围河道，通舟便民。”⑬

工程历时近四个月，新开河道 189 丈 6 尺 9 寸（约合 632.3 米），淘浚御河 1058 丈 1 尺 5 寸（约合 3527.2 米）。之后又议定每年一次疏浚。新开河道使御河连接金河后，舟楫可以行至原蜀王府北边（接近今骡马市）。

御河上先后建有不少桥梁：

龙眼桥（明筑蜀王府时建于正门，左右各一座，故名），1951 年后因建人民南路广场而被废除。后子门桥。东边有同善桥（亦名红桥），位于东御河南。履安桥，居东御河北。宝莲桥（西华门）。御河西面还有平安桥、义成桥。青龙桥三处：一在治南青龙街，一在西御街中，一在东御街中。⑭

到 1949 年，御河严重淤塞。李劼人说：“几十年间，御河已经淤为一道臭阴沟，不但两岸变成陋巷，就河床内也修了不少简陋房子。”⑮

市政府对御河进行疏浚。1953 年 8 月 27 日，改建御河工程结束，全长 2076 米，河面和岸道总宽 22 米。形成河水流动、波光粼粼的新御河。1958 年 5 月，有关方面还组织少年学生在御河上划船比赛。

后来金河、御河改建成了防空工事。城内之金河、御河，至此永远消失。⑯

老成都人悲哀叹息：“金河、御河加了盖盖，成都城，变成旱鸭子了。”河流，是孕育城市的“母亲”。“水城成都”，现在只留存于老成都人的梦境中。

1953年8月27日，改建御河工程结束。1958年5月，有关部门组织少年学生在御河上划船比赛。（来源：成都市建设信息中心）

四、金河改为人防工程的影像记录

20世纪70年代，全国全民备战“深挖洞、铸人防”。在不到10年的时间，全成都市修建各类防空工事达21万多平方米。

那段时间，大街小巷到处是工地，红旗飘飘。全体市民白天挖洞不止，晚上挑灯夜战。御河、金河人防地下干道工程纵横贯通，3万多个简易防空洞、13万多米防空壕星罗棋布。[17]

20世纪70年代将金河改为人防工程。右上角能看见人民公园保路纪念碑。推测拍摄的是半边桥至人民南路的金河段。（来源：成都市人民防空办公室编印:《铸就和平之盾——成都市人民防空60周年》画册）

注释：

① 四川省水利电力厅编著:《四川历代水利名著汇释》，四川科学技术出版社 1989 年版，第 205 页。

② 项诚:《议开浚成都金水河事宜》，载四川省水利厅、四川省都江堰管理局编著:《都江堰水利词典》，科学出版社 2004 年版，第 43 页。

③ 程国政编注，路秉杰主审:《中国古代建筑文献集要・清代（上）》，同济大学出版社 2016 年版，第 139 页。

④ 陶亮生:《成都街名琐记》，成都市群众艺术馆编:《成都风物》，1984 年，第 75 页。

⑤ 李劼人:《成都历史沿革》，载《李劼人研究》，巴蜀书社 2007 年版，第 15 页。

⑥ 余凡:《1953年，那时成都御河又宽又清》，载凤凰网四川综合，2018年8月27日。

⑦ 参见成都市交通局等编:《成都市交通志》，四川人民出版社1994年版，第24页。

⑧ 林孔翼辑:《成都竹枝词》(增订本)，四川人民出版社1986年版，第57页，第73页。

⑨ 何韫若:《锦里少城街巷琐记(竹枝词)》,《少城文史资料》第15辑，成都市西城区政协文史资料工作委员会内部资料，2002年，第178页。

⑩《东方杂志》由商务印书馆1904年3月创办，为我国期刊史上首屈一指的大型综合性杂志，1948年12月停刊，共出四十四卷。

⑪ 姚锡伦:《成都老街记忆》，成都时代出版社2017年版，第268页。

⑫ 参见[美]孙浩:《谈四川光绪元宝银币中的"缶宝"与"介宝"——兼录洋匠所述成都造币厂机器安装之经过》,《中国钱币》2007年第4期。

⑬ 程国政编注，路秉杰主审:《中国古代建筑文献集要·清代(上)》(修订本)，同济大学出版社2016年版，第139页。

⑭ 参见罗廷权等修，衷兴鉴等纂：同治《成都县志·津梁》。

⑮ 李劼人:《成都的一条街》，傅德岷编:《当代四川游记选》，四川人民出版社1982年版，第48页。

⑯ 余凡:《1953年，那时成都御河又宽又清》，载凤凰网四川综合，2018年8月27日。

⑰ 参见《铸就和平之盾——成都人民防空事业60年发展历程回顾与展望》，载《成都党史网》，2011年9月9日。

精华街道篇

赤里、文翁坊、石室街、君平街、支矶石、锦里、驷马桥、琴台……这些秦汉后就有的成都老街，如流淌了两千年的血脉，使成都有了历史文化名城的鲜活灵魂。

20世纪20年代的南大街，
镜头下的大年初一人赶人，
黑白的照片，
照样能映出，七彩的喜悦。

2005 中国国际

青年
分会场
2005中国国际
豆汤饭

浸透历史文化韵味的古成都街道

一、赤里、文翁坊、石室巷、文庙街

公元前 316 年秋，秦灭蜀国，改蜀国为蜀郡，设成都县作为蜀郡治所。公元前 311 年，秦惠王听取张仪的建议，令蜀守张若按咸阳格局筑城。后人多以公元前 310 年为成都建城元年，距今已 2300 多年。

通过浩瀚典籍，可追溯出这座古城的许多老街。

东晋人常璩《华阳国志·蜀志》说“成都县本治赤里街”，这里明明白白地说秦汉时，蜀郡官衙所在地是赤里街。

北宋乐史撰写的《太平寰宇记》之卷七十二中说：“成都之南街名赤里。”民国版《华阳县志·古迹一》说清朝嘉庆前“仍称赤里，今则通呼南大街”。

由此可知，赤里街在今南大街一带，这是秦汉时期成都中心街道，古街名赤里（街）一直保留到清朝嘉庆年间（1796—1820），才渐渐改称南大街。

所以，赤里街应当是成都建城后确凿可考的最早的老街。

到汉景帝末期，有位江西人文翁当蜀郡守。他在秦城南垣外创建周公礼殿，在此以石料为主修起图书馆和“官学”（即官办学校），被称为“石室”或“玉堂”。文翁兴学，开全国地方办学之先。文翁官学所在地，即今石室中学校址。[1]

石室一带当时自然成为一条文化街，称“文翁坊”，后世就有石室巷。唐朝后，在周公礼殿旧址修建专祀孔子的文庙，此街叫“文庙街”，历代不衰。

图为20世纪20年代前后的成都南大街。照片是站在南门城墙上向北边拍摄。街道比较窄，应是杨森1924年“成都扩街”之前。照片下面的英文大意是“大年初一出成都南门”，所以街上行人很多，还有穿制服的军士。远处有一个高耸的塔形建筑，是陕西街存仁医院的钟楼。〔摄影：佚名（估计是华西协合大学传教士）。来源：“长生不老客”提供，发于徐海涛主办微信公众号“勘探旅游人生”〕

二、君平街、支矶石街、天涯石街

距今2000多年的西汉成帝年间（公元前32—前6），离文翁石室不远的一条街上，有家卜卦铺子每天门庭若市。一位仙风道骨的高人，坐在堂中为人卜卦。这条街，就是汉朝成帝后出现的君平街。

严君平，成都人。晋朝的《华阳国志》说他："雅性淡泊，学业加妙……假蓍龟以教。"就是说卜卦算命只是他谋生和教化民众的手段。他每天只算几个人，得一百钱能养活自己，就放下门帘为人讲学，大文学家扬雄就是他的学生。

严君平节操清奇，是中国历史上继孔子之后又一位民间办学的先行者，这一点以前常被忽视。他享年90余，史书称"蜀人爱敬"。他居住过的街道很自然地被命名为君平街，两千多年来街名未改。

支矶石街，也与严君平有关。支矶石高2.12米，宽约0.8米，呈不规则方柱形。这块大石头，如今有人认为是陨石，也有人认为是古蜀人祭祀而立的古蜀墓石。因为严君平先生太杰出了，后人难免将他视若神仙。于是严君平死后200多年，就把他和这块闹不清来历的老古董支矶石扯到一起。

西晋人张华在《博物志》中说，有个海岛上住的人，见每年八月都有"浮槎"（即木筏）漂来，这个人便麻起胆子"乘槎而去"。十多天后沿天河到一城郭，"遥望宫中多织妇"，还有一个牵牛小伙。此人即问："这是哪里哟？"牵牛小伙答："你去蜀地访严君平，就晓得了。"

这个探险者后来被各种史书（如《蜀中广记》）附会成汉朝通西域的张骞。唐朝赵璘所撰《因话录》中说："今成都严真观有一石，俗呼为支

1999年的君平街，“油烫甜皮鸭”招牌上方钉有小街牌“君平街”。（摄影：郑光路）

矶石，皆目云：当时君平留。”唐朝大诗人岑参到成都，去君平街吊古，写《严君平卜肆》诗：“君平曾卖卜，卜肆芜已久。至今杖头钱，时时地上有。不知支机石，还在人间否？”

可见君平街，唐时已非常有名。

清代修建满城（少城）以后，君平街改称“君平胡同”。民国初年，因这里有上述支矶石小庙，就把街名改成支矶石街。但那时主管者觉得历史悠久的君平街还是应当保留，又把满城南垣东接陕西街、西止小南街南口、长约一里的那条新街，定名为君平街。也就是说，历史上的君平街，其实就是现支矶石街一带。②

成都以石头命名的街，类似的还有天涯石、五块石等。宋朝朱秉器《漫记》中说，天涯石在“蜀城东隅，高二丈，厚仅半尺”。明陆琛《蜀都杂钞》：“天涯石在城东门宝光寺侧，有亭覆之。”故现存天涯石街，至少宋朝前就应有了。

成都以古老石头名为街名，这不仅仅是传说，而是蜀中前辈们以此寄托探索宇宙奥秘的殷切愿望。这在整个中国，是不多见的。

三、锦里、锦官驿、驷马桥、琴台

武侯祠旁边的锦里，于2004年11月1日正式开市。常听人议论，这锦里究竟有没有历史依据?

详考史籍，汉代的少城南部是商业区，大概位置在现在锦里路到西较场一带的锦江两岸。

蜀国自古蚕桑业发达，汉代已专门修筑锦官城，即织锦大街坊。锦官城在什么位置？晋朝常璩《华阳国志・蜀志》中说：“夷里桥南岸……其道西城，故锦官也。锦江，织锦濯其中则鲜明，他江则不好，故名曰‘锦里’。”

汉时夷里桥（即笮桥）的位置，在万里桥（今老南门大桥）上游不远。所以诗翁杜甫才有“丞相祠堂何处寻？锦官城外柏森森”的写实咏叹。韦庄《怨王孙》词说：“锦里蚕市，满街珠翠，千红万妆……”可想见从汉到唐，锦里都是繁华街市。

武侯祠旁新修的锦里，接近汉时锦官城旧址，所以锦里的命名是有历史根据的。现在命名的锦里路，接近古锦官城，也是接近历史的。

锦官驿，也应是汉时就有的老街名。因蜀锦如此发达，在两江汇合处专设驿站发展水陆外运是情理中事，所以才有流传至今的锦官驿街。

如果说汉时锦里为写实之街名，琴台和驷马桥则是汉代流传下来的最富浪漫色彩的老街。

琴台路，在西城边街旧址基础上新建，1989 年正式更名为琴台路。同新修的锦里一样，许多人也弄不清建此街的历史依据。

西汉司马相如是汉赋的奠基者，在中国文学史上占有重要一页。这位才子以弹琴唱情歌《凤求凰》的手段追求卓文君并与之私奔的故事，成为流传千古的风流佳话。

司马迁《史记·司马相如列传》说："文君当垆，相如身自著犊鼻裈，与保庸杂作，涤器于市中。"夫妻店里，卓文君在放酒坛的土墩子（垆）边卖酒，相如穿着类似大围腰的牛鼻裤充当店小二洗盘子……富甲蜀中的老丈人卓王孙被这臊皮行为气得鼻子都歪了，忙给一大笔陪嫁费，相如两口子才收刀停业。

相如不甘心"吃软饭"，北上长安求官。走到城北升仙桥，在桥柱上赌咒题字："不乘高车驷马，不过汝下"！到京城后，相如以《子虚赋》《上林赋》等赞美诗，获汉武帝赏识封为中郎将。后来果然乘驷马高车，喜气洋洋地衣锦还乡了。

升仙桥此后更名为驷马桥，所以有流传至今的驷马桥街。

史传相如在成都有宅，住家附近还有琴台，西汉后就成了街坊地名。杜甫《琴台》诗中说："茂陵多病后，尚爱卓文君。酒肆人间世，琴台日暮云。"但宋朝后琴台街坊就湮灭了，北宋诗人宋祁《琴台》诗中说："君不见成都郭西有琴台，长卿遗迹埋黄埃"。

司马相如旧宅和琴台究竟在哪里呢？南北朝时梁朝李膺《益州记》

说，司马相如宅在成都笮桥北一百步、市桥西三百步。据地理史料分析，其址就在今西较场一带，是“汉旧州市”所在，做生意的好口岸。[3]而相如的琴台，据考证应在现青羊宫降生台处。[4]

现琴台路同西较场仅数步之遥，青羊宫也在附近。所以琴台路的新修，也是有历史根据的。

据梁朝李膺《益州记》所记，南北朝时成都城内有 120 坊（一作 112 坊）。但书中只记下第 4 坊名叫碧鸡坊，余皆无记。

此外见于宋朝以前典籍的，除上述文翁坊、锦官坊外，城西有花林坊、果园坊；城西北有金容坊、书台坊；城北有龙池坊、石镜坊；城东有富春坊、大相坊等。还有五门街、观街、石笋街、夹街、中坝街、木行街、马务街、国清寺街；浣花里、升仙里、笋里、锦浦里、煮胶巷、府楼巷等街巷。[5]

駟馬橋
（四川省）
駟馬橋は四川省成都北門外五支里の路上にあり、一名昇仙橋とも云つてゐる。水經注に「城北十里昇仙橋と云ふ送客あり、司馬相如の將に長安に入らんとするのを觀る、その門に謂ふて曰ク高車駟馬に乘らざれば汝の下を過ぎざるなりと後功蜀に入るや果してその志の如し」とあり、橋を駟馬橋とはこの時から云ふのである、行人はこの由緒ある橋を過ぎながらその橋の史實を知ら者が多い、橋畔には遂寧の張鵬翮い撰書にかる詩碑が立つてゐる。長橋題柱去、猶定未達時、及乘駟馬車、却從橋上歸、名共東流水、滔々無盡期

民国初期的驷马桥，从这张珍贵老照片中可看见桥头有巨大石碑。（来源：日本画刊《亚细亚大观》。郑光路收藏）

武侯祠旁新修的锦里，接近汉时锦官城旧址，门坊上大书“汉肆”。（摄影：郑光路，2005 年）

1989 年正式命名的成都琴台路，街道上有汉代马车雕塑，酒楼上方有“当垆栖凤”大匾额。（摄影：郑光路，2005 年）

赤里、文翁坊、石室巷、君平街、支矶石、锦里、驷马桥、琴台……这些秦汉后就有的成都老街，如流淌了两千年的血脉，使成都有了历史文化名城的鲜活灵魂。

四、清代成都街道的重建

（一）明末清初空前浩劫

明朝天启年间（1621—1627），成都府城新建成的三衢九陌为主干街巷，非常繁华。

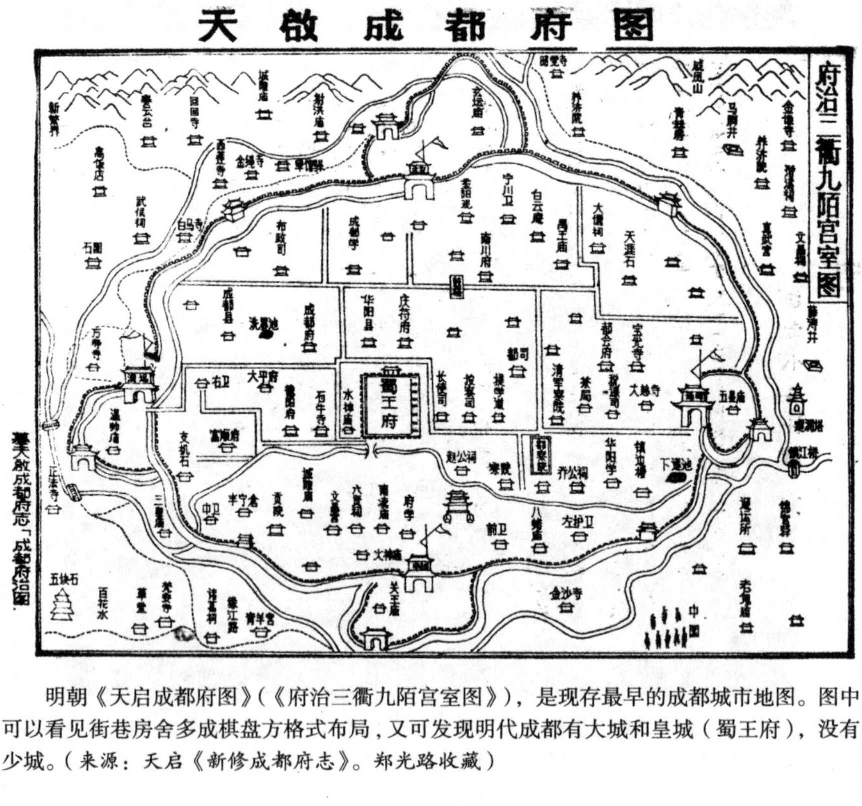

明朝《天启成都府图》（《府治三衢九陌宫室图》），是现存最早的成都城市地图。图中可以看见街巷房舍多成棋盘方格式布局，又可发现明代成都有大城和皇城（蜀王府），没有少城。（来源：天启《新修成都府志》。郑光路收藏）

1644 年 12 月 14 日，张献忠在成都建大西国，称“大西王”。被张献忠抓获的意大利传教士利类思和葡萄牙传教士安文思，亲眼看到张献忠逃离时下令将皇宫焚毁，“复令将全城四面纵火……转瞬间，川中守城已成焦土，人畜同化灰烬”。[⑥]

这时整座城市，简直成了巨大野生动物园。

清顺治十六年（1659）八月，一个在洪雅深山逃亡十多年的男子，在秋风瑟瑟中随清朝大军进入成都。这就是明朝末年华阳县知县沈云祚的儿子沈荀蔚。翻开他写的《蜀难叙略》：“时成都城中绝人迹者十五六年，唯见草木充塞，麋鹿纵横，凡市廛闾巷，官民居址，皆不可复识。”

甘肃、陕西的一些民工杂役，随清军到成都，这些人可说是清初最早期的移民。沈荀蔚目睹，四川巡抚高民瞻对他们实行多劳多得的占地修房政策：“俱伐树白之以为界，强有力者，得地数十丈不止”。移民们“先施棚帐于髑髅瓦砾间”作建筑工棚，接着砍树做房柱，割下齐人高的蒿草做屋顶……[⑦]

瓦砾废墟中的这些战时建设，自然也是没有街道可言的。

（二）清代官方整修街巷

清朝后，四川官员多次修缮成都城墙（详见本书“大城城池篇”），逐渐形成东大街、南大街、西大街、北大街四条纵横贯穿成都的重要街道。

道路、街巷是最基本的市政设施，清朝历代官府都很重视。如雍正七年（1729）冬，四川巡抚宪德专门给雍正皇帝写《奏报垫铺成都低洼街道折》，说东大街一段“系商旅往来要路，低洼积水，不利行人”，请求将原明朝蜀王府（即皇城）倒塌的城墙砖，用来铺砌街道。

乾隆四十八年（1783），四川总督福康安“奏请发帑银六十万两彻底重修”成都城。修城同时，用石条“创修”了不少城中街巷。[8]

贵州黔西人李世杰（1716—1794），继福康安任四川总督，又做了两年的城市街道建设。李世杰在其《北门修路记》中说，出北门的街道直达京师，“行旅往来如织”，但街道低洼，“每于夏秋之季，淖深数尺，车马困于泥泞”。他带头捐钱，并倡议下属官员们都掏腰包捐款作修路经费。这条道路后来一直铺砌到十多里外的三河场，从而使北门内外道路“宽平修整，履之坦然”。[9]

清代文人杨燮在竹枝词中，大加称颂：“驷马桥头石路平！”[10]

李世杰为了“复五代之旧，符锦城之名”，还命令官民在城内外空地及街道两旁“遍种芙蓉，且间以桃柳”。他认为这并不仅为美化，也为了保护城市。他写《成都种芙蓉碑记》，说绿化后的成都将“葱葱郁郁蔚为茂林”，不仅“春秋之季望若画图”，而且可防“风雨之飘摇，冰霜之剥蚀”。这位李总督的环保意识可说超前。

清代成都街道维修常常只能靠官员和民间捐钱，故街头巷尾常有修桥补路的功德碑。因无固定市政经费，烂街也不少，杨燮竹枝词中便有“最是南府街洼下，雨中门板当船施”的滑稽场景。[11]

（三）清末街道的辉煌和污垢

城市街道从全毁到废墟中重建，仅隔二十来年。因旧踪易寻，仍大致保留前朝格局，街巷房舍多呈棋盘方格式布局。

据清同治《成都县志》卷二记载，成都当时主要街道有117条。据《四川官报》统计，到宣统二年（1910），成都共有街道438条，小巷113条。

诸如玉器、纱帽、骡马、牛市、书市、盐市、绸缎、银号、油米、木柴等等，常集中于某街巷而形成专业街市（如弓箭鞍鞯铺在提督街，衣铺多在鼓楼街）……

清代中后期成都街道很有近代商业大都市风采，已誉满中外。

1870年，一个大胡子洋人兴致勃勃地出现在街头，他是德国地理学家李希霍芬男爵。他给本国友人写信说："成都是中国最大的城市之一，也是最秀丽雅致的城市之一……街道宽敞，大多笔直，相互交叉成直角。"

街道两旁房屋墙壁上处处可见的壁画、雕塑，令他欣喜不已，"这种艺术情趣在周围郊区随处可见……由红砂石建成的牌坊在乡间触目皆是，所有的旅游者无不为其精湛的艺术而感到惊异……其中一些不愧是中国的艺术杰作"[12]。

1905年，日本人山川早水来到成都，他说："东大街却足有十七八公尺之宽，其他各大街也不逊色。同不能两轿并行的上海城内的街道比，真是不可同日而语，真有大城市的气派……如果将其与北京相比，其面积固然不可及，而其整洁远在其上。"[13]

如因此沾沾自喜，也失之浅薄。研究城市建设的法国人马尼爱，赞美时也一针见血地批评道：在成都巍峨气象外表包裹中，其脏、乱、差也吓得死人！他说，衙门、商贸等面子街道当然是金碧辉煌、宽衢华厦。但更多偏僻街巷不仅狭小，还随路秽积、恶陋无比。这位马尼爱先生坐一顶小轿子"穿羊肠、越鸟道，所经房屋秽败摧朽，如人身之患大麻风，无一块好肉"。更丢人的是，他见两个轿夫时时"跨过垃圾之堆"，"又踏遗粪"，弄得"跌撞不止一次"，样子极为狼狈。[14]

辉煌与丑恶现象并存，这才是清末成都街道的历史真况。

注释：

① 四川省文史馆编：《成都城坊古迹考》，四川人民出版社 1987 年版，第 237 页。

② 李金彝：《成都街名考》，《成都志通讯》1984 年第 3 期，第 51 页。

③ 石湍：《从卓文君在哪里卖酒说起》，《成都文物》1986 年第 2 期。

④ 绍风：《琴台考实》，《成都文物》1987 年第 1 期。

⑤ 冯举、谭继和、冯广宏：《独特的城坊水道文化》，载《成都府南两河史话》，四川民族出版社 1998 年版，第 140—141 页。

⑥ 古洛东：《圣教入川记》，四川人民出版社 1981 年版，第 39—40 页。

⑦ 沈荀蔚：《蜀难叙略》，载何锐点校：《张献忠剿四川实录》，巴蜀书社 2002 年版，第 119 页。

⑧ 同治《重修成都县志・城池》。

⑨ 同治《重修成都县志》卷一四《艺文志・记》，载李世杰：《北门修路记》，第 34—35 页。

⑩ 杨燮：《锦城竹枝词》，林孔翼编：《清代竹枝词》，四川人民出版社 1982 年版，第 57 页。

⑪ 杨燮：《锦城竹枝词》，林孔翼编：《清代竹枝词》，四川人民出版社 1982 年版，第 57 页。

⑫ ［美］罗伯特・A. 柯白：《李希霍芬男爵书简，1870—1872》，《四川军阀与国民政府》，四川人民出版社 1985 年版，第 6 页。

⑬ ［日］山川早水著，李春德、李杰译：《一百年前一个日本人眼中的巴蜀风情》，四川人民出版社 2005 年版，第 66—67 页。

⑭ ［法］马尼爱：《游历四川成都记》，载《四川文史资料选辑》第 20 辑，四川人民出版社 1979 年版。

从老照片“穿越”东大街

一、历史悠久的蜀中第一街

清初新修城墙有东西南北四座城门，形成东大街、南大街、西大街、北大街四条纵横贯穿成都的重要街道。

据《四川官报》统计，1910 年成都共有街道 438 条，小巷 113 条。清末华阳县令周询记载：较繁华的南大街、北大街、总府街、文庙街等，只有二丈左右宽，其余多不及二丈。科甲巷狭窄得更可怜，仅数尺宽，“街面最宽者为东大街，宽约三丈”。[①]

东大街，是了解成都历史文化的重要窗口，因其有以下特点：

1. 历史悠久。唐、五代时大慈寺南（今东大街一带）为繁华集市。元代费著的《岁华纪丽谱》记载，唐明皇逃难到成都，由道教大师叶法善陪同在街市观灯，看得如梦如幻……

2. 是成都最长、最宽的街道。从东门城门洞向西走，有下东大街、中东大街、上中东大街、城守东大街、西中东大街、西东大街，直通盐市口约 4 华里。

3. 是四川政治、军事中心区域。以东大街为轴线，南北两侧有督院街的总督衙门、提督街的提督衙门、藩署街的布政使司、学道街的提学使署、盐道街的盐茶道使司等全省重要官衙。

4. 是四川和成都金融中心。东大街一线凑集了各种银行、票号、揹号、银号、金铺等[②]1905 年开设的四川省官办银行濬川源，地址在暑袜街；1907 年开设的大清银行（即当时的国家银行），地址在新街。暑袜街、新街都紧临东大街。所以周询概括说："银号多在东大街、新街。"[③]

5. 商业大都市风采誉满中外。1897 年，法国人马尼爱叙述东大街："甚为宽阔，夹衢另筑两途，以便行人，如沪上之大马路然。各铺装饰华丽，有绸缎店、首饰铺、汇兑庄、瓷器及古董等铺，此真意外之观……尚有城市规模者，此为第一。"[④]

一百多年来，城里人、乡下人，本地人、外省人……都把逛东大街当成时髦而快活之事。数里长街，就是一幅古城之《清明上河图》。

二、清朝末年东大街的旧影像

单凭上述文字，很难想象当年真实的街景。

1909 年 1 月初，美国芝加哥大学东方教育调查委员会考察团一行四人来到中国。团长是欧内斯特·伯顿博士，成员有 66 岁的汤玛斯·张伯林教授，老张伯林的儿子罗林·张伯林任摄影师，另一位是华裔翻译王先生。

1909 年 4 月 6 日，罗林·张伯林拍摄东大街，留下珍贵的历史信息。照片中，店铺各式招牌清晰可见：大绸缎铺，大匹头铺，大首饰铺，大皮货铺，贩卖苏、广杂货的店铺，钱铺，中西大药房，彩票店……

行人有男有女，有的穿着清代长袍马褂，有的头戴瓜片小帽。红砂石铺砌的街道整整齐齐，还可见中间供鸡公车行走的车辙。

照片反映了清末东大街新老习俗杂陈、中西商品交融的情景。这是传统农耕时代城市向近代化城市形态转型的缩影。

東門城樓

民国初期东门城门洞内，人群出入东大街熙熙攘攘的情景，这是东大街往西的起点。

1924年军阀杨森在成都扩街大修“马路”，拆除牌坊。照片左前方站着一个青年人，可能是推销彩票的人。他身后的吊牌写有“分行四川彩票”（摄影：[美]罗林·张伯林，1909年4月6日）

1909 年 4 月 6 日下东大街“億屢中”牌坊下的行人。左侧有嘉定（乐山）邓阳绸店铺的招牌。（摄影：［美］罗林·张伯林）

图为 1900 年的下东大街北边的府城隍庙。旧时成都至少有三座城隍庙：东大街府城隍庙、外北万福桥成都县城隍庙、昭忠祠街的华阳县城隍庙。府城隍庙香火最鼎盛，殿堂外有一对巨大的石狮子。图中府城隍庙充满人间烟火气，有酒摊、汤圆面店、百货摊、算命卜摊、杂耍跑摊，还有米市。（摄影：［英］约翰·伯奇）

1909年4月6日，进入东门城门洞，下东大街两旁是各色商铺，街上有一座木质过街牌坊。1906年，四川总督锡良拟订《四川彩票章程》上奏清政府。牌坊上方中间为“奏辦”，意思是已经朝廷批准，牌坊中间牌匾书有“億屢中”，出自孔子《论语·先进》：“赐不受命，而货殖焉，亿则屡中。”[⑥]意思是买了彩票就美梦成真发大财。1912年中华民国成立，“奏辦”等字眼显然过时，牌坊改书“既丽且崇”四字。[⑦]

中东大街暑袜街南口，街南有宝元通百货公司，又有万钰银楼，为省城银器业最早最大之商铺。西东大街有中西大药房，是成都最早的西药房（1901年开设的中西大药房，位置在青石桥街口）。1905年中法大药房也建在东大街，在街中建有气派典雅的牌坊，其总部为1890年商人黄楚九在上海开设。

清末，市面上有多种货币流通：银两、铜钱、银元、铜元、纸币……宣统年间，每银一两可换铜钱一千四五百文。清末成都有许多钱店（钱铺），业务是以银子换铜钱。图为1909年4月东大街上的钱店，有人正兑换完毕。（摄影：［美］罗林·张伯林）

图为1909年4月6日的中法大药房牌坊及行人。（摄影：［美］罗林·张伯林）

1909年4月的西东大街。照片右上方，悬有“天恩栈房”吊牌。作者艰辛考证，《车辐叙旧》[8]中说：“我的老家在成都西东大街天恩店，一家百年以上老店，清代来省城赶考的学子多住于此。”车辐还说，1938年6月11日，日本飞机轰炸成都，天恩店全毁。由此判断，这是如今青石桥路口与盐市口之间的西东大街。（摄影：［美］罗林·张伯林）

三、1920 年以后的东大街

东大街浓缩了百年交通历史。

清末，街头交通工具主要是闪悠悠的“滑竿”、轿子，还有鸡公车（独轮推车）。马车就是公交车了，车上五六个座位招手即停，总站设在城守东大街口，骚臭冲天。1924 年后，四川督理杨森不准马车再通行东大街等繁华市区。

清末有少数黄包车，民国后黄包车成为主要交通工具。1920 年后，东大街上有了自行车，多是洋货“邓禄普”“三枪”等牌子。自行车每辆需银圆 150 元左右，相当于商铺店员三年多的工钱。

1924 年军阀杨森实行“新政”，大修马路。修建春熙路之前，先扩建了东大街。

马裕隆商铺 1907 年开业，是省城最早、最大的百货商店，招牌大书“各国通商货品”，位置在青石桥口与东大街交界处（20 世纪 40 年代改设茶厅，50 年代后改为东城区中草药医院）。

1926 年，马裕隆订购了一辆英国哈雷牌巡警用双缸大型摩托车。店主的大公子正读中学，居然无师自通驰骋自如。东大街上摩托车轰隆轰隆烟雾滚滚，连野狗也追随其后怪吠。青年后生艳羡无比，妙龄女郎秋波频送，齐呼：“啊哟，打屁车开来了……”

慢慢地东大街汽车渐多，常见的是黑色老式卧车，市民称为“推屎爬”（因形状像屎壳郎）。

20 世纪 40 年代，随着美国援华，东大街吉普车常见了，美国大兵也常见了。

1920年的东大街仍很狭窄，但依然是成都最热闹的街道。街道多了许多电线杆，少了1909年时的典雅。右下角有一邮局的招牌“代售邮票处”。街上还没有自行车和汽车，交通工具是轿子和“滑竿”。拍摄者是站在东门城楼上俯拍，前方尽头是盐市口。当时成都四城的南大街、北大街、西大街，景观大致都和东大街差不多。（来源：[法]杜满希：《法国与四川》）

抗战时期，日本飞机多次空袭轰炸成都。东大街、盐市口区域遭受重大劫难。例如 1939 年 6 月 11 日，27 架日本飞机在此投掷炸弹和燃烧弹，许多房屋街道夷为平地。后来当局在东大街、盐市口广泛宣传“航空救国”“捐款买机”。下面的一张老照片，就反映了抗日救亡的时代烙印。

1944 年成都东大街上，斯蒂贝克豪华轿车与黄包车相映成趣。照片最右侧还有一个戴大盘帽、左臂有佩章的交通警察。（摄影：时在成都的美国士兵）

1944 年成都东大街，几个美国士兵正津津有味地观看小个子警察指挥交通。（摄影：时在成都的美国士兵）

图为东大街靠近盐市口的街面，“一致提倡航空救国”横幅大标语后面是一家写有“锦里餐便饭”店名的餐馆。餐馆左边铺面外有“欧美头等百货”的宣传；餐馆右边铺面是药店，有“白金膏”之类的宣传。照片中戴大盖帽的军人正在指挥一辆敞篷军车转弯。（可能摄于 1943 年）

四、东大街首尾的抗日雕塑铜像

当年成都出川，东大街、牛市口一线是通衢大道。1937 年 9 月川军首次出川抗战，也走此路。

1939 年，雕塑家刘开渠迁居成都，在成都艺术专科学校执教。

1937 年川军将领刘湘率部出川抗战，1938 年 1 月 20 日在武汉病逝。1941 年 12 月，在盐市口对东大街处，建立刘湘扬马出征的铜像，高约 5 米，马头正对东大街（东城门）方向。这里被视为东大街的终点。

成都当局又聘请刘开渠设计，与成都万兴隆号主人江万兴（铜匠）、朱木均（工头）历经三年协作，建立“川军抗日阵亡将士纪念碑”（又称“无名英雄铜像”）。1944 年 7 月 7 日，铜像在东门城门洞区域落成。⑨

铜像身穿灰布军服，着短裤、绑腿、草鞋，手握步枪身背大刀、斗

川军将领刘湘扬马出征的铜像。铜像下有不少市民闲坐，还有人在卖草鞋等物品。铜像1950年后拆除，改建街心花园。（可能摄于20世纪40年代末期。供图：吴燕子）

1944年7月7日在成都东门城门洞落成“川军抗日阵亡将士纪念碑”（又称为“无名英雄铜像”），此时尚未完全竣工。

笠、背包，俯身跨步仰视前方作英勇冲锋状。

川军抗日阵亡将士纪念碑于 20 世纪 60 年代拆除。直到 1989 年 8 月 15 日，重塑的铜像才在二环路万年场路口落成。2006 年，铜像因交通问题被拆除。在市民的强烈呼吁下，2007 年 8 月 15 日终于在人民公园东大门外重新树立铜像。

2020 年为纪念抗日战争暨世界反法西斯战争胜利 75 周年，川军抗日阵亡将士纪念碑入选第三批国家级抗战纪念设施、遗址名录。

除此以外，成都还有不少抗战纪念碑雕塑。1939 年，美术家王朝闻创作了《汪精卫和陈璧君》，这对汉奸夫妇的跪像（铁像）陈列于少城公园。成都市区共建立了 10 座铜像，其中 7 座是纪念抗战的：1941 年 12 月在盐市口中心建有刘湘扬马出征的铜像；少城公园有 1940 年 4 月 22 日落成的王铭章策马飞奔铜像；南门刘湘墓园（现南郊公园）有刘湘立式铜像；中山公园（文化宫）有 1940 年 4 月 24 日落成的饶国华率军前进铜像；北门有 1947 年 9 月 18 日落成的李家钰坚守阵地的铜像……[10]这样集中地塑造出一批城市雕像全国罕见，成都因此成为中国现代雕塑发源地之一。

东大街，当年曾是成都跨出盆地、走出四川的标志，也是展示四川抗战精神的名街。

20世纪60年代初，成都东门城门洞的“川军抗日阵亡将士纪念碑”，此时可见电车通行。右上角为当时东门骨科医院的位置。（可能摄于1962年）

当年成都出川，东大街、牛市口一线是通衢大道，称为“东大路”。图为1934年成都牛市口情景。此路是成都东门要冲，照片左方有一小城堡，具有军事防御意义。（摄影：鲁文辉。来源：《家庭周刊》1934年乙种第75期）

五、2002 年东大街拆迁重建

1960 年以前，东大街两侧大都是小青瓦土木结构商铺，以二层楼为主。直到 20 世纪 70 年代后，三至五层混凝土商楼逐渐增多。

2002 年 4 月 10 日开始拆迁东大街，启动横贯成都东西的城市大道拓宽工程。[11]此后东大街果然更现代化了，混凝土高楼林立。但人们却时常怀念永远消失的老街传统旧貌。

图为20世纪80年代的东大街（现太古里入口）。图片里这家赖氏羊肉汤馆子非常有名，招牌上方还标有“简阳三代祖传”。（供图：刘正生）

图为2003年原东门城门洞一段的情景，传统风貌已荡然无存。（摄影：郑光路）

注释：

① 周询:《芙蓉话旧录》，四川人民出版社1987年版，第6—7页。

② 傅崇榘:《成都通览》上册，巴蜀书社1987年版，第99页。

③ 周询:《芙蓉话旧录》，四川人民出版社1987年版，第8页。

④ [法] 马尼爱:《游历四川成都记》，载《四川文史资料选辑》第20辑，四川人民出版社1979年版。

⑤ 锡良:《四川改设法政学堂折》,《锡良遗稿》第1册，中华书局1959年版，第556、621页。

⑥ 货殖，指经营商业。亿，通“臆”，即预料。翻译成白话文就是“猜测很准发大财”。

⑦ 左思《蜀都赋》有“既丽且崇，实号成都”文字。

⑧ 车辐:《车辐叙旧》，四川科学技术出版社 2006 年版，第 8—9 页。

⑨ 参见魏道尊:《解放前成都的纪念铜像》，《成都掌故》第 3 辑，四川大学出版社 2014 年版，第 472—478 页；成都市成华区地方志办公室编:《成华拾忆》，新华出版社 2016 年版，第 137 页。

⑩ 魏道尊:《解放前成都的纪念铜像》，《成都掌故》第 3 辑，四川大学出版社 2014 年版，第 472—478 页。

⑪ 四川建设网，2002 年 4 月 11 日。

盐市口、东御街、西御街、祠堂街

一、盐市口是成都市中心

清人竹枝词中说:“东西南北一城环，四条大街对四关。十字分开详细算，东华门是正中间。”①

东华门附近的盐市口，地处成都东、西、南、北四大街的交通要冲。盐市口街名是因清光绪五年（1879）曾设官盐店于此，1966 年曾改名英雄口，1981 年恢复原名。

1939 年，盐市口北口靠近安乐寺处修建蓉光大戏院，20 世纪 50 年代后改名人民电影院，80 年代后改名西南影都，是成都有名的电影院。

20 世纪 60 年代后，盐市口餐馆小吃店很多，如红苕食堂（后改名为清洁食堂）、竹林小餐、古月胡、金玉轩、三友凉粉……记得谭豆花面店以其低消费（当时每碗面一角五分），经常引得顾客拥挤、碗盏狼藉，闹声一片。

盐市口是成都交通枢纽。1952 年 7 月 1 日，开通了新中国成立后成都第一条公共汽车“一路”（盐市口到梁家巷）。1957 年 5 月 1 日，盐市口设置成都第一个出租汽车站（共有 9 辆）。1962 年 1 月 1 日，开通了成都第一条无轨电车线路（从盐市口到火车北站）……②

图为20世纪20年代盐市口风貌。左前方是东大街。路上有不少黄包车等客，这里是成都中心地区。（郑光路收藏）

20世纪60年代的盐市口。照片左下角可见残存的金河。顺着西顺城街（右上）可经过骡马市街、青龙街、八宝街，直到老西门。（摄影：王文相）

20世纪70年代的盐市口，左前为人民商场，通往东御街。右下三层商楼是成都地方产品商店，通向东大街。三层商楼前平房商店为红苕食堂等餐馆。往北（照片上方）是西顺城街，通骡马市等街道，可到成都西门。

20世纪30年代成都骡马市街一带，街树浓荫，街上有鸡在漫步。20世纪50年代后，骡马市街成为人民中路的一段。

1941 年 12 月，在盐市口中心建有刘湘扬马出征抗日铜像；1950 年后拆毁铜像，改建街心花园。通电车的年代，街心花园改为电车转盘。电车常脱“辫子”，司机就要跳下车，抓住牵引绳把“辫子”向架空电缆上“咬合”，发出啪嗒脆响，火星四溅，司机被扯得团团转，路人驻足观看。这是当年盐市口一景。

从东门路经东大街、盐市口、顺城街、西玉龙街、骡马市街、青龙街、八宝街、西大街，就到西城门。

二、东御街和西御街

（一）东御街

明代蜀王府外墙（萧墙）南面的道路供蜀王出入，故称御街。南大门之东为东御街，西为西御街。

东御街，东起盐市口西至皇城坝（天府广场）。西御街，东起皇城坝（天府广场）西至祠堂街，都长约一华里。

这两条街在 1987 年建成蜀都大道之前，是从东门到通惠门（新西门）主要的交通要道和繁华街区。

史料记载，早在明代东御街就是铜器作坊一条街。直至 20 世纪 60 年代，金属敲打之声仍终日不绝于耳。

20 世纪 50 年代后，东御街南侧，三至五层的水泥建筑渐多。最显眼的有中国人民银行成都分行、成都铁路局售票处、机电五金公司……东御街最西边是五层楼的成都市第一百货商店，通称“百货大楼”。它建于1952年后，是 20 世纪 50 年代成都最大的百货商店，也是成都最高大的建筑。百货大楼与西御街最东边四层楼的新华书店两相呼应，长期成为成都标志性建筑。

图为20世纪60年代东御街的人民商场，二层建筑左侧为入口。东御街上自行车很多，空中有电车的电缆线。

图为1968年东御街的百货大楼，建于1952年。照片左下角是西御街东头，通向盐市口。这张照片在当年类似风景明信片公开发售，用以宣传成都。

东御街北侧，有鑫记餐馆、香雪海餐厅（粤菜）等。但最值得一说的是人民商场，它在东御街有两三个进场口。1939 年日本飞机轰炸成都，在东御街临近盐市口的废墟上，逐渐形成一座临时商业建筑叫“新商场”。1953 年 6 月，新商场改建为面积很大的人民商场。内有商棚 8 幢及外街商铺，还有茶馆、餐馆小吃和曲艺场（成都木偶剧团和新蓉评剧团都设在这里）。

（二）西御街

民国时期，西御街有清真西寺，东御街有清真东寺，都建于清代康熙年间，可惜后来都拆毁了。现今西御街有规模较大的皇城清真寺。

西御街牛肉餐馆多，有著名的粤香村，创建于 20 世纪 40 年代；王胖鸭店，创建于 1909 年，原名王福兴鸡鸭铺，后迁至半边桥街。

民国初期西御街一处牌坊古色古香。当时这类牌坊不少，1924 年军阀杨森督理四川筑路扩街以利交通，这些牌坊大都拆除。（供图：刘正生）

民国时期，西御街有中央大戏院（也放电影），1950 年改建为新声剧场，以演京剧为主（成都市京剧团所在地）。西御街近半边桥街口，有著名川菜馆——少城小餐。

图为 20 世纪 30 年代的西御街。图中有交通警察，街两侧是有数家小青瓦店铺。（来源：山东老照片数字内容资源库）

图中建筑为 20 世纪 60 年代西御街的新华书店，是成都最大的书店，与东御街百货大楼两相呼应，长期成为成都标志性建筑。和东御街一样，西御街南侧三至五层的水泥建筑较多，街北侧仍是一家连一家的小青瓦店铺。（摄影：陈德龙）

三、祠堂街和少城公园的历史迷雾

（一）少城公园是如何创建的？

祠堂街，2022 年后令各界高度关注，百年祠堂街城市更新项目一期工程完工后成为成都又一网红景点。

因为是更新，祠堂街的真实历史随之渐行渐远。探寻即将湮灭的城市街道历史非常重要。

清宣统元年（1909）岁末，一位叫玉昆的满洲将军，翻秦岭、过剑门，风尘仆仆入川而来。迄今为止关于玉昆的可信史料很少。作者费力

玉昆身着一品麒麟补服。(郑光路收藏)

查阅，才找到少为人知的清廷官员原始档案。

玉昆，字石轩，满洲镶红旗人，出生于1859年。[3]宣统元年十月初十日（1909年11月22日），清廷降旨凉州副都统玉昆升任成都将军，时年50岁。[4]

玉昆到成都后，同省内高官们商议：“成都旗民生计日窘，奈何？”

四川“新政”干将、劝业道总办周善培说：“少城与大城，满、汉人的界限太明显。宜先把少城开放，建立一个公园令旗民经营，旗民生计亦可随之活动。”

周善培还推荐一个工程人员，“为之画图设计，何处宜建立亭馆，何处宜种植花木，何处宜凿池，何处宜堆山……”[5]

玉昆把将军衙门南侧的稻田、菜畦，南邻今小南街原属正蓝旗的马棚、水田、箭厅等，以及永平、永清、永济（俗称仓房街，即永济仓）三大胡同和祠堂街关帝庙后侧荷花池部分（东抵今半边桥区域），划作建造公园的地址。又引金水河蜿蜒贯穿全园。

玉昆概括了开发少城公园的工作量：

自（1910年）九月至今，通盘合计，共添建铺房五百八十余（间），共十六次工程。册结手存（按：指工程花销账本），共需三万（两银子）有零。可称自落名望，清风两袖、半文未染，上天可知乎！[⑥]

少城公园在何年何月建成？迄今记录甚多谬误，如有专业文章说："1908年，清末玉昆将军……开辟少城公园"。[⑦]1908年，玉昆还没有到四川，何谈建公园？

作者查找到玉昆的家书。根据玉昆亲述，少城公园正式开园是宣统三年六月初六，即公元1911年7月1日。玉昆谈到开园盛况："是日天朗气清，阖省大小官员前来致贺，人人赞成，诚为善政。"

午后官员始散去，即售票让普通民众进公园。门票大人每张二十文（当时可买四五个锅盔），小娃儿十文。头一天就卖出门票3200多张。公园内戏园、餐馆也要赚钱。

玉昆在给儿子的信中说自己很检点自重，开发公园中戏园、餐馆"并非为我作乐之地，一处亦不应去"。玉昆感叹自己花了一年半的光景，"尚不空费心力，虽然两袖清风，名誉亦实难得……"[⑧]

自开放少城后，不限民族、任人游观。公园内设楼亭、荷池、茶铺、餐馆、戏园，百姓都可入园经商。长期隔绝的满汉两族，得此交融甚至通婚，友情日增。玉昆说成都这种做法，在国内领先，"各省驻防恐无此开源之法"。[⑨]

史料记载玉昆于1913年9月27日去世。[⑩]10月17日，中华民国第一任总理熊希龄，有《请优恤前成都将军玉昆呈袁世凯文》。袁世凯批复："由财政部拨给治丧费二千两，以示优恤。"[⑪]

图为修建少城公园前祠堂街的一段景观。据摄影者罗林·张伯林的描述，这里是进入满城东门后的喇嘛胡同（后改名祠堂街）。[12]根据路面前方的弯曲走向，推测摄影者大致是站在现今祠堂街东口处向西拍摄。（摄影：[美]罗林·张伯林，1909年4月6日）

（二）李劼人《大波》中清末的祠堂街

清末时在今西御街与祠堂街交口处，有道受福门（又叫少城小东门）。进了受福门是少城喇嘛胡同（又叫蒙古胡同）。祠堂街之得名，源于此胡同曾经有祭祀四川总督年羹尧的祠堂。

乡土作家李劼人在《大波》书里，描述了公园初建成时的情景：

步入少城（满城）小东门城门洞，那座不算高也不算大的破破烂烂就要倾倒的城楼，已油漆彩画得焕然一新；楼檐下还悬了一块新做的蓝底金字大匾，朝外侧西御街的四个大字是“既丽且崇”；大匾内侧也有四个大字“少城旧治”。原先那条喇嘛胡同土道，不但在街牌上改写成“祠堂街”这个名字；土道两畔原先冷冷清清，现在变成两排只有在乡场上才看得见的、又矮又小的铺房，有酒铺、烧腊铺、茶铺、杂货铺、茶食铺子。最引人注目的，是有处双开间门面茶食铺子，金字招牌上书“苏州老稻香村”。

从前只有乔木野草的地方，出现了许多高高低低疏疏落落的屋宇。公园门外空地上，正修起一个戏园。还没有开张唱戏，已用石灰在门额上塑出了“万春茶园”招牌。⑬

公园这时的建筑有静观楼、沧浪亭、板夹泥假洋楼、养心轩、荷花池塘，以及很像财神庙的聚丰园餐馆。

最“扯眼球”的是湖中貌似轮船的“船房”，楼顶还有桅杆、烟囱。楼房正面悬小匾额上题绿底粉字：“长风万里”。船房楼上楼下都在卖茶，也卖面条、包子、花生瓜子。⑭

作者收藏了初建成的少城公园的珍贵老照片，大门处挂的招牌是“舆马不入园”，已有现在“车辆免进”的管理模式了。

少城公园开三道门：正门向西面朝将军衙门，与公共体育场毗连；东端有后门通半边桥街；北面为侧门，直通祠堂街马路。后来由于交通和市容变化，北面侧门反成了正门。当时北面侧门的两边，左为元记照相馆，右连万春戏园。⑮

这个北面侧门，大致为现在祠堂街人民公园正门。万春戏园，就是现在公园内有名的“鹤鸣”茶园区域。

1868 年，中国最早的公园在上海外滩建成，但这是外国人在租界建成的公园。⑯ 1906 年，无锡士绅集资建造锡金公花园，被认为是第一家中国人自建的公园。1907 年，北京农事试验场附属公园对外开放。⑰

由此可见，1911年7月1日建成开放的成都少城公园，是中国第三个中国人自建的公园。

少城公园内开设了公共图书馆、通俗教育馆、动物园、体育场、成都市博物馆、四川省国术馆、成都佛学社，是成都唯一的公众多功能园林，也是成都最大的公众集会场所。

少城公园，是民国时期四川成都社会方方面面的缩影，蕴藏了近代成都深厚的历史。

1950年后，公园改名为人民公园。

图为1911年初建成的少城公园祠堂街土路北面侧门，大门外写有“舆马不入园”。110年前的老照片质量不是很好，但可以直观地看到公园初建时的粗犷简陋。（郑光路收藏）

清末民初的少城公园，风景幽雅。图中可见原关帝庙旧殿廊及荷花池遗迹。大致是现在人民公园内鹤鸣茶园及其外的湖塘区域。（郑光路收藏）

1928年成都正式建市，少城公园是成都市首屈一指的公园。图为1929年初期的祠堂街少城公园大门。（郑光路收藏）

（三）抗战时期祠堂街的“红色记忆”

祠堂街的繁荣，始于1937年之后。

据记载，1937—1949年，在祠堂街开设的书店共有183家，另有文具店34家，占成都书店总数的68%以上。183家书店并非同时存在，经常保持的有40家到60家。如北新、开明、生活等。祠堂街还有四川美术协会、四川美术社、成都美术社、成都图书馆等文化机构杂陈其间。

1933年，重庆又新剧社部分人员由班主刘树成率领，来祠堂街东口租定原西蜀大舞台。次年改名新又新大舞台，1939年改名新又新大戏院，主要演出川剧。1950年后改为四川电影院。[18]

祠堂街，堪称成都文化一条街。

民国时期祠堂街最重要的历史，是中共曾在这条街上先后建立过七个党支部。

2015年，作者应《成都日报》约稿，走进古风犹存的38号（原103号）大院实地调查。踏入天井内青砖小道，一栋中西合璧的三层旧式阁楼，顿时扑入眼帘。踩着旧木梯登楼凭栏下看旧院落内斑驳漫漶的青砖墙，一种穿越历史之感，油然而生。

这处古旧建筑，不仅是抗战时期《新华日报》成都分部旧址，也是中共地下组织活动的重要据点。

这个院落的房东是谁？如今已罕为人知。原来，这是民国时期川军师长刘肇乾的产业，刘肇乾之胞兄乃四川大军阀刘存厚。

那时，走进祠堂街38号店铺，可看见挂的横匾额是白底红字的四个大字：新华日报；上边还有四个小字：成都分馆。店堂内除销售零报外也售图书杂志。

1993年成都祠堂街《新华日报》成都分部旧址内景。（摄影：郑光路）

店堂具有延安特色，西边书架顶上挂有一幅油画，一个手持军号的八路军战士在昂头挺胸地吹军号。画上有两句标语："《新华日报》是抗日民族统一战线的号角！是坚持抗战的一支新军！"⑲

抗战时期，四川一些党员和青年去延安，先到这里联系、改装成八路军后勤人员，再乘坐八路军办事处的车去延安。如1940年初，八路军总司令朱德留养在成都沙河铺的一个女儿，就是改装成八路军的小护士，再乘办事处的救护车去延安的。据成都市档案局的资料，周恩来当年到成都，曾经多次下榻祠堂街38号。

谍战剧《潜伏》中的秘密特工余则成，主要原型之一是黎强。黎强潜伏期间，其身份只有周恩来、董必武等极少数中央领导人知晓。当年黎强秘密接头之地，也常在祠堂街 38 号。[20]

1938 年 3 月 3 日，创办人之一的曹福源，在砖墙上钉上“《新华日报》成都代订处”的木牌。直到 1947 年 3 月 5 日撤离,《新华日报》成都分馆设在成都共 9 年整。[21]

（四）车耀先办的“努力餐”和《大声周刊》

车耀先（1894—1946），大邑县灌口场人，1928 年冬参加中国共产党。

1929 年，官至师参谋长的车耀先离开军队。他在成都皇城坝三桥南街，开了家“新的面馆”。

车耀先 1927 年在日本。（供图：车毅英）

车耀先之女车毅英回忆:“为养家糊口，父亲和母亲决定在原来祠堂街开办的‘新的面馆’隔壁，高价租下军阀刘文辉的门面房，再开办一家‘努力餐’饭馆”,“餐馆是典型的穿斗木结构铺面，一共五开三进，左边三间楼上楼下营业，余下一间堆杂物，靠中间的住家。餐馆面前的祠堂街，街面狭窄，石板路坑坑洼洼的，两侧一律是灰暗的瓦顶木铺房。”[22]

餐馆创办时，车耀先亲笔在餐馆楼上雅座墙壁，书写一副对联:“要解决吃饭问题，努力，努力！论实行民生主义，庶几，庶几！”车老板打仗时腿受过伤，被人戏称为“车瘸子”。他曾笑呵呵地对人说:“我这是遵循孙中山的遗嘱‘革命尚未成功，同志仍需努力’”。

车耀先为菜肴编了句顺口溜作为广告:“机器面，味道鲜，革命饭，努力餐，烧什锦，名满川……”筷筒上写有一句话:“如果我的菜不好，请君向我说；如果我的菜好，请君向你的朋友说。”至今，此话仍然是成都餐饮界的名言。

努力餐馆成为中共地下党的活动据点。抗战前成都流传有“要想到延安，去找车耀先”的暗语，中共地下党员只要喊声暗号:“来一菜一汤！”餐馆会为其提供免费餐饭。

1930年夏天，“努力餐”迁到祠堂街172号，1983年因城市建设又迁到金河路口处。

1931至1939年，车耀先与朋友先后发起组织过不少与文化教育相关的社团，如成都国语研究社、四川注音符号促进会、成都市中华基督教改进会、大声周刊社、中苏文化协会成都市分会。

1937年1月17日，车耀先创办了《大声周刊》。餐馆楼上的小屋，也是印刷出版《大声周刊》的编辑部。

中共党员薛特恩作为《大声周刊》公开发行人，车耀先担任社长兼主编。我珍藏有各期《大声周刊》，近80年前的发黄报纸上，可以看见除宣传抗日救亡外，还经常刊登毛泽东等中共人士的文章，经常登载中共和八路军的通讯报道，如《漫谈陕北》《延安近况》……

《大声周刊》1937年1月17日创刊。当局五次下令查封，曾三易其名（以《大生》《图存》名义出刊）。到1938年8月13日停刊，共出刊61期。

1937年底，车耀先经中共中央批准，恢复了党组织关系。之后成立了由胡景祥为书记的中共大声支部。车毅英回忆:“父亲的组织关系一直掌握在周恩来同志手里。”[23]

车耀先任中共川西特委军委委员。1940年3月被逮捕，1946年8月18日被秘密杀害于重庆歌乐山松林坡。[24]

车耀先、“努力餐”、《大声周刊》——成为成都祠堂街不可遗漏的重要历史。[25]

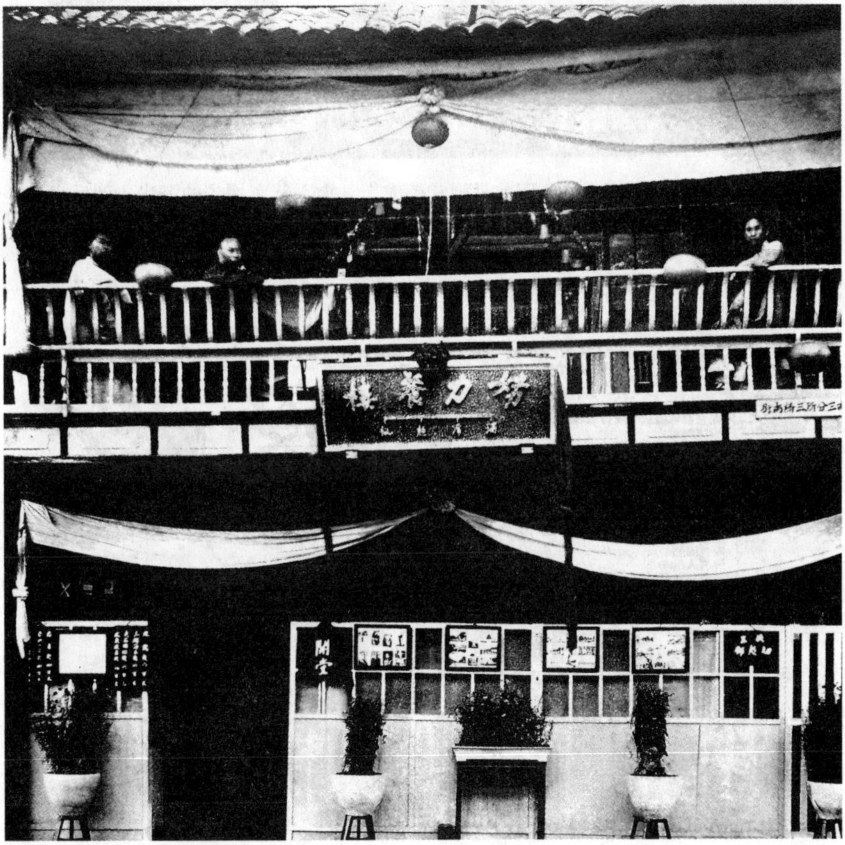

车耀先在祠堂街172号开办的努力餐馆。可以看见门面不大，门左有菜牌，门右小牌上写“开堂”，小牌右有四个照片框，其上贴有来餐馆光顾的名流、政要人物。（供图：车毅英）

“努力餐”一楼一底，店前是祠堂街大街。楼下从车耀先的书房去到后门就是金河，河边少城公园内树木成荫。车耀先在河面上搭了个水榭，夏天全家人在此乘凉。照片上方，是车耀先亲笔写的“努力餐之后楼”。

成都新新印刷社代印　二十六年十一月十三日出版

大聲

復二號

本期內容

紀念總理誕辰，厲行總理遺教（社評）
戰情展覽
短評（四則）
從時局轉變論抗戰前途
抗戰中吾人應有的認識
對持久抗戰之認識
特載　論反對日本帝國主義進攻的方針辦法與前途　毛澤東
由蘇維埃到民主共和制度　林祖涵
南京通訊
幾萬人的小事

零售每份銅元四百

厲行總理遺教

图为《大声周刊》1937年11月13日复（刊）二号。照片左上方这期刊物目录中，有毛泽东《论反对日本帝国主义进攻的方针、办法与前途》。（郑光路收藏）

四、祠堂街紧接的长顺街和金河街

（一）长顺街

在今祠堂街、小南街交会处，右转弯即长顺街。

长顺街，是清代少城内横贯南北的大通道。民国时期后，从成都东门沿东大街、盐市口、东御街、西御街、祠堂街、长顺街一线，可直到老西门。

清代少城内街巷形似蜈蚣：将军衙门（旧址在今金河大酒店处）像蜈蚣脑袋；城内中心宽街（今长顺街）像蜈蚣身子。宽街两侧共有官街八条（八旗分驻）及兵丁胡同。

清末成都少城内的西大街。左面房屋上有一张洋烟广告，是少城日渐开放的折射。（摄影：[德]魏司，1911年）

图为 20 世纪 50 年代疏浚后的金河街，时为枯水期。图中的河道，现在已经是车水马龙的大马路。（供图：胥昌同）

许多资料说，少城中心宽街（蜈蚣身子）原无街名[26]，这是不准确的。清末长顺街也被称为西大街，清末华阳县令周询记载："清时专以此城处成都驻防之旗兵……中为西大街，将军署即在西大街之首，副都统署在军署后。"[27]

（二）金河街

1913 年后，成都当局在西较场北侧新辟通惠门（新西门），将通惠门到祠堂街沿河无名岸道，命名为金河街（曾名顺河街、河沿儿上街）。[28]这条街特点是铺面极少，几乎全是住家。

20 世纪 70 年代修建"人防工程"，金河被修改成防空通道，金河街名仍存。1987 年蜀都大道建成，改名为金河路，成为蜀都大道西侧一段。曾经碧波荡漾的金河，变成车水马龙的大马路。

注释：

① 林孔翼：《成都竹枝词》，四川人民版社 1986 年版，第 74 页。

② 袁庭栋：《成都街巷志》上册，四川教育出版社 2010 年版，第 392 页。

③ 钱实甫编：《清代职官年表》，中华书局 1980 年版，第 2422 页。

④《政治官报・折奏类》，宣统二年正月十九日，第八百三十六号。《政治官报》，由清廷于光绪三十三年（1907）发行，是由中央政府直接创办的机关报。

⑤ 石体元：《周善培事迹杂记》，全国政协文史资料委员会编：《文史资料存稿选编第 1 辑晚清北洋》上册，中国文史出版社 2002 年版，第 808 页。

⑥ 玉昆：《蓉城家书》，《辛亥革命史丛刊》第一辑，中华书局 1980 年版，第 205—206 页。

⑦ 李德英：《城市公共空间与社会生活：以近代城市公园为例》，载何一民主编：《川大史学专门史卷二・城市史》，四川大学出版社 2006 年版，第 217 页。

⑧ 玉昆：《蓉城家书》，《辛亥革命史丛刊》第一辑，中华书局 1980 年版，第 205—207 页。

⑨ 玉昆：《蓉城家书》，《辛亥革命史丛刊》第一辑，中华书局 1980 年版，第 208 页。

⑩ 秦国经：《逊清皇室秘闻》，故宫出版社 2014 年版，第 209 页。

⑪《政府公报》，1913 年 10 月 20 日，载周秋光编：《熊希龄集》中册，湖南人民出版社 1996 年版，第 693 页。

⑫ 蜀中客：《1909 年：张伯林的四川老照片》，冯克力主编：《老照片》，山东画报出版社 2020 年版，第 28 页。

⑬ 李劼人：《大波》上册，译林出版社 2014 年版，第 88、89、657 页。

⑭ 李劼人：《李劼人全集》第 4 卷《大波》（重写本上册），四川文艺出版社 2011

年版，第100—101页。

⑮ 古元忠:《成都公园史话》,《四川文物》1989年第2期，第74页。

⑯ 外国人在中国租界内先后建造了一批公园，如1902年上海的虹口公园、1906年哈尔滨的董事会花园、1908年上海的法国公园、1917年天津的法国公园等。

⑰ 北京市公园管理中心、北京市公园绿地协会编:《北京市公园分类及标准研究》，文物出版社2011年版，第23页。

⑱ 傅登瀛:《民国时期成都的文化街——祠堂街》,《成都志通讯》1988年第4期，总第19期。

⑲ 潘健萍:《回忆〈新华日报〉成都营业分处》，载石西民、范剑涯等编:《新华日报的回忆续集》，四川人民出版社1983年版，第200页。

⑳ 陈稻心:《地下尖兵黎强》，成都市地方志编纂委员会编纂:《成都市志公安志》，四川人民出版社1999年版，第563—565页。

㉑ 郑光路:《新华日报：活跃在成都的抗战新军》,《成都日报》，2015年7月4日。

㉒ 车毅英:《回忆父亲车耀先烈士》，王诚德等编:《〈晚霞〉杂志创刊十周年作品选集》，四川人民出版社1999年版，第274页。

㉓ 车毅英:《回忆父亲车耀先》，冯克力主编:《老照片》第86辑，山东画报出版社2012年版，第62页。

㉔ 中共四川省委党史研究室编:《四川革命烈士诗文选析》，四川人民出版社2016年版，第244页。

㉕ 郑光路:《“努力餐”小楼上的一次重要“接头”》,《先锋》第5期，中共成都市委机关刊物，2015年。

㉖ 参见如四川省文史馆编:《成都城坊古迹考》，四川人民出版社2006年版，第

200页。

㉗ 周询:《芙蓉话旧录》,四川人民出版社1987年版,第3页。

㉘ 民政部地名研究所、中国地名学会编:《方舆行政区划与地名》,中国社会出版社2018年版,第153页。

春熙路的重要城市史

一、修春熙路前先扩建东大街、福兴街

杨森（1884—1977），字子惠，四川广安人。1924 年，他升任川军第二军军长，北京市政府任命他督理四川军务。他雄心勃勃吼出“建设新四川”，推行“新政”：一、修建马路；二、开辟公共体育场；三、成立通俗教育馆；四、提倡“朝会”。

杨森因嘴巴较尖，政敌赠其绰号“耗子精”，比喻其人很精灵。（郑光路收藏）

杨森委任旅长王缵绪为第三任市政公所督办（类似市长）。

市，是近代化行政区域单位，清代以前没有。1922 年 3 月 9 日，正式成立成都市市政公所。从 1922 年到 1928 年，市政督办 7 年更换了 5 人，为什么？是“城头变幻大王旗”：

1922 年川军总司令兼省长刘湘，委任成都卫戍总司令刘成勋为市政督办；1923 年 1 月，刘成勋就任四川省省长，委任陈泽霈为市政督办；

王缵绪（1886—1960），四川西充人。1924年任市政公所督办，时年38岁。〔来源：成都市政公所编：《成都市市政年鉴》，民国十七年（1928）铅印本。郑光路收藏〕

1924年2月，杨森委任陆军第十六师三十二旅旅长王缵绪为市政督办；1925年9月，四川清乡督办邓锡侯，委任所属第十一混成旅旅长罗泽州为市政督办；1926年1月，罗泽州升任第十一师师长，其旅长职务由陈光藻升任，市政督办也委陈光藻代理。①

1928年9月1日，改组成都市政公所为成都市政府，正式建立了成都市。这是成都步入现代化城市的重要里程碑。

二十八军师长黄隐就任成都市第一任市长。其后21年，市长也走马灯似的变换，先后有14任市长……直至1949年12月27日，贺龙率中共大军进入成都接管政权。②

1924年，杨森、王缵绪等人，为1928年成都正式“建市”奠定重要基础：“市面景象为之一变，市民耳目为之一新。”③整修街道、马路，是杨森“新政”第一要点。

那时全城大小共五百多条街道，都很狭窄，且皆用石板、石条铺砌。较繁华的东大街、南大街、北大街、总府街、文庙街等，也只有二丈左右宽，其余多不及二丈。[④]

杨森下令先陆续扩建了盐市口、东大街、福兴街等街路。

二、修建春熙路的“拆迁风波”

杨森主张移风易俗，大搞“杨森语录”，以“杨森说……”式样书写于木牌，钉在全市电杆、行道树和街两边墙壁。诸如“杨森说，禁止妇女缠脚！”“杨森说，穿短衣服既可节省布匹，又尚武精神！”违反者，巡查队员当场抓住罚打手板心。[⑤]

成都繁华街肆东大街和“劝业场”（今商业场）中间，当时只有逼窄的科甲巷，狭小得可怜：“宽仅数尺”。[⑥]

杨森下令强行拆迁科甲巷羊肠小道，修建一条连接东大街和总府路商业场的黄金通道——就是至今享誉中国的春熙路。

杨森委派市政督办王缵绪兼任马路督办。王缵绪将新修马路规划为东西南北四段，中央十字交叉，开辟一街心花园。

但“拆迁”风波陡起。先是扩建东大街时，成都著名的“五老七贤”尹昌龄、宋育仁、曾鉴、徐炯、陈钟信（五老），方旭、赵熙、胡峻、曾培、文龙、颜楷、刘咸荣（七贤），都是清朝的遗老（翰林、进士、举人、拔贡），[⑦]他们自称代表民意，颤巍巍地去督署说：“成都又没几辆汽车，修马路实无必要，修路太扰民……”

杨森沉下脸斥责：“各位老辈子，我拆一点房檐屋角，你们就大惊小怪。如果我当初进入成都时，把四城门关上，放一把火烧他妈个精光，再让士兵乱来一通，倒还省了不少麻烦。请不要干涉我的新政建设，回家自享清福抱孙子嘛。”

尹昌衡自恃杀过大清四川总督赵尔丰、当过民国初年大都督。他有宅院当拆，就坐在街中央当“钉子户”。杨森大怒说：“五老七贤就杀不得么？”饬王缵绪限期拆完。军士数百人围绕尹昌衡身边乱拆，土木石瓦横飞……吓得尹家之人忙将这位“过气将军”扶退家中，从此无人敢再挡拆房了。

刘师亮（1876—1939），字云川，别号谐庐主人，四川内江人。做过塾师，后在成都开茶馆、浴池和办报纸。（来源：民国《师亮谐稿》。郑光路收藏）

当时有人写歪诗道：“市镇人缘何太忙，因修马路拆民房。既开通俗教育馆，又辟公共体育场。五老七贤来请求，蛮横督理不买账。”

成都著名文人刘师亮，写文章喜欢“操乱说”，人称“怪物”，刘师亮则自号“谐庐主人”。他在小报上刊登了一副对联。上联是：“民房早拆尽，问将军何日才滚？”下联是：“马路已捶平，看督理哪天开车。”

“滚”，既指轧路机滚平马路，也咒骂杨森快滚出成都。“开车”既指通汽车，又是四川方言中开溜之意。有不少人说杨森因之暴跳如雷，派人抓刘师亮、封报馆。[8]

真实历史完全不是这样。杨森知道后，对秘书陈维新说：“对读书人要恭敬些，拿我的名帖去请他来。”

刘师亮应邀到了督理府，对杨森欠身开口："师亮今天是来向督理讨打的。督理提倡穿短服，我却穿长袍来；街上打赤膊、光胴胴，你都要罚打手板心，我简直是该打屁股了。"众人都笑，客厅气氛顿时轻松起来。

杨森说："我提倡穿短服是为节省布匹。你有现成长袍不穿，再去做短服，这就是暴殄天物了。有人叫我是蛮干将军，这是以讹传讹。"

在座一位秘书俞正衡说："刘先生，近来拜读你'问将军何日才滚'的对联，不晓得是啥子意思？"刘师亮说："拙联不过表示渴望马路早日滚平，从速开车以孚民望而已。"杨森呵呵一笑说："先生把我当成赳赳武夫，听不懂语意双关骂人之妙吗？"

春熙路本设计修得笔直，但馥记药房老板郑少馥是法国领事馆翻译，坚不拆迁。所以春熙路孙中山铜像处还是倒了一个拐。修建春熙路后为中华书局和四明银行。

刘师亮对杨森说："师亮昔日只仰将军龙虎雄姿，今聆教亲见凤麟华彩，真乃儒将大风。班门弄斧，惭愧惭愧。"杨森戴了高帽子也感快活。刘师亮说："《孙子兵法》说：'上兵伐谋'，实行新政令也要以'伐谋'为上，取得民心。"杨森哈哈大笑说："先生意见很好。"

两天后，刘师亮收到杨森的督理署咨议聘书，给他月送舆马费百元，给《师亮周刊》资助费500大洋。从此《师亮周刊》的发行量由原来六七百份增至近2000份。之后，刘在《师亮周刊》常撰文称赞杨森是"宽心容物，平心论事，虚心受善，知人善任"的儒将。⑨

拆迁中也有人不买杨森的账。春熙路本打算修得笔直，但总府街馥记药房老板郑少馥是法国领事馆翻译，借洋人之势坚不拆迁，杨森也只好算了。所以至今春熙路孙中山铜像处还是倒了一个拐。

以上可算中国城市建设中"拆迁风波"的历史趣闻。

三、杨森90岁回忆《成都建设》的史料价值

杨森推行"新川政"正起劲，岂料政坛如戏台，很快在他发起的"统一四川"之战中吃大败仗，连督修马路的爱将王缵绪师长也临阵倒戈，杨森被刘湘打得落花流水，沿长江逃出四川。

杨森本人，又是怎样评价自己主持成都市政建设这段历史呢？

杨森的《九十忆往》，书中有《成都建设》专节。这是成都近代史上少为人知的第一手珍贵史料，节录如下：

> 民国十三年，余任四川军务督理，兼主省政，锐意革新……
>
> （3）厘定都市计划：条筑市内外公路：成都市虽平坦异常，而

市街湫隘，极欠整齐清洁，不能与国内外名都巨埠相比拟。余乃命王缵绪为市政督办，从最繁华之春熙路开始拆卸突出市房，以新法辟治市区马路。甫一施工，成都名流绅耆所谓五老七贤，狃于传统守旧积习，不思改之为贵，以为余之拆建民房、锯檐口、迁坟墓，为扰民苛政，相率谒陈，请即收回成命，以恤民艰。余以事关革新市政，忍一时之痛苦，获永久的资利，权衡得失，利多害少。答以碍难通融，执行如故。久之已成市街，阛广业殷。乃又争请对所居所之街道提前施工（按：春熙路修成以后成效显著，成都童子街等

1926年修建的春熙路北段。本照片最珍贵的，是图左边有明显标记“锦华馆”的建筑。进锦华馆有一条短巷通向科甲巷，短巷名锦华馆街。街虽然极短，但有浴室、茶厅、赌场、商店。锦华馆街最主要的建筑是成都中华基督教青年会（部分建筑至今犹存），所以锦华馆是明显的地标，让我们能清楚地一睹将近百年前的春熙路北段的真实街景。“锦华馆”旁边两层楼，有“自造男女名鞋”“明记震东商店”招牌。注意镜头是由北向南照，前方通向春熙路南段，街上有黄包车等待拉客。（摄影：鲁文辉。来源：《天民报图画附刊》1926年第16期。郑光路收藏）

各街路绅民，都纷纷请求早日扩建道路）……又灌县为青城山所在地，特兴筑“成灌公路”，自成都省会市政公路（局）开办，风声所播，各县乡镇，乃争相仿效，蔚为风气。⑩

成灌公路是成都第一条城外公路，至1933年初成渝公路完工，11年间修筑马路共43条（长2775公里），形成了四川近代公路的基本格局。

四、春熙路街名由来

1925年春熙路基本建成。铺房式样大都是穿逗结构一楼一底的中式铺房。

20世纪30年代初的春熙路北段，右侧中部飞檐建筑为锦华馆青年会（部分老建筑至今犹存）。当时主要交通工具是黄包车。注意镜头是由南向北照，前方通向总府路。（摄影：［英］陶然士）

1927年，宝成银楼在春熙路北段三层洋楼（孙中山铜像对面）营业。门额横式招牌用黄铜铸成“宝成银楼”四个大字，还用黄铜制成“江浙宝成银楼”六字的立式招牌悬挂店堂中央，富丽堂皇。银楼一层店堂营业、楼上是作坊。店门前大玻璃橱窗陈列精美样品，其中有一座白银制成的立体浮雕七层银楼，飞檐翘角古色古香，每层楼四角都悬挂系有小坠的银铃，遇风铃声铿锵。这是由“艺盖全川”的老技师李国清精心制成的。1935年四川省政府主席刘湘派主任副官胡尚武来店，指定按陈列的银楼样品定制一座，赠给中央军校成都分校教育长李明灏将军，并刊上凌烟阁楼名和刘湘、李明灏大名。⑪（供图：刘正生）

唯有凤祥银楼是砖木结构两楼一底，引人注目。

新马路北起总府街，南对东大街，西临暑袜街，东接科甲巷。为什么街名“春熙路”？说法较多。一种是杨森请前清举人、双流县的江子渔为新马路命名。江老举人是长于“子乎者也”老古董，却也很懂送高帽子的技术，先给这新路命名为“森威”路（北洋政府授予杨森“森威将军”衔）。后又建议名“春熙路”，因“春”寓意春风和煦的“阳升”，与杨森谐音。另一种说法是，晋代潘岳《秋兴赋》中有“登春台之熙熙兮”（“春台”二字本《老子》中的句子：“众人熙熙，如享太牢，如登春台……”）。⑫

春熙路修建成后，在街心花园建了纪念碑。1928 年，又增建春熙路东段、西段。于是春熙路四通八达，已具如今基本格局。

春熙路商家云集，经营西洋钟表业的先后有：“及时”“亨得利”“亨达利”“协和”“时昌”“大光明”……金号、银楼有：“天成亨”“天长亨”“天宝”“物华”“凤祥”“宝成”……

文化性商铺有“胡开文”笔店、“诗婢家”装裱、商务印书馆、中华书局、世界书局、正中书局、新中国书局、广益书局……报馆发行处有《中央日报》《新新新闻》《复兴日报》《新中国日报》《新民报》《华西日报》《兴中日报》……

《北洋画报》1928 年第 5 卷第 221 期刊载的《今年成都市中山铜像行除幕礼时摄影。成都市政府寄》。照片中可见当年中山广场状貌。（郑光路收藏）

图为孙中山着中山服站立铜像，两眼眺望前方双手下垂。这张照片否定了一些资料中“铜像为孙中山着短服站立，双手下垂相握，肘挂‘文明棍’”之类说法。照片左边几个人驻足观看阅报栏尤其值得关注，说明春熙路已成为成都的时尚中心。（摄影：［英］陶然士。郑光路收藏）

此外，各色百货、绸缎布匹、鞋帽、照相、娱乐、药品、饮食等商铺鳞次栉比。这里吃喝嫖赌样样齐全，有豪华的“撷英”“耀华”餐厅，以西餐闻名。还有什么卡尔登（鸦片烟馆）、春熙院（妓院）、中西饭店……剧院有：“青年会”（后改“大华”）、“三益公”（后改新闻、新明、春熙大舞台）。⑭

不难想象：20 世纪 30 年代后的春熙路，已是中国西南第一条最具现代化商业气息的城市街道了。

20 世纪 30 年代的春熙大舞台，在春熙路南段与北段接合处，紧临孙中山铜像，由俞凤岗筹建并任该院老板。设计人为美籍华人苏姓工程师，外观典雅华丽、人车不少。民国十八年（1929）建筑竣工，请名书法家昌尔大榜书特大招牌“春熙大舞台”，次年农历正月开始营业，楼堂建三层看台。民国三十五年（1946）定额为堂厢 934 座，楼厢 304 座。演出京剧、川剧、评剧、歌舞、杂技、话剧、京韵大鼓等。民国三十六年四月宣告歇业。⑬

从这张照片上可看见戏院外有《狸猫换太子》《济公活佛》《新大香山》等大量剧目宣传。（供图：刘正生）

五、春熙路孙中山铜像的变身

杨森离开成都后路面竣工时，继任市政督办罗泽洲，在春熙路的街心花园修了座“春熙路建路纪念碑”。[15]碑的四面刻上修路经过。

其后进入成都的军阀邓锡侯、刘文辉，以纪念碑为基础，为“国父”孙中山塑铜像。铜像由雕塑家江小鹣设计，耗铜料约千斤，由成都造币厂铸塑，因时间仓促故较粗糙。

1928年1月30日铜像落成，举行了“除幕”（即落成）典礼。二十四军军长刘文辉、二十八军军长邓锡侯等人主持典礼，十分隆重。成都市政府给国内各新闻媒体发去新闻文图稿，各地均加报道。（见图）

铜像为孙中山着中山服站立，两眼眺望前方，双手下垂……其后军阀混战，连寺庙的铜佛像，也被铸为川版铜钱。加之此铜像造型呆滞，仍是那位人称“怪物”的刘师亮，1928年仲春写了副对联：“两眼瞪着天，准备今天淋暴雨；双手捏把汗，谨防他日化铜圆。”

1944年后余仲英任成都市市长，请雕塑家刘开渠重塑孙中山坐像。1948年3月11日新铜像落成。此铜像座高1.8米，脚踏上塑有梅花三朵以象征三民主义。孙中山短发，浓眉深目作沉思状；右手抚靠椅背，左手握《建国大纲》……[16]

雕像保存至今，为春熙路的中心地段称“中山广场”。

2001年4月24日，春熙路开始史无前例的“改造”。如今，春熙路成为四川最具现代化商业色彩的“样板”街道。但是，这条大街最早建成后的景观，知者可能不多了。

注释：

① 成都市政公所编，杨吉甫等编、姚乐野校点:《成都市市政年鉴》，民国十七年（1928）铅印本，第3—5页。

② 参见乔曾希等:《成都市政沿革概述》,《成都文史资料选编》第12辑《蓉城杂俎》，四川人民出版社2007年版，第332—335页。

③ 成都市政公所编，杨吉甫等编、姚乐野校点:《成都市市政年鉴》，民国十七年（1928）铅印本，第6—7页。

④ 参见周询:《芙蓉话旧录》，四川人民出版社1987年版，第3—4页。

⑤ 刘永龙、苏从林编:《民国旧报集萃》，国际文化出版公司1994年版，第34页。

⑥ 参见周询:《芙蓉话旧录》，四川人民出版社1987年版，第3—4页。

⑦ 关于民国时期成都的“五老七贤”具体是哪些人，说法较多，这里只是其中之一。

⑧ 参见马宣伟、肖波:《四川军阀杨森》，四川人民出版社1983年版，第30—32页。

⑨ 参见杜重石《杨森的新川政》，载《民国政要多棱镜》，中国文史出版社2001年版。

⑩ 杨森:《九十忆往》，中国台湾龙文出版社1990年版，第50—51页。

⑪ 参见范光明口述、姜梦弼整理:《忆成都宝成银楼》,《成都文史资料选编工商经济卷》，四川人民出版社2006年版，第193—195页。

⑫ 参见四川省文史馆编:《成都城坊古迹考》，四川人民出版社1987年版，第438—439页。

⑬ 中国戏曲志编辑委员会:《中国戏曲志·四川卷》，1995年，第466页。

⑭ 姜梦弼:《杨森、喻凤岗、成都春熙路》，载《四川文史资料选辑》，四川人民

出版社 1981 年版，第 203—207 页。

⑮ 姜梦弼:《杨森、喻凤岗、成都春熙路》，载《四川文史资料选辑》，四川人民出版社 1981 年版，第 205—206 页。

⑯ 魏道尊:《抗战时期成都建立的纪念铜像》，《锦江文史资料》第七辑，成都市锦江区委员会内部资料，2001 年，第 70 页。

总府街和成都的近代化

一、总府街紧临福兴街和湖广馆街

总府街，清末东起于福兴街口，西止于署袜街口。明朝时，这里曾设全省最高军事机构“都指挥使司”（也称“总府”），故名总府街，也常称总府路。

总府街和紧临的福兴街、湖广馆街、提督街，以及附近的春熙路、东大街，成为一百多年来成都最主要的“商圈”。民国时期总府街虽然不很宽，却是成都的“甲等街”。[①]

1924 年，杨森修建春熙路前，下令先扩建了盐市口、东大街、福兴街等街道。扩街前的福兴街，只是一条“火巷子”，南起总府街北至华兴中街。

福兴街扩建后，成为修建春熙路之前的时尚新街，是全城最热闹的帽铺子一条街。这为随之而展开的总府街扩街，树立了样板。

湖广馆街很短，即从福兴街、总府街交口处，东至现与红星路交界的“成都同仁堂”。现在没有湖广馆街了，已将其合并于蜀都大道上的总府路。

1923年扩街前的福兴街，只是一条火巷子，南起总府街，北至华兴中街。图片为站在总府街交会处向北侧华兴街拍摄。〔来源：成都市政公所编：《成都市市政年鉴》，民国十七年（1928）铅印本〕

福兴街扩建后，成为修建春熙路之前的时尚新街，是全城最热闹的帽铺子一条街。图片为站在总府街交会处向北侧华兴街拍摄。〔来源：成都市政公所编：《成都市市政年鉴》，民国十七年（1928）铅印本〕

1911年的总府街很狭窄，但商铺众多很热闹，还设置了近代化的警察。图片为站在福兴街交会处向西拍摄。（摄影：[美]路得·那爱德。供图：王玉龙）

二、清末修建“昌福馆”和“劝业场”

1904年，大商人樊孔周在总府街建了“昌福馆”，设四川商务总局。“昌福馆”南接总府街、北通华兴街，成为两边都是一楼一底商铺的“昌福馆街”。

民国时期，“昌福馆街”设有昌福印刷公司、刘师亮的“师亮随刊社”、宜园茶园、昌宜电影院等，是成都的文化中心。

1907年，四川劝业道官员周善培和成都总商会协理樊孔周，召集各帮董、名流、绅商。周侃侃而谈：“青羊宫花会虽然设‘劝工会’，但时间短。须长期设置劝工场。”

1908 年，樊孔周等人筹得股金白银 4 万两，把紧邻“昌福馆”繁华地段的总府街与华兴街之间原老盐店一带地皮买下。工程包给当时很有名的工匠营造商江建廷设计施工。1908 年 7 月动工，次年 3 月建成。

1904 年，大商人樊孔周在总府街建了“昌福馆”。南接总府街、北通华兴街，成为两边都是一楼一底商铺的“昌福馆街”。从“昌福馆”老照片上仔细辨认图中男人，还留有小辫子，应为清末时拍摄。“昌福馆”旧址 2010 年时为“东风商场”。2014 年全新打造为复古“春熙坊老成都九条巷”。（供图：刘正生）

“劝业场”主街长近百丈，场中有东西支路。主街两边是一楼一底的商铺，前后有走廊楼栏回环相通，称为“走马转阁楼”。前后场口有“停车场”，称“舆马场地”。场口设栅栏，早晚启闭。

1909 年正式建成的“劝业场”（商业场），是现代化意义上的室内大商场，在中国居领先地位。② 长期以街巷占道为市的成都商界，从此揭开崭新的一页。

1909 年 4 月 3 日（宣统元年三月初三），“劝业场”张灯结彩隆重开幕。[3]周善培的开场演讲精彩："中国自古而还，重农不重商……近观东洋日本之振兴，实为发展工商至之。愿诸君共振兴实业，裕国裕民。"[4]

"劝业场"有百货、饮食、茶铺、客栈、书画、玉器、糖果、烟酒等各行店铺150多家，都是本行帮中的"名牌""正宗"。除本地产品外，京广货铺、苏广货铺、福建烟铺等各省商铺也不少。此外，如巴黎香水、泰国纱缎、法国丝绸、英美烟草、八音钟表、金丝眼镜、五金杂件等"洋货"更独领风骚……可谓土洋兼陈、中西结合。[5]

三、"劝业场"开创巴蜀近代化之先河

樊孔周筹股集资白银3万两，创立"悦来公司"任董事长，建起"劝业场发灯部"（即发电部）。公司从上海买来40千瓦的电机，在"劝业场"内西北角建厂房，1908年完成安装发电。这是四川电力工业史上第一家公用电力企业。[6]

劝业场商铺家家户户安电灯，场前拱门二楼上高悬装有电灯的白色大灯笼。每天黄昏时分，发电机发动的铁笛声骤响，场内灯火辉煌……连川西坝子上有几个闲钱的"二簸簸粮户"，也头上裹着白帕子、穿起土布长衫子，邀邀约约从几十里、几百里外专门来看稀奇、买洋货。

不要嘲笑这些乡下土老财。大文豪郭沫若那时正在省城读书，他看到"电灯燃了"也兴奋写诗惊叹："楼前梭线路难通，龙马高车走不穷。铁笛一声飞过也，大家争看电灯红。"[7]

劝业场第二个"扯买主"的，是在成都最先用上自来水。第三个绝招，是一条龙服务：将购物、娱乐、休闲集于一体。场内商铺、茶楼、酒肆、戏园、旅舍无不具备，成为成都时尚游乐之处。

总府街劝业场前场大门仿西洋风格气势辉煌：罗马柱、圆拱门、高耸的塔坊，正中间有比箩筐还大得多的报时西洋钟。拱门上方，是周善培亲笔手书“劝业场”三字，金灿灿射眼。右侧罗马柱上，高挂商办成都劝工厂建筑部股份公司大吊牌，洋溢着现代化信息。场内情景，和西侧几十米的昌福馆大致相似。（供图：刘正生）

劝业场偏东处，修建有豪华的悦来旅馆，1909 年 5 月 18 日开张，可接客近百人。旅馆有浴室、电灯、冷热自来水管等新式设备；还有味美可口、丰俭由人的中西餐馆、酒肆。

劝业场建有“成都前所未有的茶铺”——“新式茶座”宜春楼、怀园、同春……当时被誉为“茶香、水好、座雅、楼高”。[8]男人在劝业场吃茶，还“可以看很多女人”。[9]

悦来公司在紧靠后场大门的华兴街老郎庙，修建起悦来茶园，是近代化意义上的成都早期正式剧场，成为川剧代表性班社“三庆会”的演出场所。[10]

劝业场不仅洋货独领风骚，还是成都新思想、新文化的发源地，在此可读到大量新潮刊报。

成都劝业场，是四川向近代化迈进的重要标志。成都1910年仅股份公司便有数十家之多。这数量今天看来微小，但在百多年前意义何其重大。

宣统二年（1910），劝业场改名为商业场。

四、“商业场”之衰败和重修

1917年农历腊月十五深夜，商业场失火，繁华商场顿化灰烬。

此后仍由江建廷重建。原悦来旅馆修成“悦来商场”；电灯厂门前到总府街“普镇堂”庙宇一段，修建为“新集商场”；三个商场连成一体呈“川”字形，楼上有天桥可通。共设店铺300余家，盛况更胜往昔。

哪晓得1933年，商业场又遭大火。其后，房主各自因陋就简修建，生意渐淡……到1949年，商业场成为连接总府街和华兴街的一条普通“商业场街”。

1985年后，“商业场街”重建四层商业场新楼，但仿古传统味道不足（至今犹存）。前后场悬挂由中共中央总书记胡耀邦、国防部部长张爱萍分别题写的“商业场”黑漆金字。

20 世纪 50 年代后商业场拆毁，成为一条“商业场街”。镜头前方是华兴街。（来源：成都市建设信息中心）

1985 年后“商业场街”重建商业场（四层新楼）。图为 2001 年时商业场后场华兴街出口景观，悬挂张爱萍（曾任国防部部长）题写的“商业场”黑漆金字。（摄影：郑光路）

五、20 世纪 20 年代后的总府街

1924 年，杨森督理四川，修建春熙路后扩建总府街。自此，总府街成为东大街之外，又一条可连接西顺城街的东西大通道，也是一条热闹的商贸大街。

总府街地处城市中心区域，房屋建筑大都整洁美观，为中外人士关注。

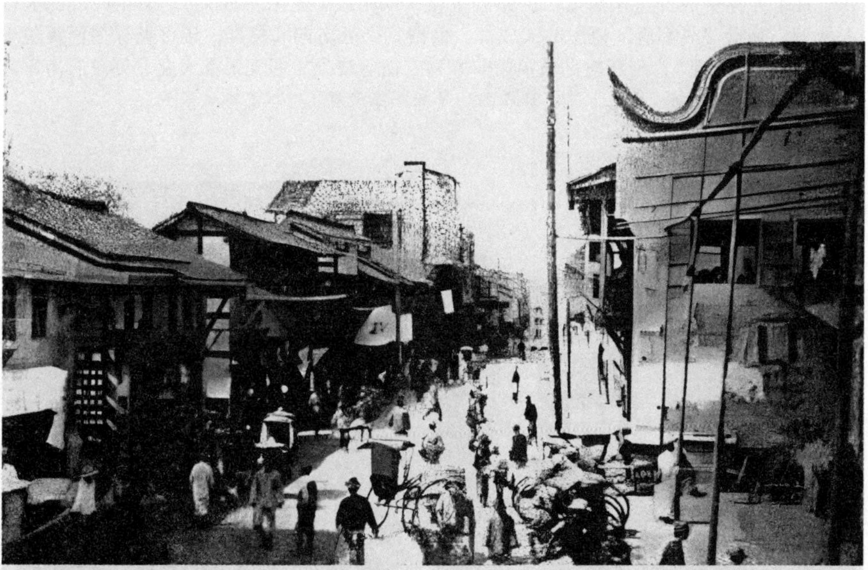

1925 年杨森督川时重修后的总府街，成为东大街之外又一条可连接西顺城街的大通道。〔来源：成都市政公所编：《成都市市政年鉴》，民国十七年（1928）铅印本〕

日本人称赞成都这条街道，古朴洁净和日本相似（见图左日文）。文中说成都人口六十万，是指“成都府”概念的大成都。根据其街道走向和格局，还可见有多辆黄包车（繁华街道的表现），判断应是昌福馆前方总府街弯绕处（即现蜀都大厦北侧总府街弯饶处）。（照片摄于1928年。来源：日本画刊《亚细亚大观》。郑光路收藏）

总府街也是成都商业中心。图为20世纪40年代的总府街，排队等客的黄包车很多。（摄影：[美]威廉·迪柏）

1903 年，在总府街成立成都总商会，民国时期为四川省商会联合会，1928 年 7 月创刊《四川商联日报》，[11]说明总府街在四川的重要商业地位。图片中间是裘衣店，左边还有“裕昌源号”茶业公司，隐约可见“（蒙）山名茶”的招牌。图片右挂“四川省商会联合会”吊牌，进去有很深的公馆式房廊办公区。（摄影：[美]威廉·迪柏）

六、总府街的电影院非常有名

1904 年 12 月 9 日《成都日报》上，刊登了一则电影广告：春熙路背面“新街后巷子”华昌公司，放映“美国活动电戏”。这证明成都至迟从 1904 年起，就有了公开放映电影。

1912 年民国后，成都电影大都只能在一些茶园、川剧戏院放映。

1924 年 4 月，大科甲巷与春熙东路相邻处的“新明电影院”隆重开业，这是成都首家以“电影院”命名的专业电影院（后改为“青年宫电影院”）。

1926 年 4 月 15 日，在总府街“群仙茶园”创建“智育电影院”，有座席1400多个。这是成都第二家专业电影院，非常著名。主要筹建者是罗仲麒。影院装饰豪华，占地4000多平方米，墙面各式浮雕。庭院中，绿树成荫四季花草，还有两座手擎火炬的女神石雕像，圆形大喷水池……20世纪60年代改建为“红旗剧场”，以上演话剧、歌舞剧等为主。旧址为商业场东侧，今王府井商场。[12]

民国时期总府街的智育电影院非常热闹，其大门建筑风格和邻近的“商业场”很协调，高雅华丽。（供图：刘正生）

1928年11月，文人刘师亮等人集资兴建的“昌宜电影院”开业，在总府街昌福馆内。

1930年12月，少城公园（今人民公园）内万春茶园“大光明电影院”开业。以上“新明”“智育”“昌宜”“大光明”，是20世纪30年代成都四大电影院。

1930年后陆续增建的有：

春熙北段基督教青年会院内明记“青年会电影院”（后迁街对面原“三益公剧院”，后改名“大华电影院”“新闻电影院”），提督街的“国民电影院”（1950年后改名为“解放军影剧院”），盐市口的“蓉光电影院”（1950年后改为“人民电影院”，1990年后改为“西南影都”），西御街的“中央电影院”（后改为“新声剧场”），福广馆街的“蜀一电影

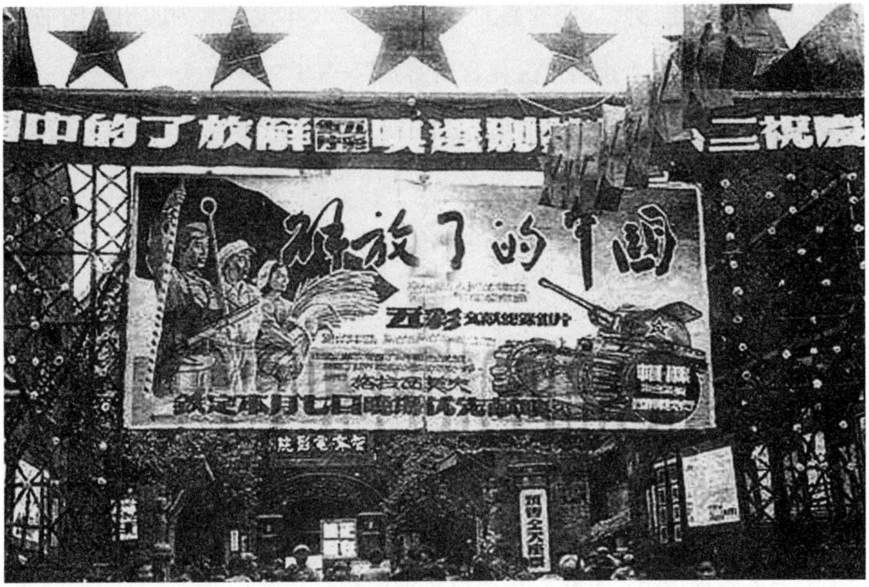

图为1951年初的“智育电影院”景观。可见庭院中门厅上方“智育电影院”匾额。外面墙柱上有“预售全天座票”，门外还有背枪的军士，显示成都局势还不十分稳定（当时还有“匪乱”）。大门悬挂大幅广告《解放了的中国》（本片由北京电影制片厂、莫斯科高尔基电影制片厂联合摄制，是反映共产党在中国取得胜利的彩色纪录影片，片长88分钟）。（供图：刘正生）

图为1944年福广馆街的“蜀一电影院”，与“智育电影院”隔街斜对。图片中人群和黄包车川流不息，既有戴大盖帽的军官，还有一些头裹白帕的乡下人。外墙上方有许多中外电影广告，注意左上方有“蜀一”二字。旧址在今总府路科甲巷东边。（摄影：[美]威廉·迪柏）

院”（与“智育电影院”隔街斜对，20 世纪 50 年代后改为四川省图书馆址），1950 年后提督街有“文化宫电影院”……

电影，给中国人带来前所未有的现代化观念和生活方式。总府街一线，就有“蜀一电影院”“智育电影院”“昌宜电影院”“文化宫电影院”“解放军影剧院”，说明这条街路的重大文化影响力。

20 世纪 50 年代后，总府街 18 号建有“市群众艺术馆”，里边的“曲艺书场”上演四川清音、扬琴、金钱板等，是成都代表性“曲艺”表演场所。

七、提督街的中山公园（文化宫）及安乐寺

（一）各种饭馆、文化娱乐及百年老店荟萃

提督街，清代为节制全省绿营清军的提督衙门，故有此名。街为东西走向，长近一里；东头接总府街，西头与西顺城街交会。

百年来提督街也是市中区繁华大街。街两边基本都是两层砖木结构瓦房，鳞次栉比，集中了各种饭馆、文化娱乐、百货纺织、交电五金等店铺。

过来人回忆 20 世纪 50 年代后，提督街上餐馆和名小吃非常多，如“耗子洞张鸭子”、“食时饭店”、“钟水饺”、“大可楼”（糕点铺）、“回民食堂”（清真饭馆）、“三六九”（京苏味餐馆）；仅文化宫西侧就有“古月胡”（甜食店）、“担担面”、“夫妻肺片”、“齐鲁食堂”（山东馆子）……

文化宫对面有成都著名的“庐山照相馆”，提督街西侧与西顺城街交口，有百年老店“萧集翰药房”。药房斜对面街南侧，有“国民电影院”。

提督街北侧，有“三义庙”祭祀三国时期刘、关、张；清康熙年间

图为20世纪30年代成都提督街与西顺城街交口。提督街尽头右侧为著名的“萧集翰药房”，还可看见“白药精”“花柳痔疮”“良药功深”等标牌。照片左方为西顺城街。（供图：刘正生）

初建，后多次重修。其东侧还有祭祀诸葛亮的丞相祠。清代后期，庙内设“成都鞋业公会”，大殿上悬挂“神圣同臻”大匾（史载刘备曾“贩履织席为业”）。1997年，“三义庙”整体搬迁到武侯祠诸葛亮殿后重建。

提督街东南侧，有成都最大的“棋园”（须购茶入座）。1966年后中国学校“停课闹革命”，作者常到此学围棋。我经常看见围棋教练孔凡章之女孔祥明，气态祥和地与成年棋手对弈。孔祥明1955年生，中国第一个女子围棋八段，有“中国女子围棋第一人”之称，围棋“国手”聂卫平之前妻。

孔祥明是从“棋园”走出去的中国名人，是提督街的历史佳话。

（二）从“中城公园”“中山公园”到“文化宫”

民国十一年（1922 年），市政公所规划在提督衙门旧址建公园。因居省城中央，名为“中城公园”。

1925 年“国父”孙中山逝世后，改名为“中山公园”，称其为“成都市第五风景区”。公园后卖鸟雀的小巷“汉阳街”，也改为“中山街”。进入公园门，翠柏夹道、土山耸峙。右侧有西式房舍一幢为公园事务所，时人誉为“碧甍凝霜、绿窗映日”。与事务所紧接是“乐观茶社”，茶社之左为“沧浪歌浴室”、“协记”体育球房及木球场。“乐观茶社”之右有草亭，旁边为“宜风酒肆”。

成都市風景之五中山公園前門

“中城公园”1925 年后，改名为“中山公园”，但门上方仍是“中城公园”。旧辕门式大门，遗存前清“提督衙门”的威严。左侧门上方有“仍丹”（“仁丹”）广告。〔来源：杨吉甫等编:《成都市市政年鉴》，民国十七年（1928）铅印本〕

1950年后，提督街上的“中山公园”改为劳动人民文化宫。照片右侧有横幅标语“以苏联为首的社会……”（当时是中苏友好时期），横幅下是售门票或电影票的窗口。摄影时间大致在1957年前后。（供图：刘正生）

公园之后有市立藏书楼、儿童图书室和十数亩宽之公共体育场。场边有“群社”“中城”“羽经”等茶社，为各行业帮会、同乡会及各袍哥“码头”……1928年时资料概括：“园地广数百亩，房所占五分之一，花木占五分之一，阔地占五分之三。”⑬

1950年后，“中山公园”改为“成都市劳动人民文化宫”，门票仅2分钱（凭工会会员证免费）。进门左边是茶园、展览馆、小剧场和露天影院；中间是荷花池、电影院；进门右边有一座三层高的小亭、灯光球场（后改建为体育馆）、金鱼亭、图书馆、厕所等。文化宫当年是成都人（尤其是工人）最重要的文化娱乐场所。

2015年后文化宫拆除，修成如今的混凝土商业楼盘“恒大广场”。

（三）有重要商业史意义的“安乐寺”

三国时期，刘备建立蜀国。他死后儿子刘禅（小名阿斗）继位，蜀国被魏国所灭，刘禅被安置魏国都城洛阳。一次司马昭宴请刘禅，故意安排蜀国歌舞，在座降臣都落泪，刘禅却傻笑。司马昭问他是否思念蜀地？刘禅回答：“此间乐，不思蜀。”

司马昭被忽悠，遂封刘禅为“安乐公”，使其享受快乐人生。刘禅倘若稍微流露“爱国主义”，早成刀下之鬼，哪得善终？

古代通达之士对刘禅“大智若愚”心知肚明，遂在成都建“安乐寺”供奉刘禅。更有高僧栖居“安乐寺”修行。如《高僧传》记载：“释普恒，姓郭，蜀郡成都人也。为儿童时，常于日光中见圣僧在空中说法……后苦求出家，止治下安乐寺。”⑭普恒和尚心中的“圣僧”，就是有智慧的刘禅也未可知。

明清两朝，“安乐寺”屡毁屡建。清代史料记载：“安乐寺，治东西顺城街，明蜀藩（指蜀王）建安乐、太平二寺，以为燕息（即游乐）之所，明末毁于献贼（指张献忠），国朝康熙年间重建，乾隆年间培修。”⑮

康熙重修时，又供奉文武财神。民国初期，在此办华阳县初级小学堂。20 世纪 20 年代，顺城街首富贾桂五等人，组成益寿慈善会将其接管，开始了由佛寺到商场的变迁。

20 世纪 40 年代后，白银、黄金、美钞为市场之主要投机业务，热闹异常。

当时华西协合大学的学生陈麒志做社会调查，叙述“安乐寺”简况：

“安乐寺”坐东向西，每天早上自九时起，即有成千成万之人向此集中，有商人，有军人，有摩登妇女，公教人员、贩夫走卒……真是车水马龙，犹若早朝一般。从顺城街进“安乐寺”是一条窄巷深约五丈，巷尾便是安乐寺大门，上为古安乐寺大殿，殿前一空场广越一亩。各业趸售（批发）行帮集中于此，如油米、金银、新药、纸烟各业之基本市场，大数成交均出此殿上。殿上设有茶桌，各业均各集一处，设有茶会，便于交易。只见人头攒动，更闻叫价之声不绝于耳……⑯

又有过来人回忆，“安乐寺”左侧抵达青年路，面积十多亩。寺内有两殿，四周耳楼，正对大殿是戏台。“安乐寺”经官方批准，堂而皇之挂起“银钱总市”招牌；拥有一千多会员的油米钱业公会“帅字大旗”，插在正殿。这里有买空卖空的“期货交易”，一涨一跌影响全川金融市场。在“安乐寺”打架、斗殴、上吊、吞烟自尽的，几乎天天都有……⑰

1950年后，在“安乐寺”旧址建成“成都市中心菜市场”；经常人山人海，到处都是排队购物的市民。

20世纪70年代我常去那里。“安乐寺”通往提督街的后门，有名的“夫妻肺片”就在街对面。后门是一条转弯窄巷，进去原“安乐寺”主殿犹存，各处弯曲回绕，形成经营蔬菜和副食品的大型市场……

1987年建成蜀都大道，原“安乐寺”（菜市场）顺城街大门，成了车水马龙的中央大道。“安乐寺”部分旧址，修建“红旗商场”。

曾经风光无限的“安乐寺内景”，至今全无痕迹可寻。下面极其珍贵的老照片，是上述文字的忠实影像记录（见下图）。

20世纪40年代安乐寺内景。安乐寺大殿，各业趸售（批发）行帮集中于此，大数成交均出此殿上。殿上设有茶桌，各业均各集一处，设有茶会，便于交易。人头攒动，更闻叫价之声不绝于耳。（供图：刘正生）

注释：

① 李劼人:《李劼人说成都》，四川文艺出版社2018年版，第145页。

② 1917年上海建劝业场，1927年济南建劝业场，1928年天津建劝业场。

③ 四川省地方志编纂委员会编:《四川省志大事纪述上》，四川科学技术出版社1999年版，第208页。

④ 参见《成都市建筑志》，中国建筑工业出版社1994年版，第49—50页。

⑤ 参见姜梦弼:《商业场的变迁》，《成都掌故》第2辑，成都出版社1998年版。

⑥ 见四川省电力公司:《百年风雨坎坷，追寻世纪之光》，四川电力在线，2005年7月4日。

⑦《郭沫若少年诗稿》，四川人民出版社1979年版，第28页。

⑧ 傅崇榘:《成都通览》下册，巴蜀书社1987年版，第253页。

⑨ 李劼人:《大波》第一部，人民文学出版社2013年版，第41页。

⑩ 参见《蜀伶杂志》，1924年成都壁经堂印。

⑪ 王绿萍、程祺编著:《四川报刊集览上》，成都科技大学出版社1993年版，第220页。

⑫ 参见汪一立:《罗元俊与成都影剧业》，《成都文史资料选编工商经济卷》，四川人民出版社2006年版，第587页。

⑬ 杨吉甫等编:《成都市市政年鉴》，民国十七年（1928）铅印本，第539页。

⑭ 释慧皎撰，朱恒夫、王学钧、赵益注译:《高僧传》下，陕西人民出版社2013年版，第660页。

⑮ 李玉宣等修：同治《重修成都县志》卷二《舆地志·寺观》。太平寺，在鼓楼街。

⑯ 参见陈麒志:《成都市几个商业市场之研究》，载《民国时期社会调查丛编三编》，福建教育出版社2014年版，第393页。

⑰ 参见梦弼:《十里新街话“安乐”》，《成都掌故》，成都出版社2014年版，第137—139页。

西方建筑风格的街道

一、四圣祠街的成都第一所西医医院

清末，不少西方传教士、医生、教师、科技人员进入成都，写下中外文化交流浓墨重彩的一页。外国人在成都建成教堂、医院、学校、各种近代化西洋建筑……改变了古老封闭的成都街巷景观。

清末的外国传教士，多为外国的基督教"差会"派遣。所谓"差会"（Mcissions），是西方国家基督教会负责集资、派遣人员到国外传教布道的机构。必须强调的是，"差会"派出去的人员，无论从事何种工作，如传教的牧师、医院的医生和护士、学校的教职员等，一概都称为"传教士"（Mcissionary）。[①]

金色十字架标志基督精神，绿色十字架标志现代医学科学，红色十字架标志人道主义。换言之，这些人中有很多是以人道主义或传播现代文明为主的志愿者。如美国医学传教士莫尔思过惊涛骇浪的三峡，岸畔衣不蔽体的中国少年，光着脚板成群结队地追逐轮船，友好地挥手、欢叫……这让莫尔思深深感动和心情沉重，渴望为落后的四川百姓做出贡献。[②]

很多传教士服务于最贫穷、最偏远的人群，过着艰苦的日子，开设学校、医院、孤儿院……有不少人长眠在巴蜀大地。

在四川最早开拓西方现代医学的人，是加拿大传教士启尔德

（O. L. Kilborn），英国金斯顿王后大学医学博士。他自愿作为医学传教士前往中国。

1892 年 5 月 21 日，启尔德与妻子詹妮·福勒（Jennie Fowler），经数月艰难坎坷的行程终抵成都。

启尔德在成都东门的四圣祠街（今四圣祠北街）租用了几间民房，创办了福音堂和一个以红十字为标记的福音医院；因只收男病人，后定名四圣祠仁济男医院。“仁济”二字，是加拿大基督教英美会对教义 Love（爱）和 Mercy（同情怜悯）的中文概括。

四圣祠街，曾有供奉孔子门徒曾参、颜回、子路、子由四弟子的祠庙（旧址在今四圣祠北街四川神学院），故名。

启尔德后来回忆：“我将永远记住 1892 年 11 月 3 日”，因为这一天他们的诊所在成都正式开诊。第一天有 18 位病人，以后病人持续增加。一周开诊 3 天，每天有 50 至 60 位病人，因为疗效良好，病人越来越多。

启尔德在四圣祠街租用了几间民房，创办了福音堂和一个以红十字为标记的福音医院，1892 年 11 月 3 日正式开诊。后定名四圣祠仁济男医院。（供图：刘正生）

图为1904年的四圣祠街景观，镜头由北向南拍摄。1893年初，启尔德等传教士在四圣祠街购买了一个中等大小的院落，靠近东较场。1894年初又添置了两个毗邻的小院落，建成四圣祠仁济男医院，为中国公馆式建筑，中间那道门首右上方仍挂有“福音堂”标记。从整齐的房屋和围墙看来，占地面积不小。（供图：刘正生）

图为1904年的四圣祠街景观，与上图拍摄为同一地段街景，镜头由南向北拍摄。图中相连的两个门庭优雅的公馆式院落，是启尔德等传教士购买。图中戴瓜皮帽行走的男子，手提一只小鸟笼。（来源：加拿大联合教会/多伦多维多利亚大学档案馆藏，出自［美］司昆仑《新政之后》一书）

图为医学传教士启尔德（中排右一）、启希贤（中排右二）夫妇，和谢道坚夫妇（中排左一、左二）两家人，启尔德前一排的男孩为其子启真道。后排为医院的中国同事员工。摄于1904年。（来源：张丽萍、吕重九、杨振华编著：《华西坝—华西协合大学影录》。文佳兰收藏）

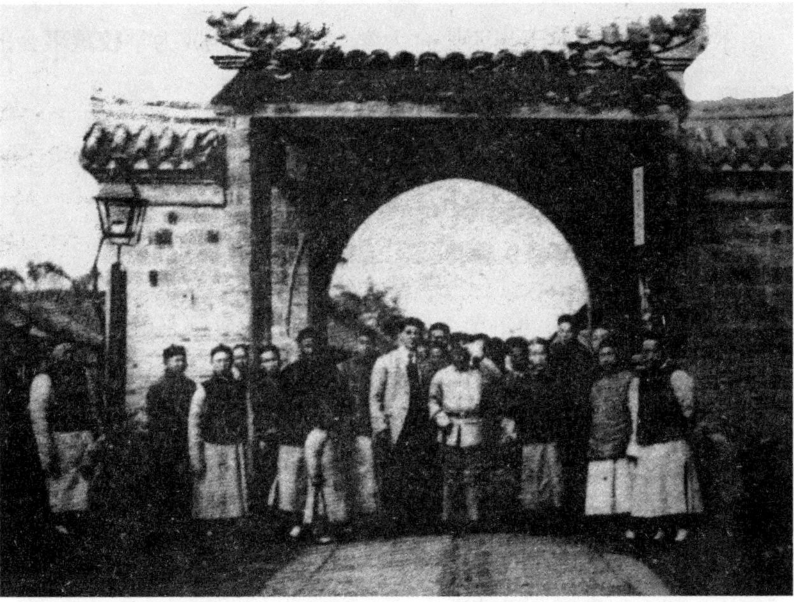

清末四圣祠街有过街亭，显得古香古色。下有石板铺整齐的马路。中外人士在合影（中间穿西服的高个子男人为传教士 L. L. 阿伦，他左边那位腰束皮带者为当地警察）。注意左侧有新式“菜油街灯”（由警察雇用的更夫负责每晚点灯）。乡土作家李劼人曾描述：“菜油街灯，大家都呼之为警察灯，因为自光绪三十年开办警察时，才有了这个创举。”[③]四圣祠街如此整洁，很有可能当时已成为外国人聚居街道。（照片摄于1908年。供图：刘正生）

1893年初，他们在四圣祠街购买了一个中等大小的院落，靠近东较场，那处房屋经修缮后适合三家人居住。1894年初又添置了两个毗邻的小院落，于是成都第一所外国人的医院成立了。④

四圣祠街医院宅中，住有启尔德医生夫妇和孩子勒士礼（即启真道），司蒂文孙医生夫妇和三个小孩，贾克生牧师及何牧师（何忠义）夫妇和他们的两个女儿吉洛丁与白大。

很不幸，启尔德的妻子詹妮·福勒到成都不久就染上霍乱身亡。他续娶的妻子启希贤（R. G. Kilborn）也是医学博士，1893年在四圣祠附近的成都惜字宫街建立了仁济女医院。⑤

启尔德还参与筹建了华西协合大学。1910年他成为学校董事会的第一任主席。⑥

二、1895年“成都教案”后四圣祠街的变化

1895年5月28日，发生了震惊中外的“成都教案”。

这天是中国传统的端午节，紧临四圣祠街的成都东较场，“撒李子”等民间竞戏热火朝天。快黄昏时，有游民突然高喊：“打洋人哇！”石块乱飞如雨。传教士狼狈逃回四圣祠街福音堂。

民众紧追不舍，聚集在四圣祠街司蒂文孙和启尔德的住宅外，连同其他在医院任职的传教士们，及他们的妻子儿女，在一位曾到福音医所治过病的中国人帮助下，迅速逃走……

骚乱持续了两三天，民众不但捣毁了四圣祠教堂、诊所和教士住宅，还乱吼着跑到成都陕西街、玉沙街等其他地方，放火烧毁了各处教堂、育婴堂、传教士医院。

启尔德创办的福音仁济男医院，在“成都教案”中烧毁。1907年修了一幢极其堂皇的4层楼，后正式命名为“四川红十字会福音医院”。图为四圣祠街福音医院，1907年修建竣工。

启尔德创立的福音仁济男医院，1913年1月30日正式命名为“四川红十字会福音医院”。启尔德（第一排左九）等传教士和四川军界要员、社会名流，以及中国红十字会代表等，都出席了盛会。上方横幅写的是：“四川红十字会福音医院正式开院纪念”。（供图：文佳兰）

成都“打教”消息传遍四方，嘉定、叙府、重庆等10余州县也都开始打洋人、毁教堂……全省共计捣毁基督教堂30处、天主教堂40处。

四川人为这次具有很大盲动性的“打教”付出沉重代价。光绪皇帝1895年9月29日降圣旨：将四川总督刘秉璋革职永不叙用。10月14日又降圣旨：将地方官员成都知府、署华阳、成都知县等11人“交部议处”；参与“打教”的百姓被处死6人，枷杖充军流放17人。

“成都教案”后，计赔偿天主教川西北教区银70万两，川南教区银21万余两；赔偿四川基督教各教会银10余万两。所有赔款银101万两，圣旨说赔款“须由川省筹划”。[7]

启尔德创办的福音仁济男医院，后在成都各方面的扶持下（川省出了1500多两黄金），[8]1907年修起一幢极其堂皇的4层楼医院。

1913年1月30日，这所医院正式命名为“四川红十字会福音医院”。当天，教会医生、英国总公使、法国副公使、德国牧师等外籍人员和四川军界要员、社会名流，以及中国红十字会代表等，都出席了盛会。

1920年，启尔德逝世。此后启尔德一家子女都继续在华大医学院工作。其中1895年出生的大儿子启真道，长期任华大医学院院长直到1951年。成都人至今不忘启尔德三代七人，为四川现代医学事业作出的杰出贡献。

四圣祠街这所医院，1952年后，更名为成都市第二人民医院。20世纪70年代，本书作者作为医生曾在这里上班。每天我从“成都教案”后重建的这座哥特式塔楼下来往，仰望大楼上方“1907”的大字，涌生出无限遐想……

1988年，二医院正式命名为“成都市红十字医院”。20世纪90

年代，那幢1907年修的珍贵建筑被无情拆除，连同它的历史逐渐被人淡忘。

三、四圣祠街区域的其他主要建筑

清末民初，四圣祠街周围还陆续兴建有教堂、女仁济医院、华英书局、华英女中、协和女师等众多机构。

1921年建成哥特式福音堂（礼拜堂），两楼一底可容千人。教堂顶

图为1905年后，成都四圣祠北街20号华英书局，挂有“蜀天足会”牌，免费印刷禁止妇女缠足的宣传册，书局成为四川反缠足运动的舆论宣传中心。还大量印发反鸦片的宣传册。照片中书局外有警察站岗。（郑光路收藏）

部有钟楼，具有德国古典巴伐利亚式建筑风格，设计者是加拿大传教士苏继贤。

1945年8月15日，日本宣布投降。9月13日成都开庆祝胜利大会，在蓉英国人、美国人，约国民政府军事委员会副委员长冯玉祥，到四圣祠教堂顶上撞“胜利之钟”。冯玉祥兴奋地敲了一百零八下，把手都震红了……⑨

由此也可想见四圣祠礼拜堂钟楼的历史辉煌。可惜，钟楼毁于20世纪60年代。

值得一说的，还有华英书局。1897年，加拿大英美会传教士赫斐秋（V. C. Hart）在乐山城内开设一简单印字馆，首先在四川采用近代先进印刷技术。1904年，印字馆从乐山迁到成都四圣祠北街20号，1905年定名为华英书局。书局内分铸字、中英文排字、石印、装订等科，主要设备都由加拿大运来。1950年，以华英书局为基础成立成都印刷厂。⑩

成都市公布的第一批22处文物建筑物中，四圣祠街区域的有5处，数量仅次于华西坝。

四、陕西街甘来德办的存仁医院

清光绪六年（1880），基督教美以美会在陕西街建了一个福音堂（1925年后，改名卫理公会恩溢堂）。⑪

美国密西根大学医学博士、著名外科医生甘来德（H. L. Canright）和克阿林牧师夫妇，1894年在福音堂附近创办医院，最初名为“陕西街美以美诊所”。

医院刚建成一年左右，便毁于1895年的“成都教案”。

图为即将竣工的陕西街存仁医院钟楼，为成都第一座砖木结构西洋建筑。注意此时钟楼还没有安置时钟。拍摄时间大致在 1905 年前后。（摄影：[英] 陶维新。郑光路收藏）

陕西街存仁医院及四面形钟楼，庭院宽敞。（摄影：[美] 罗林 · 张伯林，1909 年）

陕西街存仁医院及福音堂等建筑群全景。图左为主楼福音堂，图右为存仁医院四面形钟楼。（摄影：[美] 罗林 · 张伯林，1909 年）

20 世纪 20 年代陕西街东口，恩溢堂及存仁医院建筑的一处大门。图中央的矮楼房脊上，有十字架标记。（供图：刘正生）

1905年，甘来德利用清政府赔款和差会资助筹划重建，后正式命名为存仁医院。日本教师山川早水叙述甘来德筚路蓝缕的壮举：

据说，（甘来德）居成都达二十年。在我旅居其间，他所修建的三层楼大医院就要落成。兴此土木，非一朝一夕的事。从前几年，就开始托来自美国的熟人，一点一点地运来木材、玻璃、镶嵌玻璃的拉窗门，以及其他在中国买不到的材料。待材料备齐后才开始动工，这是他亲口对我所言……在新建的医院附近设一高两丈左右的时钟台。其钟声，虽然不能完全达到城内的四个角落，但成都的时间，毕竟可以以此钟为标准……⑫

1905年2月，29岁的山川早水受聘为四川高等学堂日文教师。1906年6月14日，山川早水告别成都踏上归途。

关于存仁医院建筑时间及细节史料甚少，以至有人说钟楼建于1916年。山川早水的叙述，使我们知道建筑时间以1904年至1905年最为可信。

存仁医院建筑为三层丁字形楼房，主楼中央有四面形钟楼一座，高于主楼6米左右，为成都第一座砖木结构西洋建筑。⑬

甘来德也是华西协合大学医科的创办人之一，1917年成为医学院的首任院长。1927年，甘来德从成都退休回到美国。

1929年，存仁医院由普通医院改为耳鼻喉科专科医院，是我国最早的专科医院。此医院和启尔德的四圣祠四川红十字医院，定为华西协合大学医学院的教学医院。1950年后，存仁医院并入华西医大医院。

20 世纪 70 年代末，陕西街原存仁医院及福音堂等建筑群，相继被无情拆除，在原址盖起毫无特色的商业楼房。

学术界现在评论：启尔德、启希贤、陶维新、甘来德、林则等人，是西方医学进入四川的开拓者，体现了前所未有的人道主义精神。[14]

注释：

① 《华西医科大学校史》，四川教育出版社 1990 年版，第 3 页。

② 参见张丽萍编著:《教会大学在中国：华西协合大学》，河北教育出版社 2004 年版，第 5—6 页。

③ 李劼人:《李劼人全集》第 3 卷《大波》(上)，四川文艺出版社 2011 年版，第 5 页。

④ 启尔德撰，戚乐、戚亚男译:《成都开办首家西医诊所》,《成都日报》，2016 年 9 月 26 日，第 15 版。

⑤ 《华西医科大学校史》，四川教育出版社 1990 年版，第 13 页。

⑥ [加] 启尔德:《民国四川话英语教科书》中“后记”，四川人民出版社 2018 年版，第 294 页。

⑦ 参见四川省地方志编纂委员会:《四川省志・外事志》，巴蜀书社 2001 年版，第 455 页。

⑧ 贾大泉、陈世松主编，吴康零副主编:《四川通史》卷六《清》，四川人民出版社 2018 年版，第 656 页。

⑨ 参见《冯玉祥自传》第二卷《我的抗战生活》第 15 章，解放军文艺出版社 2002 年版。

⑩ 四川省地方志编纂委员会编纂:《四川省志・宗教志》，四川人民出版社 1998

年版，第 449 页。

⑪ 四川省文史研究馆:《成都城坊古迹考》修订版，成都时代出版社 2006 年版，第 336 页。

⑫ [日] 山川早水:《巴蜀旧影》，四川人民出版社 2005 年版，第 76 页。

⑬ 郑尚维、石应康主编:《四川大学华西临床医学院・华西医院史稿》，四川辞书出版社 2007 年版，第 8 页。

⑭ 关于西方医学进入成都的详情，可参阅郑光路:《百年红十字运动在成都》，四川文艺出版社 2011 年版。

华西坝百年旧风景之变幻

一、华西坝简况

1905年，加拿大人启尔德和英国人陶维新、美国人毕启等教会中人，商议创办华西协合大学。1910 年 3 月 11 日举行开学典礼。

大学英文名为“West China Union University”。Union 意为“协合”，即几大“差会”联合兴办学校。最初参加的教会团体有美国浸礼会（A. B. M. U.）、美以美会（M. E. M.，又称卫理公会）、英美会（C. M. M.，又称中华基督教会）、公谊会（F. F. M. A.）。1918 年又有圣公会（C. M. S.）加入。1924 年大学开始招收女生，继有浸礼会、英美会及美以美会的女布道会加入。

大学由英国著名建筑师荣杜易（Fred Rowntree）等人精心设计，中西合璧、典雅绝伦。此区域后称华西坝，是享誉国内外的成都著名风景区。

民国时期大学东临南台寺，西面是国学巷和农田。大学南面有华西协合中学，大学北面西段是小天竺街，北面东段则为锦江之滨。

20 世纪 30 年代以前的华西坝，周围大都被村野农田包绕。学校内也十分疏朗有田园风情，从 1921 年学校十年庆的照片就可见此风貌（见下图）。

1908年，传教士陶维新住房外的华西坝民居田野，风景幽雅。此时华西协合大学尚未完全竣工。（摄影：[英]陶维新。郑光路收藏）

学校标志性建筑钟楼，1926年竣工（20世纪50年代初曾改建）。钟楼原名柯里斯纪念楼，由纽约柯里斯捐资建成。钟楼高百尺，青砖黑瓦红墙飞檐、古朴幽雅，侧畔是碧绿流水叫“泮池”（中国古代学宫前水池名称）。

早期钟楼顶部为尖形亭台，1954年作了改建。2013年5月，钟楼被国务院确定为全国重点文物保护单位。

必须强调的是，从1910年建校后，华西坝建筑并不是一次性完工定型，始终动态性变化。这些建筑大都尊重中国文化传统，以中国传统“宫殿式”大屋顶与西洋古典主义构建结合，并采用传统院落与园林化布局。这在中外文化交流史、中国建筑史上，有极高价值。

华西坝一些经典建筑至今尚存（但20世纪50年代后大多进行了改造）。下面仅披露少见的史实和几张早期照片。

1908年华西坝建筑工地脚手架上的工匠们，身穿日常服装，表情乐观。这张老照片最珍贵之处，在于展示了120年前成都最早的建筑“民工”群像。（摄影：[英]陶维新。郑光路收藏）

荣杜易设计建成的华西协合大学第一栋大楼，是建于1914年的亚克门学舍，是两层楼的男生宿舍楼。这是世界上第一座把中国八角形六层塔与西方建筑融合在一起的建筑。把大楼两翼连接起来的是南侧转角处的一座独具成都特色的六层塔楼，明显借鉴了成都望江楼风貌。（供图：罗照田）

1921年的华西坝，周围大都被村野农田包绕。学校内也十分疏朗有田园风情。图为1921年建校十年庆典照片。师生排列为双“U”队形（华西协合大学英文校名Union University之缩写）。U型内圈为中西籍教师，U型外圈为大学及华西协合中学的学生（前列学生即手执“华西协合中学”白牌）。

图片中央建筑是华西协合大学事务所，又名怀德堂。这是华西坝建筑群中最经典的一幢，设计者也是华西坝的整体设计者、英国著名建筑设计师荣杜易。1915年动工，1919年建成后即为校行政事务办公室、礼堂、文科教室和照相部等。此建筑是中西合璧的百年典范建筑，2002年12月列为四川省第六批文物保护单位。（供图：刘正生）

1926年竣工的华西坝钟楼（又称四面钟），下有小河（荷花池）碧波荡漾。“钟楼映月”“荷池飘香”“池畔钟声”，为华西坝的标志名景，被列为民国“成都八景”之一。据说当年这座西洋大时钟的钟声可传十里之外，为全城报时。（摄影：[英]陶然士。郑光路收藏）

20世纪20年代后成都南城外的华西坝景观，照片质量不是很好但少见，可从图中看见成都城墙（呈白色的一线）。可能是站在钟楼上鸟瞰拍摄，拍摄时间为1926年之后。（供图：刘正生）

二、华西协合大学“老校门”谜团

华西协合大学北端锦江畔，有个后校门，当年称“河边校门”或“学舍区北门”。此门青砖砌成古朴优雅，顶部饰以翘檐、脊兽，极具成都古牌坊风貌。

校门外侧门额上嵌有两块石碑，以中英文镌刻“华西协合大学校”，及建校时间“1910”。1954年这道校门被拆毁。

1996年3月28日，一块镌刻有华西协合大学英文校名的石碑，在府南河工地出土。校牌由青石镏金雕刻而成，重约800斤，碑面呈正方形，长1.25米、宽1.2米。这为大学创建于1910年提供了文物实证。

2000年后，在人民南路新校门外，江畔后校门作为“原老校门”被重建。

由华西校园内往外看的后校门，锦江对岸城墙十分突出亮眼，校门外江畔小道上有一人正推独轮“鸡公车”行走，车上另坐有一人。摄影时间可能是20世纪20年代之前。这张照片罕见，非常珍贵。（郑光路收藏）

由华西后校门外往内看校区，道路两旁显得空旷。面向锦江的校门外侧门额上，嵌有石碑以中英文镌刻“华西协合大学校”，及建校时间“1910”。摄影时间可能是20世纪20年代前后。（供图：刘正生）

荣杜易设计图中的“华西大校门”，中西元素巧妙融合，三重门兼三门洞巍然壮观，明显参照了大学毗邻的成都老南门城门布局，又融入爱尔兰古建筑风情，再加以西方的钟楼嵌入。此设计图出自 1924 年英国《建筑师》杂志的封面。（供图：罗照田）

这道“红门”可能只是“临时”大校门。20世纪40年代抗战时期，全国五大名校同时进驻华西坝，大学路“红门”成为主要的大校门。到2006年10月，大学路街边商业化改造时，这道“红门”被完全拆除。此照片来自美国卫理公会传教委员会档案，大致摄于抗战时期。(供图：彭远波。载邓长春:《华西坝大学路》，微信公众号“永远的华西”，2021年12月20日)

但许多资深老华西人，不同意江畔“后门”是华西协合大学大校门的说法。

据罗照田先生研究，[①]“华西大校门”是荣杜易精心设计，但一直未完成的一件作品。此大门设计图荣杜易明显参照了大学毗邻的成都老南门城门布局，融入他眷念的爱尔兰古建筑风情，再加以西方的钟楼嵌入。设计图的这道“华西大校门”，拟建在大学路的南侧，遗憾的是始终未建成。

后来在怀德堂南侧大学路口，建有一“红门”作为大学大门。这道老校门，到2004年被完全拆除。[②]

三、“大学路”近百年来的“变身”

20世纪30年代，一条由西到东的校内通道，扩整为整齐的马路。这条马路偏东原来有一个南台寺，所以正式命路名为“南台寺马路”，成为当年“成都市新建设”的“样板”马路。

南台寺，据传曾是三国时期刘备游幸之地。五代时，这里成了王建的蜀宫别苑，有百年老梅状如苍龙，故又称梅龙、梅苑。明末张献忠入成都，常在此屯兵住宿，谓之“御营坝”。③

清代康熙年间，修建南台寺。收藏家刘正生提供的20世纪20年代前后的南台寺老照片，可大致观赏该区域的概貌（见下图）。

很多资料说南台寺紧临江畔。作者详查1934年印行的《成都街市图》，发现那说法是错误的，南台寺离江边还远。

作者收藏有民国时期陈配德写的一首诗《南台寺看桃花便饮枕江楼》：“海客竟西来，爱此南台寺。辛苦溯江源，中有避秦人。”这是说华西坝上外国人（海客）纷纷而来，也有逃避战乱从长江溯源而上的外省师生。诗中还有“繁花使心醉，花外夕阳明”，说明南台寺一带是“看桃花”的风景名胜区。④

作者还收藏有珍稀老照片《成都市新建设——华西坝南台寺马路》，“南台寺马路”，其实就是“大学路”的早期街名。

从1934年地图上观察，当时这条马路向东的乡村道路，可直通九眼桥白塔寺，向西则是小天竺街。

1950年后，大学里任教的洋人被遣返离开中国。当年大学路大门外街景，折射出时代翻天覆地的巨变。

新政府接管华西大学时校园面积逾千亩，大型建筑有 70 多幢。以后经过“院系调整”，1953 年成了单科性的“四川医学院”；1985 年更名为“华西医科大学”；2000 年并入四川大学，成为“四川大学华西校区”。

老华西人邓长春先生说，1985—1990 年的大学路，变成一条农贸市场街。2006 年 10 月，大学路上历史校门（“红门”）被拆除永远消失，再后来整条路边已经没有了历史建筑。欣慰的是华西校园里还有 8 栋全国重点文物保护单位，7 栋成都市重点文物保护单位，和 6 处成都市文化地标建筑。

20 世纪 20 年代前后的南台寺区域风景优美、房屋齐整，寺外有大片桃树林，桃林外（图片右下角）有山门。注意右方的乡村土路，这时还没有扩整为马路（可与下图比较）。有人说此照片是华西坝钟楼东南角的“三台山”，是不正确的。因为这张照片一马平川毫无“山”影。[⑤]（供图：刘正生）

2019年夏，华西坝作为成都市“八街九坊十景”中的“九坊”之一，启动了“大学路华西坝历史文化街区的城市更新改造计划”。⑥

2022年后，整条大学路已打造成全新“网红”街区。

图为1950年10月1日，大学路校门外向西拍摄小天竺街。街路上有临时搭建的简单牌坊，张贴醒目标语。当时尚未进行汉字改革，上方横幅大标语是繁体字，从右向左读是“华大庆祝首届国庆节”（华大两字是上下压在一起）。四个立柱上是“清匪！”“反霸！”“减租！”“退押！”（1950年初新政府发布全面展开“清匪、反霸、减租、退押”四大运动），折射出翻天覆地的时代巨变。一个女学生正站在“减租”标语下摄影。（供图：方建新。载邓长春:《华西坝大学路》，微信公众号“永远的华西”，2021年12月20日）

华西坝区域很大，20 世纪 30 年代把一条由西到东的校内通道，扩整为整齐的马路。马路偏东有一个南台寺，所以正式命路名为“南台寺马路”，成为当年“成都市新建设”的“样板”马路，是“大学路”的早期街名，作者收藏的《成都市新建设——华西坝南台寺马路》照片就是实证。照片由西向东拍摄，马路前方有一片房屋的区域，就是南台寺片区。马路右侧，树丛掩映中可以看到大学里部分屋顶。（来源：《成都市新建设——华西坝南台寺马路》，《道路月刊》1934 年第 44 卷第 1 期。郑光路收藏）

注释：

① 罗照田先生早年求学于华西，留学美国后成为资深医学科学家。他酷爱华西坝建筑文化，有专著《东方的西方：华西大学老建筑》，在某些方面颠覆了此前华西大学老建筑的片面研究结果。

② 邓长春：《华西坝大学路》，微信公众号“永远的华西”，2021 年 12 月 20 日。邓长春，在华西坝出生、成长、生活、退休，长年研究华西坝历史文化。其父邓显昭教授是中国著名老一辈泌尿外科学家，华西医院泌尿外科主要奠基人之一。

③ 文世昌:《巴蜀轶事》，中央文献出版社 2007 年版，第 20 页。

④《新四川月刊》1940 年第 2 卷第 1 期，第 60 页。

⑤ 三台山被称为华西坝八景之一，华西校友岳松龄《八十春秋华西坝》中说:“钟楼东南方向不远，有一座土堆，呈正圆形，有三层楼高，三个台阶，人称三台山。登上山顶，环顾远眺，可以望见成都的城墙和郁郁葱葱的万顷良田，大好风光，尽收眼底。”载网络《华西坝朋友的天空》(https://www.myhxf.org/documents/80huaxiba.htm)。此文更证实这张照片，绝不是三台山。

⑥ 参见邓长春:《华西坝大学路》，载微信公众号“永远的华西”，2021 年 12 月 20 日。

名胜古迹篇

细观明朝《天启成都府图》，大慈寺、石牛寺、梵安寺（草堂寺）、昭觉寺等历历在目，却无武担山寺、静乱寺、妙圆塔院、信相寺，更无文殊院。实事求是地讲，文殊院确切可考的历史不到400年——因为一位杰出僧人，正从历史长卷中向我们迎面走来。

得归茅屋赴成都，
直为文翁再剖符。
但使闾阎还揖让，
敢论松竹久荒芜？

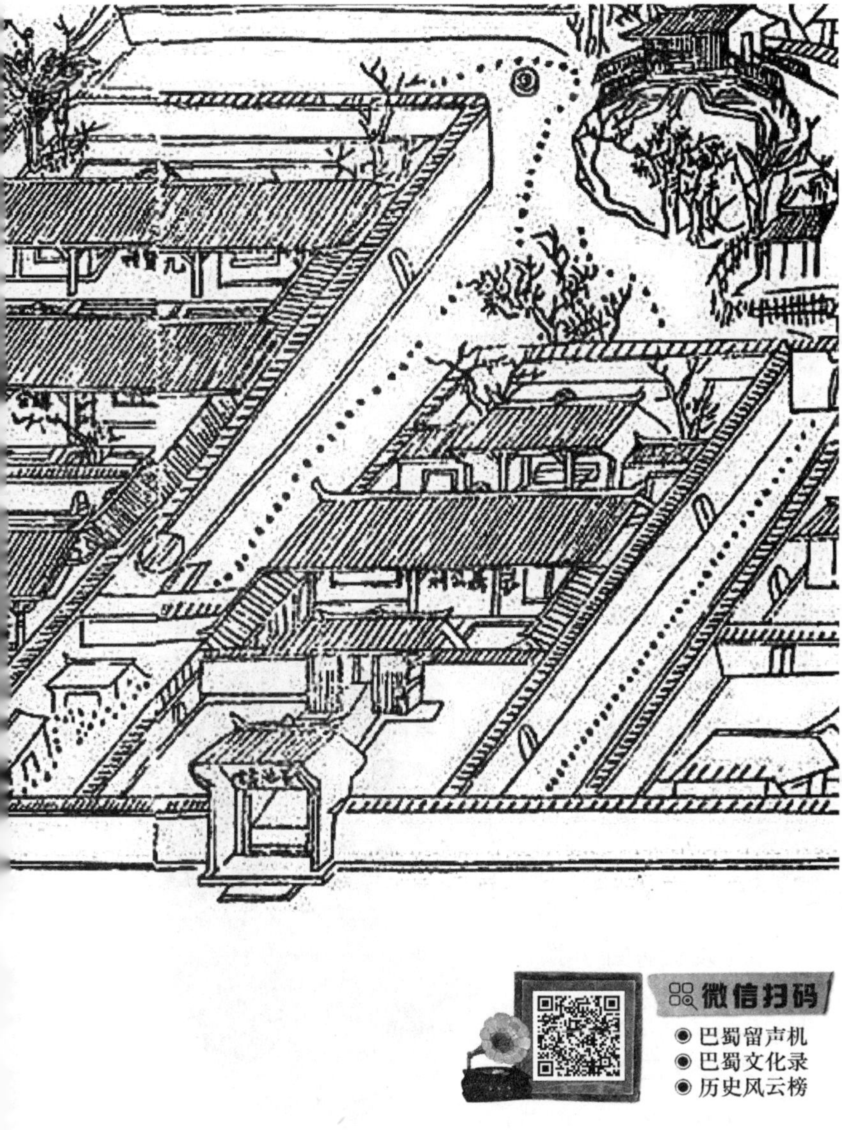

佛教寺院的历史迷雾

一、白马寺——“巴蜀文化”的“产床”

（一）卫聚贤首先提出“巴蜀文化”概念

1921年前后，一些工人在成都西北桥白马寺、坛君庙区域挖土烧砖。无意之中挖出了近千件青铜器。其中以兵器最多，有戈、矛、剑、戚、斤（即斧钺）……

最早提出“巴蜀文化”概念的卫聚贤先生像。（郑光路收藏）

著名考古学家卫聚贤（1898—1989年），山西万泉人，中国现代考古学奠基人之一。

1941年6月，卫聚贤第三次考察白马寺，同行的还有国民党元老于右任。他们出西门沿成灌公路到环城马路、北巷子，见犀角河横在眼前（民间说成洗脚河，即府河上游）。过桥东北有一高阜，上有庙即白马寺，时为一儿童教养院。西北有坛君庙。

这次考察后，卫聚贤将多年来收集到的48件巴蜀青铜兵器，编号分类。

以前学术界大都认为“古代巴蜀乃蛮荒之地”。卫聚贤意识到白马寺出土文物的巨大价值，将研究成果以“巴蜀文化”为题，并配以41幅图、17帧照片、48张拓片，发表在自己主办的1941年10月15日在上海出版的《说文月刊》3卷4期，和1942年第3卷第7期。

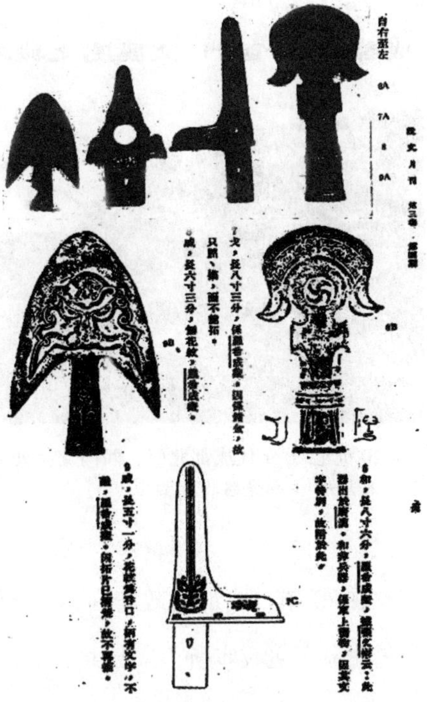

白马寺出土的部分巴蜀青铜兵器，刊登于《说文月刊》3卷4期。（郑光路收藏）

卫聚贤在论文中，通过破解青铜兵器纹饰，认为春秋以前蜀人已有了自己独特的文字。他第一次提出“巴蜀文化”的概念。也就是说，春秋时期之前，巴蜀已有区别于中原地区的“巴蜀文化”。

所以成都白马寺，是中国标志性文化、文物重要坐标之一。

（二）民国时期的成都白马寺影像

清朝同治《重修成都县志》记载了白马寺一些史实：“白马寺。县北六甲四里。明参政郭斗建。崇祯末，毁于献贼（按：指张献忠）。国初，宝昙和尚重建，徒（弟）达远增修，今归北门文昌会。”①

白马寺地处成都城西北角荒郊野外，紧靠慈善公墓和农田。寺院作为每年民间祭拜文昌帝君和观音菩萨的庙会（“观音会”），是一处最能体现“人间佛教”的大众化寺院。

20世纪20年代成都北门、西门交会处的城外，曲径通幽。白马寺即地处成都城西北角荒郊野外。（郑光路收藏）

1939年，成都市政府在白马寺设立“第一游民教养所”，是成都收养乞儿最多之收容所，人数共有255名。相关史料记载：

> 白马寺除设有第一游民所外，尚有养老院与疯人院二机关……寺之南有一河流，寺之入口两旁为竹丛，其周围则为园圃，青菜绿叶遍地。邻近农家数处，早出晚归……，距寺不远之对岸为（北较场）中央军校；军号与歌声，常可传达寺内。②

100年前的白马寺，地处成都北门、西门交会处的城墙外。从下面老照片可以看见，城外郊野堪称“绿色环保”。

作者收藏的一幅《川中胜迹白马寺》，为著名摄影家庄学本1934年拍摄的白马寺一处殿堂，照片上有文字说明：“在成都北门外四里许，相传即西游记唐三藏取经之处，今毁，祇（只）留遗迹。”

成都当局设立的“游民教养所”收养的乞丐。照片中佛寺建筑特点明显。（摄影：［美］H. 依利罗特）

庄学本拍摄《川中胜迹白马寺》，图中可见此寺有三道大门，1934 年摄此图时仅开右门。（来源：《中华月报》1934 年第 2 卷第 11 期。郑光路收藏）

鲁文辉拍摄《成都白马寺》，1937年摄此图时仅开中门。（来源：《家庭周刊》1937年乙种。郑光路收藏）

1934年庄学本拍摄《川中胜迹成都白马寺外之残塔》，残塔周边竹树葱葱茏茏有茅草亭子，风景很不错。（来源：《中华月报》1934年第2卷第11期。郑光路收藏）

同期还刊登了一幅《川中胜迹成都白马寺外之残塔》。照片上显示半截塔身已毁，但是周边竹树葱葱茏茏还有茅草亭子，风景很不错。

民国时期另一位著名摄影家、上海心心照相馆经理鲁文辉，1937 年拍摄的成都白马寺照片，显示寺院虽然衰败，但是作为“川中胜迹”刊登于全国性刊物，说明白马寺仍然是成都著名人文景观。

把成都白马寺说为“巴蜀文化”的“产床”虽然只是比喻，但一点不为过；因为只要提及“巴蜀文化”，追本溯源就要先提到“成都白马寺”。

1950 年后，白马寺佛事活动完全停止，白马寺区域被改建为学校或移作他用，白马寺荡然无存，留下的只是以“白马寺”命名的街道。

成都白马寺在中国史学界如雷贯耳。但是，白马寺曾经是怎样的真实景观？如今罕为人知，以上的珍贵老照片足可令人追梦。

二、成都草堂寺到哪里去了

（一）杜甫初到成都寄居草堂寺

成都草堂寺始建于何时？最早的记载，是梁简文帝萧纲的《草堂传》：“汝南周颐，昔经在蜀，以蜀草堂寺林壑可怀……”[③]汝南人周颐入蜀时间，是梁宋孝武帝大明（457—464 年）期间，则草堂寺最晚应在东晋末年创建。

公元 759 年年底，杜甫（712—770 年）和妻子杨婉及几个孩子，翻秦岭越剑门风尘仆仆来到成都，寄居寺庙。杜甫《酬高使君相赠》诗中自述：“古寺僧牢落，空房客寓居。故人供禄米，邻舍与园蔬……”

“故人”指裴冕（703—770 年），封冀国公出任西川节度使。杜甫

20世纪30年代的浣花祠，为清光绪十二年（1886）四川学政黄云鹄所建。图中一穿长袍马褂者立于大树花台下，右边大门上有佛教“狮子吼”图。（来源：日本画刊《亚细亚大观》。郑光路收藏）

在这个“古寺”住了三个月，然后靠裴冕支持在“与寺相邻”处营建草堂。古今以来很多学者认为杜甫所说的“空房客寓居”，就指草堂寺。④

清朝康熙《成都府志》，有一篇朱嘉徵（1602—1684年）写的《重建益州草堂寺碑记》，说草堂寺比杜甫草堂历史久远：“其寺盖在杜公之前矣。”

唐大历年间崔宁授西川节度使，在杜甫草堂旧址处修建官邸。崔宁之妾任氏，据说没嫁崔宁之前常在浣花溪边洗衣。当时高僧“旭上”和尚，从小就居住草堂寺。

朱嘉徵写道：“初，冀国任夫人微时，为僧浣衲（衣）溪中，百花俱满，僧即‘旭上’尊者也，溪由是名。”⑤

以上就是浣花溪、百花潭传说的由来。后来任氏家族中人“舍宅为寺”，称为梵安寺，又叫草堂寺、浣花溪寺。

唐大历三年（768），崔宁入朝奏事，泸州刺史杨子琳趁机攻打成都，任氏“散财十万”募兵拒战保全成都。后来朝廷封崔宁为冀国公，封任氏为冀国夫人。

任氏死后，成都人在梵安寺内建祠以祀任氏；先后题名“佑圣夫人祠”“冀国夫人祠”“浣花夫人祠”。历代兴废，至清光绪十二年（1886），四川学政黄云鹄于草堂寺与杜甫草堂之间新建一祠，题曰“浣花祠”。

（二）1663年冀应熊迎请淡竹行密重建草堂寺

明末清初大浩劫中，成都道观、佛寺全毁。

清初，破山海明开创的四川双桂禅系突起，破山门下弟子丈雪通醉、啸宗印密、淡竹行密和再传弟子慈笃海月，被誉为清代成都佛教中兴初祖。

清世祖顺治二年（1645），丈雪通醉、淡竹行密、灵筏印昌来到昭觉寺残址，他们只能“树下一栖，冢（郑按：即坟包）间一宿；草衣木食，艰苦备尝，时人咸称‘三大士’”。

后来他们分别重建昭觉寺、宝光寺、草堂寺、文殊院，合称四川“四大精兰”，名扬国内。⑥

淡竹行密禅师（1607—1667年），史籍中又作“澹竹行密”；四川内江人，俗姓姚。清初，他先重建彭州大隋山白鹿寺。⑦

冀应熊，河南辉县人，顺治末年任四川成都府知府。志书上说他“筑城浚池，召集开垦，竭蹶十载，百废俱兴”。⑧

冀应熊专门去彭州大隋山白鹿寺，邀请淡竹行密到成都重建草堂寺。[9]

1667 年 3 月 22 日淡竹行密圆寂后，冀应熊写有《澹竹和尚塔铭》，下面一句叙述很重要："（淡竹行密）既而于癸卯岁出山游草堂寺，毅然有兴复古迹之志……"让后人知道重新修建草堂寺的时间，是从康熙二年（癸卯，1663）开始后"经营数载"才完工。

值得一提的是，成都另一著名寺院昭觉寺，也在康熙二年和草堂寺一同开始重建，主持者是丈雪通醉：

> （丈雪通醉）癸卯过成都，见昭觉夺荒蓁，图恢复焉……置农具，领众赤手撮砾（郑按：即赤手空拳搬运建筑垃圾），结茅五十余间。诸山及众善人助耕牛五十余头，垦荒种菽……于是次第修复，昭觉渐复旧观。[10]

冀应熊叙述了康熙六年（1667 年，丁未年二月）淡竹行密圆寂的前后经过：

> （行密）于丁未二月之杪（按：杪，即末尾），先期走言辞余。二十九日涅槃之际，说偈以示弟子曰："吾年五十九，大地谁知有。一喝水洄流，西方日出西"。喝一偈，趋寂。[11]

清朝果亲王允礼所书"少陵草堂"石碑的旁边，还有一处名胜"桂花井"。冀应熊写的《澹竹和尚塔铭》刻碑，"在杜公祠桂花井侧"。[12]

康熙二年（1663），昭觉寺和草堂寺一同开始重建，主持者是丈雪通醉。图为20世纪40年代，著名摄影家郑鸣玉所摄《昭觉寺》，寺门横匾为“第一禅林”。（郑光路收藏）

民国时期公开发售的“少陵草堂”石碑和“桂花井”名胜照片。冀应熊《澹竹和尚塔铭》刻碑原在桂花井侧，现已不存。草亭中“少陵草堂”石碑，为清朝果亲王允礼所书。（郑光路收藏）

（三）1671 年蔡毓荣、金儁重建“工部祠”

清康熙十年（1671），四川湖广总督蔡毓荣、四川巡抚罗森、四川布政使金儁、成都知府冀应熊等，继续修复武侯祠、文殊院、杜甫草堂、昭觉寺、青羊宫等庙观。

冀应熊先后题书“薛涛井”“万里桥”“草堂寺”“昭觉寺”“大慈寺”“汉昭烈之陵”……很多碑匾至今犹存。

康熙十年时，杜甫草堂旧址又是什么样的情景呢？四川湖广总督蔡毓荣曾有简述：“游草堂寺访草堂遗址，在（草堂）寺数十武，薙草披荆以入，荒池断碑犹存焉……”

“薙草披荆”，即要砍掉乱草从荆棘丛中穿身而过，可见当时的毁败。四川布政使金儁，也有叙述：

> 过百花潭，求所谓草堂者，榛蔓瓦砾，一望凄迷。傍有老僧，稽首曰：“此杜公草堂地也，相传为其读书、咏歌、遨游、栖息之所。旧有祠，今废。”……而草堂固不可得而见也。

此后，蔡毓荣、金儁、冀应熊、罗森等官员捐款，重建杜甫草堂。修建中，挖掘出明何宇度所刻断碑，杜甫遗像“全躯俱存，一尘不染”，金儁命工临摹重刻。[13]原刻杜甫像石碑，20 世纪 90 年代被定为国家一级文物。今天仍陈列在杜甫草堂。

根据草堂寺出土碑文，康熙十二年（1673）草堂寺住持，是超济和尚。草堂寺（包括杜甫草堂）重建后，“庙貌恢宏香火旺盛，是清代川西四大丛林之一”，“面积应该至少在千亩以上，应远大于现在的杜甫草堂

图为民国初期草堂寺大门外，门形状和如今杜甫草堂后门，仍大致相似。（郑光路收藏）

和浣花溪公园的八百亩总面积。”⑭

宋朝宋京有诗说杜甫死后草堂不存，后来由和尚修复：“野僧作屋号草堂，不是柴门旧时处。”清代董新策在《杜公祠》诗中说：“橘刺藤梢小径斜，少陵茅屋属僧家。”⑮

清嘉庆十六年（1811），四川总督常明、布政使方积等官员，再次“各出俸钱”捐资重修杜甫草堂，由成都知府曹六兴负责；于当年七月动工，次年正月告竣。竣工以后，曹六兴撰写了《成都草堂工部祠增寺僧岁修经费碑记》：

> 以属草堂寺僧谨启闭、躬洒扫。且以金五百两，畀寺僧为岁时补葺之资，使顾名思义，永护此堂……庶几寺与堂合，藉杜公以不朽也。[16]

以上“寺与堂合”的记载很重要，说明了历史上杜甫草堂一直都由草堂寺的和尚负责管理。

（四）清朝末年和民国时期的成都草堂寺

清代“草堂寺”“梵安寺”两名并存。一直到1950年前，草堂寺山门前仍然挂有“古梵安寺”匾额。

清末，人们总结成都名寺：“成都佛寺之盛，在唐代首推大慈、圣寿二寺，近世则推昭觉、草堂二寺及文殊院。”[17]

清末，四川劝业道总办周善培在西郊外草堂寺侧，辟地数百亩让商家集资入股筑郊外公园，名为“乐群公园”。1911年辛亥保路战役中，乐群公园为保路同志军所毁。[18]清末的“乐群公园”，可以说是现今浣花溪公园的前身。

清代重建的草堂寺，主体建筑群沿坐北向南的中轴线上列分五重：前为山门，再进为接引殿，大雄宝殿处寺之中心，其后是说法堂，最后为藏经楼。其他附属建筑为僧众食宿休息之所。整个佛寺宏伟壮观，塑造佛像颇精美。

过来人记述，清代时庙产田地有700余亩，常住寺僧约150人，每年春季传戒法会达400—500人。僧人农禅并事，少数以编织竹器为副业。[19]

1924年10月，成立“四川省佛教会”，佛源当选为会长，圣钦为

1933年时成都草堂寺大门外，一个和尚穿僧袍。（摄影：循伯。来源：民国刊物《艺风》1933年第1卷第7期）

总务主任，宝光寺圆性、文殊院禅安为副会长，昭觉寺觉照掌管财务章，大慈寺方玉为总务长，草堂寺戒乘为评议长。[20]

1928年5月，草堂寺创办了草堂寺佛教小学校，本智任校长。[21]1942年，成都草堂寺创办了佛教的梵安中学。[22]

（五）1950年后成都草堂寺逐渐消亡

民国时期著名画报《良友》1935年第107期刊载："草堂寺中之玉佛，雕工精巧，为该地名物之一"。曾任人民铁道出版社社长兼总编辑的齐语，叙述1953年的成都：

> 我们去参观了青羊宫、草堂寺及武侯祠。青羊宫为道士所居，原有的数千名道士，新中国成立后大多已经还俗，从事生产，现仅

剩下数十人看守这座古庙……草堂古寺，庙中有玉佛，高约五尺许，据云来自印度……院中的空地，均都种上了庄稼。[23]

1957 年，成都市有佛教大小寺庙 66 所，共剩有僧尼 333 名。[24]

佛教史资料说："1958 年，为了适应当时'大跃进'的形势，从成都市其他各大寺院调整到昭觉寺来……果鋆、禅宇、惟德、广续等法师则来自草堂寺。"[25]"1950 年后，草堂寺仍由僧众管理。1961 年始属文化部门管理使用，寺僧分别安排在昭觉寺、文殊院和大慈寺，原寺监院调至昭觉寺仍任监院之职。"[26]

民国时期成都杜公祠，里面有杜甫、黄庭坚、陆游三个塑像。杜公祠外有两个维护清洁卫生的和尚，地上还放着清洁工具。（摄影：循伯。来源：民国刊物《艺风》1933 年第 1 卷第 7 期）

公开出版的官方史料，记载 1950 年后："成都市内和各县寺庙有相当部分或改作学校，或交单位使用，或拆除，有的分给僧尼或农民作为住宅……" ㉗

作家汪寒洁叙述了草堂寺最后的情景：

"我参加工作进的第一个单位，是我们市的歌舞团……就找到了这个地处城西早已断了香火的庙子草堂寺。寺里留守的几个老和尚，因为不撞钟了，就改行做起了生意，在斋堂里开馆子卖豆花饭……" ㉘

1966 年后"十年动乱"，草堂寺被严重破坏，佛像荡然无存，1974 年划归草堂博物馆管理。原来的庙宇接引殿作为文物商店，大雄宝殿作为诗意书画展销室，藏经楼作了接待室。

1954 年 6 月在草堂寺筹建杜甫纪念馆。1955 年 5 月定名为杜甫草堂正式开馆，1981 更名为杜甫草堂博物馆。

如今山门外所悬郭沫若"杜甫草堂"的挂牌，曾有人建议取下，因草堂寺比杜甫草堂早存在三百余年，以此为草堂不符史实。㉙

从此，草堂寺从"佛寺"完全变为"杜甫草堂博物馆"。作为佛教寺院的草堂寺，成为永远消失了的历史。

三、人间烟火"大慈寺"

（一）苏东坡与大慈寺

唐朝天宝十五年（756），安禄山攻陷长安，风流皇帝唐玄宗逃难到成都。有一天宦官高力士对唐玄宗说，他在街上闲逛看见一个叫英干的和尚，正在布施粥饭，口中念念有词："欲于府东立寺，为国崇福"……玄宗大喜，乃敕书"大圣慈寺"，赐良田一千亩建寺。大慈寺始建，在唐肃宗至德二年（757）。[30]

有人说玄奘法师是在大慈寺受戒。公元664年玄奘逝世。93年后的公元757年，大慈寺才开始建寺。玄奘法师死了将近100年，怎么会在大慈寺受戒？这个谬误应该纠正。

北宋时，成都府路转运使李之纯在《大圣慈寺画记》中说，大慈寺有诸佛、菩萨，各种神灵以及帝王将相、山水花鸟等画像，总共有1.5万幅以上。他在成都做官九年，待其离开成都时“而未见者犹大半”。大慈寺壁画天下第一，实际上是一座艺术博物馆。

李之纯又说大慈寺建筑，寺中有寺、院中有院：“总九十六院，按阁、殿、塔、厅、堂、房廊，无虑（即至少）八千五百二十四间”。[31]大慈寺之宏丽壮阔、金碧辉煌，也由此可知。

唐宋时大慈寺占有城东之小半。僧众常有数千，盛时至万僧斋会。唐玄宗敕书“大圣慈寺”的光环，使大慈寺有“皇家寺院”气派，古称“震旦第一丛林”。

北宋嘉祐初年（1056）三月，一个法号惟简的和尚，热情地引着三个人观看大慈寺内壁画。那三个人，就是后世被誉为“唐宋八大家”中的“三苏”。

这一年20岁的苏轼（1037—1101）和弟弟苏辙（1039—1112），随其父苏洵（1009—1066）进京应试，来拜会大慈寺的惟度和惟简。

惟简（1012—1095），俗姓苏，字宗古，眉山人，是苏轼的同宗兄长。他9岁出家，宋庆历元年（1041），29岁的惟简已是蜀中高僧，宋仁宗赐紫袈裟。惟简36岁时，宋仁宗赐“宝月大师”称号。惟简后任成都府路的“僧统”，管理成都府十二州县的僧尼一万多人。

惟简和尚引导苏轼、苏辙观看大慈寺内壁画。（来源：成都大慈寺主办：《大悲》2008年第2期）

苏轼和大慈寺及惟简，结下不解之缘。

宋英宗治平四年（1067）九月十五日，苏轼为苏辙送给惟简的摹本《兰亭》书写跋语。同年苏洵逝世，苏轼、苏辙自开封扶父丧归眉山。丧事完毕，兄弟二人专程到成都大慈寺拜候惟简，捐赠了苏洵视为至宝的四菩萨像。

宋元丰三年（1080），苏轼被贬谪黄州，惟简派徒孙悟清，千里迢迢前来探望。苏轼即作《胜相院经藏记》，一开头就写道："有一居士（按：苏轼自称），其先蜀人，与是比丘（按：即惟简），有大因缘……"

悟清返川时，苏轼修书与惟简："每念乡舍，神爽飞去……他日天恩放停，幅巾杖屦，尚可放浪于岷峨间也。知吾兄亦清健，发不白，更请自爱，晚岁为道侣也。"

宋哲宗绍圣二年（1095）六月二十二日，宝月大师圆寂，时年84岁。其时苏轼谪居广东惠州，惟简弟子法舟、法荣不远万里，前来请苏轼写《宝月大师塔铭》。苏轼20岁时结识惟简，惟简去世时苏轼已年届60。悠悠四十载岁月，两人以各种方式保持密切联系。

苏轼文章中，与大慈寺相关的很多。在《大圣慈寺大悲圆通阁记》中最精辟的一句话："成都，西南大都会也，佛事最胜……余游于四方二十余年矣，虽未得归，而想见其处。"

这是苏轼对宋代成都城市文明的高度颂扬；是对大慈寺宏丽壮阔的高度赞誉；也是离开故乡20多年的苏轼，怀念故乡之深情流露。

知道了上面的历史，我们就知道了苏轼为什么自号"东坡居士"。

（二）官民齐往的人间乐土

大慈寺一直是成都宗教、文化、商业和游乐中心。

首先，一年中的蚕市、扇市、香市、七宝市、药市，都在这里举行。其次，唐代韦皋任西川节度使时，自西北引内江水入城，凿解玉溪流经大慈寺前，空气清凉风景更佳。第三，大慈寺内众多精美壁画及佛家胜景，足可流连观赏。

唐宋两代，大慈寺门前（今东大街一带）已形成非常大的物资交易市场，整日人声鼎沸，车马喧嚣。宋代洪迈《夷坚志丙志》说："（大慈）寺据一府要会，每岁春时，游人无虚日。"

元宵节、天中节（端午节）、七巧节、中秋节等，大慈寺都有灯会，游人如织。繁荣商业几乎通宵达旦，当时登上大慈寺的门楼，能一览锦江夜市的喧闹场景。《方舆胜览》诗："锦江夜市连三鼓，石宝书斋彻五更。"

大慈寺区域时常聚万千游人，郭印《超悟院记》说："成都大慈寺……合九十六院，地居冲会，百工列肆，市声如雷。"

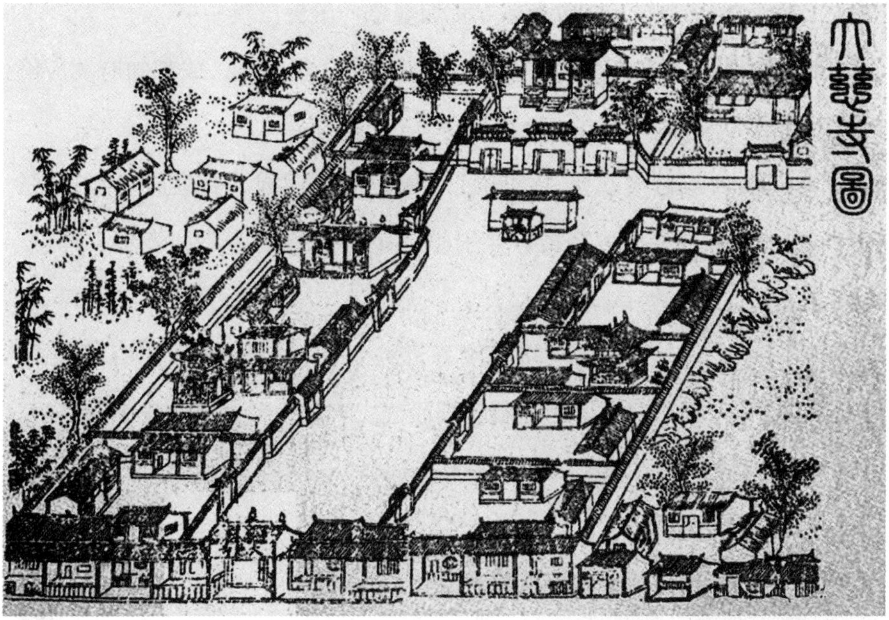

清代《华阳县志大慈寺图》。（郑光路收藏）

休闲游乐活动如此规模盛大，震惊了大宋朝廷。

宋仁宗朝时，御史中丞包拯（就是戏台上有名的黑脸包公），就曾弹劾益州知州宋祁。《宋会要辑稿》记载政和六年（1116）五月二十一日诏令："访闻成都大慈寺……僭奢无度。其师府监司，七夕率皆登历宴饮，无复忌惮，吏民聚观，不可以训。"㉜

这说明北宋时期，大慈寺区域一系列商贸及文化娱乐游宴活动，已全国皆知。

（三）凤凰涅槃太古里

大慈寺也历经兴废，多次毁于兵火。

清朝初年（1644—1646），张献忠在这个庙里面大杀明朝官员和读书人，最后毁灭寺院。此后大慈寺荒烟蔓草、鼠兔出没……

清顺治间真印和尚发愿重修大慈寺，1878 年修成。成都知府冀应熊书“大慈寺”匾额。

清同治六年再次重修，中轴线上建筑为山门殿、弥勒殿、观音殿、大雄宝殿、说法堂及藏经楼、接引殿。两旁建筑为客堂、斋堂、禅堂、戒堂等，占地 40 余亩。

山门殿上方，刻有四川按察使黄云鹄榜书“古大圣慈寺”石匾。匾高约 70 厘米、长约 3 米，为红石雕刻而成。年款为“光绪六年佛成道日”（即农历腊月初八），落款为“楚蕲黄云鹄书”。两旁各有一小石匾，分别

2002 年 1 月 17 日，没有开放的大慈寺外是杂乱的市场，寺门外晒有裤子，还有人在晒香肠，也有菜摊、肉摊。（摄影：郑光路）

刻有“真解脱门”“大光明路”字样。各殿堂石柱上，刻有清代名士顾复初等人撰书的楹联。

此后大慈寺逐渐走向衰落，游客稀少。

2002年1月17日，大慈寺外“字塔”是市场菜摊，商贩正在数钞票交易。(摄影：郑光路)

2004年4月8日，大慈寺正式对外开放，作者前去参观。

1958年扩修东风路，拆去寺中的接引殿。殿中高2丈余的铜像，为唐代和尚大洵、沙门体源在大业年间所铸。铜佛的背面刻有“永镇蜀眼李冰制”七个比拳头还大的字，字为秦篆体。据说佛像下面就是“海眼”，把耳朵贴在佛像莲花座边听，还可以听见海潮音……所以在玻璃佛龛前面两侧，曾经挂有清末民初著名书法家颜楷所撰联：“立脚镇潮音，预防沧海横流日；以手援天下，应现金刚不坏身。”

佛像一千多年来逃过了历次战火。但是1958年“全民炼钢”，大慈寺的铁鼎和铜佛等被毁。所幸庙门外清代黄云鹄所书石匾，其后被水泥涂抹藏于墙体内，躲过浩劫。

1959年，大慈寺僧人共23人；住在寺庙的只有14人，有9个和尚被派去“全民办厂”，参加“大跃进”。1967年，大慈寺成为成都警备司令部（50军军部）所在地。1981年，公布大慈寺为成都市文物保护单位。1983年，改建大慈寺为成都市博物馆。

2003年底，成立大慈寺恢复开放筹备小组。2004年4月8日，大慈寺正式对外开放。2005年6月25日，大恩大和尚荣膺成都大慈寺中兴第一代方丈。

“大慈寺喝盖碗茶、吃豆花饭”是成都人的大享受。进得闹市中的大

2008年1月6日的大慈寺外东糠市街市场，远处可以望见大慈寺山门。注意：大慈寺外片区正在打造仿古建筑（后来撤除了，重修为如今的“太古里”）。（摄影：郑光路）

慈寺门别有洞天：几重大殿古色古香，亭台楼阁错落有致，浓荫掩映。回廊盘曲有古玩字画，偶尔大廊房中还演曲艺、唱川戏……雅人俗人共赏，无论看热闹还是看门道，都可心满意足。

此后，大慈寺区域的打造屡起波澜，曾新建“古典建筑”，后又全部拆除。作者曾经在此摄不少的照片，留下这段消失的历史影像。

最后在临近大慈寺路以南、纱帽街以东，临近春熙路商业步行街及东大街，建成“成都远洋太古里”，于2014年起分阶段开业。

相关资料称：“根据中国购物中心等级评价表，2019年评定为国家五星购物中心。”2020年11月18日，当选“成渝潮流新地标”。

四、文殊院的前世今生

（一）文殊院究竟建于何时

东晋哀帝兴宁三年（365），高僧法和入蜀弘扬佛法；安帝隆安三年（399）高僧慧持入蜀，四川佛寺大兴。故先哲说，“言蜀者不可不知禅”。[33]

文殊院紧临武担山，相传创建于唐代。这片区域自晋代后先后有武担山寺、咒土寺、妙圆塔院、信相寺、信相院……细观明朝《天启成都府图》，大慈寺、石牛寺、梵安寺（草堂寺）、昭觉寺等历历在目，却无武担山寺、静乱寺、妙圆塔院、信相寺，更无文殊院。

实事求是地讲，文殊院确切可考的历史不到400年——因为一位杰出僧人，正从历史长卷中向我们迎面走来。这就是慈笃超存海月禅师。他顺治十六年（1659）生于成都，自幼由井觑和尚剃度出家；19岁时由昭觉寺丈雪通醉和尚授比丘具足戒，后得法于重庆华岩圣可和尚。

这时，巴山蜀水血雨腥风。康熙二十年（1681），乱世幸存的慈笃

22岁。他迈着沉重脚步从峨眉山归来，走到寂无人烟的武担山下。蒿草遍野、枯骨处处……有数尊锈迹斑斑的铁铸神像和两株古杉树，历劫尚存。

慈笃在古杉树之间结茅为庵，惨淡经营修佛寺。于是有了神奇传说：远观慈笃居处，红光中出现了文殊菩萨像。

清康熙三十六年（1697）四川巡抚吉图尔、成都太守张文灿等人，发动官绅军民捐资慈笃大修庙宇。寺成初名信相文殊院，慈笃禅师当住持。

清康熙四十一年（1702），康熙皇帝亲书“空林”二字匾额并御书《金刚经》《药师经》《海月》诗轴，赐文殊院。康熙五十九年（公元1720）慈笃坐化，享寿61岁。[34]

可见，慈笃实为文殊院初祖。文殊院初建距今（2022年），实实在在的只有326年。

（二）“人间佛教”一丛林

寺院身处省城闹市，蕴含了太多“佛法在世间”的人文色彩。

与文殊院一墙之隔的武担山下，清朝后修成北较场。四川考武举之地在北较场。清代《锦城竹枝词中》说：“北较场考武举人，文殊院侧武棚邻。闲时芳草行刑处，秋夜萤飞讶鬼磷。”

诗作者杨燮自注云：“武生每到科场年进省，操演处各武棚子，自文殊院到北较场，比邻而居。又北较场系犯人决罪正法处。”[35]想必犯人被“砍脑壳”时，文殊院内的木鱼也正“哔剥哔剥”敲打得一声比一声紧……

清咸丰乙卯年（1855）吴好山写有：“大厦高楼四望环，收来租谷堆一山。袈裟一领安居食，四百僧人得安闲。”[36]

成都文殊院的年轻僧人。（摄影：［德］柏石曼，1908 年）

文殊院中僧人们在禅房静坐参禅。（摄影：［德］柏石曼，1908 年）

从这里我们知道晚清时文殊院很大，僧人多达四百人。乡土作家李劼人在《死水微澜》中也说：“文殊院吃饭的和尚日常是三四百人，煮饭的锅，大得可以煮一只牛，锅巴有两个铜制钱厚。”㊲

从文殊院大门抬出来的神龛。文殊院大门外景观，至今大致仍如此。（摄影：[美]甘博，1917年）

文殊院的锅巴还不是成都佛寺之最。清末民初人徐心余说：“成都各大丛林，僧徒既如此之多，每日饭食，必非寻常家一锅一灶所可比拟也。据云昭觉寺煮饭之锅，可容米七八斗，故锅巴大而且厚。起锅后，司饭僧以首（脑袋）顶之入仓，只见两足行，膝以上弗见也，其大可知。仓积锅巴多，即碎片而油炸之，或留以自用，或举以赠人，酥脆无比，食之者莫不交口誉之。其余各丛林，均有此物，客来即以为茶点，特不若昭觉寺厚且多耳。”㊳

文殊院还目睹了历史风云变幻。1932年军阀再次发生成都巷战，川军田颂尧部的指挥所就设在文殊院内。

民国时期，文殊院是中国西南最著名的佛教寺院，吸引了非常多的中外游人。1935年上海道德书局发行的《神州胜境》中，一位长袍白须的老僧走在文殊院街巷，他身后不远就是文殊院的大门……整条街巷树木葱茏、宁静幽深。

抗日战争时期，以昌园法师为首的四川佛教会僧人，在文殊院自动组织“僧伽救护训练班”，奔赴空袭现场救死扶伤……抗战中，印度大使、美国援华空军“飞虎队”陈纳德将军等外国友人，都曾到寺中一聆法音。

据作家谭天在《宽霖法师传》中介绍，1950年3月工作组进驻文殊院，庙产被“减租退押”（文殊院在成都、郫县、华阳境内田地有1700余亩，年收租米1100多石，佃户68户）。寺内主事宽霖法师在寺内被

成都文殊院，一位长袍白须的老僧走在街巷中，他身后不远就是文殊院的大门（此景观至今大致仍如此）。整条街巷树木葱茏、宁静幽深。（来源：上海道德书局发行《神州胜境》，1935年）

郫县雇农“吊鸭子”狠打、扁担压脚、砖头砸腰……双脚踝重创，留下终身后遗症。此后不少僧人被令还俗、飘零四散。文殊院关闭三年半，1953年7月12日才又开放。[39]

四十多年弹指过去，再逢盛世。2006年10月，寺外建成“文殊坊”，这是成都城市史上浓墨重彩的一笔。闹市中的文殊院，成为人们乐往一游的红尘净土。

注释：

① 李玉宣等修，衷兴鉴等纂：同治《重修成都县志》卷二《舆地志·祠庙·寺庙》；版本为《成都旧志》通志类，第11册，成都时代出版社2007年版，第64、75页。

② 孔宝定:《成都市立第一游民教养所流浪儿童之研究》，引自李文海主编，夏明方、黄兴涛副主编:《民国时期社会调查丛编一编底边社会卷上》，福建教育出版社2014年版，第113、114、117页。

③ 仇兆鳌注，于鲁平补注:《杜甫诗注》(上册)，三秦出版社2004年版，第387页。

④ 参见李绍先、李殿元:《杜甫悬案揭秘》，四川大学出版社1996年版，第196页。

⑤ 参见朱嘉徵:《重建益州草堂寺碑记》，康熙《成都府志》卷三五《艺文》，版本为《成都旧志》通志类第9册，成都时代出版社2007年版，第211—212页。

⑥《中国城市综合实力五十强丛书·成都市》编委会编:《成都市》，中国城市出版社1995年版，第373页。

⑦ 释身振:《双桂禅灯录》，山东画报出版社2015年版，第39页。

⑧ 秦启安:《辉县市南、北冀庄村冀氏三代三知府》，中共辉县市委统战部供稿（http://hxs.rootinhenan.com/），2015年10月16日。

⑨ 释身振:《双桂禅灯录》，山东画报出版社2015年版，第40页。

⑩ 见冯学成等:《巴蜀禅灯录》，成都出版社1992年版，第402—403页。

⑪ 冀应熊:《澹竹行密和尚塔铭》，载赵仁春《〈纱笼文选〉中的彭州佛教史料札记》,《蜀学》2016年第1期，第255页。

⑫ 林思进:《清寂堂集》，巴蜀书社1989年版，第683页。

⑬ 参见蔡毓荣:《重修成都少陵草堂记》，金儁:《重建杜少陵草堂碑记》，载何明礼:《浣花草堂志》卷三，版本为《成都旧志》专志类第1册，成都时代出版社2007年版，第25、27、29页。

⑭ 刘洪:《清代成都杜甫草堂保护建设漫谈》,《杜甫研究学刊》2017年第4期，第115页。

⑮ 刘新生选注:《历代咏草堂诗选》，四川文艺出版社1997年版，第21、106页。

⑯ 曹六兴:《成都草堂工部祠增寺僧岁修经费碑记》，载《成都旧志》专业志类第1册，成都时代出版社2007年版，第22页。

⑰ 四川省文史研究馆:《成都城坊古迹考》，成都时代出版社2006年版，第330页。

⑱ 杨吉甫等编:《成都市市政年鉴》，民国十七年（1928）铅印本，第539页。

⑲ 参见马景全、曾成志、李壮生:《草堂览胜》,《少城文史资料》1989年第2辑，第145页。

⑳ 成都市地方志编纂委员会:《成都市志·宗教志》，四川辞书出版社1998年版，第93页。

㉑ 《四川佛教教务传习所立案文》,《佛学旬刊》1928年第114期，载《民国佛

教期刊文献集成·第 17 卷》，第 543 页。

㉒ 《佛教新闻：成都草堂寺创办梵安中学》，《海潮音》1942 年第 23 卷第 1 期。

㉓ 齐语:《铁路沿线旅行记》，人民铁道出版社 1953 年版，第 64—65 页。

㉔ 成都市地方志编纂委员会:《成都市志·宗教志》，四川辞书出版社 1998 年版，第 7、82、83 页。

㉕ 李富强:《一代宗师清定上师》，巴蜀书社 2017 年版，第 284 页。

㉖ 参见马景全、曾成志、李壮生:《草堂览胜》,《少城文史资料》1989 年第 2 辑，第 145 页。

㉗ 成都市地方志编纂委员会编纂:《成都市志·总志》，成都时代出版社 2009 年版，第 640 页。

㉘ 汪寒洁:《草堂寺——剧团生活杂忆》，转自网络（http：//blog.sina.com.cn/s/blog_5e5131120102wr4t.html）。杜甫《茅屋为秋风所破歌》中，有“南村群童欺我老无力”句。

㉙ 参见马景全、曾成志、李壮生:《草堂览胜》,《少城文史资料》1989 年第 2 辑，第 145—146 页。

㉚ 参见志磐《佛祖统记》卷四〇。

㉛ 参见李之纯:《大圣慈寺画记》，曾枣庄、刘琳主编:《全宋文》第 110 册，上海辞书出版社、安徽教育出版社 2006 年版，第 210 页。

㉜ 巴蜀书社编辑:《巴蜀丛书》第 1 辑，巴蜀书社 1988 年版，第 148 页。

㉝ 冯学成:《四川禅宗史概述》，载《巴蜀禅灯录》，成都出版社 1992 年版，第 45 页。

㉞ 参见《巴蜀禅灯录》所引《文殊院志初稿》，成都出版社 1992 年版，第 537—538 页。

㉟ 杨燮:《成都竹枝词》，四川人民出版社 1982 年版，第 48 页。

㊱ 杨燮:《成都竹枝词》，四川人民出版社 1982 年版，第 68 页。

㊲ 李劼人:《死水微澜》，译林出版社 2013 年版，第 29 页。

㊳ 徐心余:《蜀游闻见录》，四川人民出版社 1985 年版，第 46 页。

㊴ 参见谭天:《宽霖法师传》，四川民族出版社 2000 年版。

曾经风光无限的名胜古迹

一、“鼓楼”——曾经的标志性建筑

成都鼓楼，位于城中心偏北的鼓楼街。

中国各府、州、县，建有规模不等、名称不同的钟楼、谯门、谯楼、鼓楼、更楼等建筑。以晨敲钟、暮击鼓为启闭坊门的信号，也作为城市报时中心。显著特征是高大、庄严，是一座城市标志性建筑和重要城市街景。

明朝《明天启成都府图》上，有“鼓楼”明确标志；清朝乾隆初年董邦达领衔绘制的《四川成都府图》上，标志为“大鼓楼”。这张图上，在现在总府街区域还有一个鼓楼，标志为“小鼓楼”。

清康熙四川《成都府志》记载“大鼓楼”：“谯楼，即钟鼓楼，明万历丁巳知府江和重修，戊午知府冯任先后重修，张献忠时毁；大清知府冀应熊重修，为成都胜概。”

鼓楼上悬吊唐朝铸造的巨钟，钟上一面镌有“贞观四年造”，一面镌有“嘉靖戊午蜀府承奉正谷藩□□□重建造。嘉庆戊寅五月二十一日立”。下署：“四川提督罗思举以守备周□□监工。”

此钟为唐代净众寺之物，又经过明清两代之改铸。清朝雍正年间（1723—1735），大将军岳钟琪将钟移往鼓楼。[①] 此钟声可传数里之外，

1925年杨森修"马路"后的鼓楼，楼阁巍然。(来源:《成都市市政年鉴》1928年第1期。郑光路收藏)

后因其声哑乃改鸣铁炮，直至1937年始停用。

清嘉庆年间，成都文人杨燮站在城中制高点鼓楼上，凝目四望："鼓楼西望满城宽，鼓楼南望王城蟠。鼓楼东望人烟密，鼓楼北望号营盘。"[②]

意思是说鼓楼西边，八旗驻防居住的少城很宽广；鼓楼南边的皇城，气势巍峨虎踞龙盘；鼓楼东边，人烟稠密商贸繁荣；鼓楼北边是北较场，乃驻扎清兵的大营盘……这首竹枝词，体现了鼓楼在成都城的标志性地位。

成都鼓楼城门洞贯通南北，东西两端各有一段城墙。鼓楼前后街道，称"鼓楼洞街"。

1925年前，鼓楼洞街较狭窄；1925年军阀杨森督理四川军政，大修“马路”。鼓楼洞街加宽（和现在鼓楼洞街差不多）。

过来人回忆，民国时期洞子两端城墙根下，是各种小吃摊；几口大锅早晚煮着牛肉或心肺血旺烧红白萝卜，专为通向忠烈祠街“会府”旧货市场摆小摊的人，提供廉价“口福”。洞子前面街铺多为铁匠铺，专打刀剪、火钳、铲瓢等。20世纪50年代，楼上还住着一些无家可归的人。[③]

1953年拆除鼓楼，鼓楼上的巨钟移放文殊院。1990年后鼓楼洞街成为“电器一条街”，已是毫无特色的普通小街。

20世纪40年代后，鼓楼已破砖烂瓦、残缺不全。

鼓楼南街主要店铺是“估衣业”（买卖旧衣服）。鼓楼南街1931年建有“肇第”，是川军刘文辉24军的旅长石肇武的公馆。1933年石肇武被李家钰部所杀，石的公馆被没收，后来成都市政府设于此处。1950年后，改为成都市公安局交通支队办公场所。2006年，“肇第”搬迁至文殊坊。

鼓楼南街1931年建有“肇第”，民国时期成都市政府设于此处。1950年后，改为成都市公安局交通支队办公场所。（摄影：郑光路，2002年）

鼓楼南街还有清真寺，简称“鼓楼寺”，是成都最早的一座清真寺。始建年代说法不一：有明朝洪武五年（1372）、清初、清雍正十二年至乾隆七年（1734—1742）间等诸说。乾隆五十九年（1794）重修，咸丰年间有所改建。[4]寺内建筑主要有礼拜殿、牌坊、梆歌楼、浴室、经文教室以及左右厢房等。

1941年的鼓楼南街清真寺礼拜殿。（摄影：刘致平）

成都有清真寺十几所。1941 年 5 月，梁思成率中国营造学社曾对“鼓楼寺”详细考察；学者刘致平参观了大小不同的清真寺院三所，10 月发表《成都清真寺并论战后建筑原则》，文中说：“其中制度守备、工作精丽的，要数鼓楼南街清真寺。”⑤

“鼓楼寺”和“鼓楼”，成为珠联璧合的名胜古迹。1991 年，鼓楼南街清真寺被公布为省级文物保护单位。

现在西安钟鼓楼尚存，是中外游客必去的一大景观。而成都鼓楼，早已难觅踪迹。

1941 年的鼓楼南街清真寺礼拜殿后殿外景。（摄影：刘致平）

1990 年后鼓楼洞街成为“电器一条街”，已是毫无特色的普通小街。2000 年后彻底拆除旧房，修成高楼大厦。（摄影：郑光路，2002 年）

二、成都子云亭是怎样消失的？

唐代诗人刘禹锡《陋室铭》说：“山不在高，有仙则名。水不在深，有龙则灵……南阳诸葛庐，西蜀子云亭。”

刘禹锡赞颂诸葛亮和扬雄志行高洁，居住陋室也成为名胜风景。这说明至少唐朝以前，扬雄的名声就很大了。宋代，扬雄被尊为“先儒”，请进文庙陪祀“至圣先师”孔夫子。

扬雄，一作“杨雄”（前 53—18），字子云，蜀郡成都人。汉成帝时，他得到同乡杨庄推荐召入宫廷，先后写了《蜀都赋》《甘泉赋》《河东赋》《羽猎赋》《长杨赋》等。扬雄晚年认为辞赋乃是“雕虫篆刻”“壮夫不为”。转而研究哲学，仿《论语》作《法言》，仿《易经》作《太玄》。他写的《方言》，是研究古代语言的重要著作。

扬雄画像。（来源：《明刻历代帝贤像》）

后世为纪念这位汉代大文学家，在他出生的成都，居住过的犍为、绵阳，终老的郫县，都曾经修筑有“子云亭”。

清代乾隆皇帝将晋代王羲之《快雪时晴帖》、王献之《中秋帖》、王恂《伯远帖》，收藏在北京故宫养心殿，故名“三希堂”。中国末代皇帝溥仪的英国老师庄士敦回忆：

> 溥仪早年曾仿刘禹锡的《陋室铭》，写有《三希堂铭》，云：“屋不在大，有书则名，国不在霸，有人则能……直隶长辛店，西蜀成都亭。余笑曰：何太平之有？”⑥

文中“西蜀成都亭”，就是“成都子云亭”。可见非常有名。“成都子云亭”在哪里？

据《汉书·扬雄传》，扬雄尝居成都。至于宅在何处，说法不一。《太平寰宇记》卷七十二曰：“子云宅，在少城西南角，一名草玄堂。”宋何涉《墨池准易堂记》载：“扬雄子云有宅一区，现锦官西部隘巷，著书，墨池在焉”。

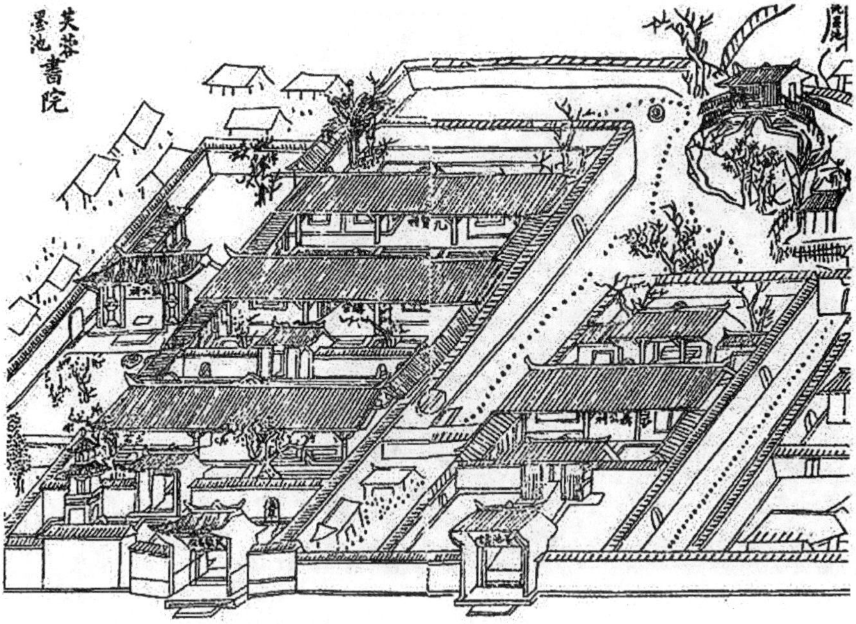

图中左边是“芙蓉书院”，右边是“墨池书院”。两书院仅一墙之隔，同在青龙街。注意图中芙蓉书院左边留一堂为聂公祠（聂铣敏祀祠）。墨池书院右上角是洗墨池。（来源：《同治重修成都县志》卷首绘图）

成都青龙街街北有一池塘，传为张仪筑城掘土所成，名“龙堤池”。唐代以后，称为扬雄“洗墨池”，“子云亭”就在池旁。

聂铣敏（1775—1828），清嘉庆十年（1805）进士，1819年，任四川提督学政。这时聂铣敏打听到洗墨池遗址，已经成为道台郑静山的私宅，尚存“墨池遗韵”等匾额。聂铣敏决定“继文翁之兴学，复子云之遗迹”。

清道光元年（1821），聂铣敏集资购买郑氏私宅及空地数亩，新建“墨池书院”，“绵亘三院，内屋二百余间，外空地四亩，后有墨池”。

民国时期成都子云亭保护完好。（摄影：庄学本。来源：《中华月报》1934年第2卷第11期）

清咸丰二年（1852），较“墨池书院”早建20年的“芙蓉书院”，从拐枣树街侧迁至墨池之西。青龙街两个书院仅一墙之隔。芙蓉书院左边留一堂为聂公祠（聂铣敏祀祠）。

清光绪三十三年（1907），芙蓉、墨池两个书院改为成都县中学；民国时期的1931年，改称成都县立中学。

1946年春，成都县政府迁至外西茶店子，采纳县人文天龙等建议，将子云亭拆迁至茶店子横街。

民国初期墨池水面逐渐缩小，但仍然有亭有桥浓荫密布，游人还可在此垂钓，风景秀丽。成都子云亭没有搬迁茶店子之前保护完好，典雅宏丽。我收藏的1934年《中华月报》和1935年《东方杂志》，都刊登有《成都风光——子云亭》照片，文字说明是：

川中胜迹子云亭：汉扬雄字子云，成都人，长于辞赋，著有太玄、法言、方言等书。亭在成都，刘禹锡陋室铭云：“南阳诸葛庐，西蜀子云亭”，即指此处。

1952年后，成都县立中学改名成都市第七中学，1954年成都七中迁往外南磨子桥；华西协合高中则迁入成都县立中学旧址，改名成都市第十三中。墨池也随之填平，作为大操场。

“子云亭”1946年被拆迁到外西茶店子，一直保存到1960年，因修建成灌路被拆除，现在此地还留有“子云路”。⑦

扬雄是四川重要历史文化名人。成都子云亭的消失，扬雄没有了历史文物载体；对于文化大省的四川实在可惜。如果子云亭保留至今，其文化价值比现在的高层混凝土建筑，不知道要高出多少倍。

1933年成都县立中学礼堂后的洗墨池旧址。（来源：《方志金牛》。供图：郑光福）

三、骆秉章、骆公祠、子龙塘

晚清之后，成都古迹园林虽不少，但大都是祠堂庙宇或私家所属。宣统元年（1909）时，成都公家“花园”有方正街之丁公祠、贵州馆，城外之武侯祠、望江楼、二仙庵、草堂寺。私家“花园”有布后街孙家花园、小福建营龚氏遽园、三槐树街王家花园、东门外双林盘钟家花园、草堂寺侧冯家花园、百花潭对面双孝祠（即马家花园）、忠烈祠街可园……[8]

“晚清八大名臣”之一的骆秉章（1793—1867），1862 年升任四川总督。1863 年他在大渡河一带，围剿“太平天国”翼王石达开部，在成都凌迟处死石达开。骆秉章因此被视为“同光中兴”名臣。

清末华阳县令周询记载了几则很有意思的趣闻逸事。

骆秉章督川六载，始终孤身独居，仅一侄儿照顾其衣食。有一年骆秉章眼疾加剧，多次请辞回家。慈禧太后说：“川事艰危，安所得替人？”慈禧把自己所戴墨晶眼镜，命京中侍卫飞驰入川赐之。“隆恩”之下，骆秉章只好坚持在任。

清同治六年（1867）十一月，骆病逝于任上，终年 74 岁。周询说成都官民“皆泫然泣下”，在督署“照壁下设一棚，上供公神位。棚下终日千百人头缠白布，叩拜于地”。

骆秉章廉洁奉公，其清贫令人难以置信。他死后其侄儿拿出骆所有家当，仅箱笥五六具：除官服外其余全是旧衣，还有粗布缝制的。其余只有银子八百两，每封都有藩司印花，证明全是自己的官俸银。朝廷“赏银五千两治丧，乃获归。柩由水道回粤。舟行所经城镇，人士夹岸罗拜，香烟千里不绝”。[9]

四川总督骆秉章的画像及“奏议”，清代刊本。书中有不少关于四川政事上奏朝廷的公文。（郑光路收藏）

民国《华阳县志》记载，四川提督周达武此前以数千金购买成都名胜“赵云洗马池”，街名子龙塘。相传此街是蜀汉五虎上将之一赵子龙故居地。骆死后，周达武在子龙塘建骆公祠，街便改名骆公祠街。

子龙塘处多花木亭台，为成都人乐游之地。周询说：“每年元旦开放，十五闭祠。此半月中，人民瞻拜骆秉章遗像者，络绎倾倒，历数十年不改。遗像大小各一，皆泥塑。”⑩

骆公祠园内悬有骆秉章的“自挽联”⑪：“十载忝清班，由翰、詹、科、道，洊转京卿，奉使遍齐州、汴州、鄂州，回首宦途成梦幻；卅年膺外任，历秦、楚、滇、湘，莅兹巴蜀，督师平李逆、石逆、蔡逆，殚心戎务识时艰。”⑫

骆在“自挽联”中，说自己由京城中小官儿做起，走遍中国大江南北各省，最后剿灭李永和、蓝朝鼎、石达开等“反逆”而落脚四川。

骆公祠民国时期仍很有名，连上海有名的商务印书馆，也印有明信片《四川成都骆公祠内赵子龙之洗马池》，发行全国。

可惜如今不仅古迹全毁，连骆公祠街1954年也在“保卫世界和平”口号声中，改为和平街了。

《成都之子龙潭》（摄影：鲁文辉。来源：上海《三日画报》1926年第136期。郑光路收藏）

《四川成都骆公祠内赵子龙之洗马池》明信片，上海商务印书馆20世纪30年代印行。（郑光路收藏）

注释：

① 参见《成都城坊古迹考》，成都时代出版社 2006 年版，第 300 页。

② 林孔翼辑:《成都竹枝词》增订本，四川人民出版社 1986 年版，第 42—43 页。

③ 熊小雄:《老成都街口旧景》,《晚霞》2006 年 6 期，第 43 页。

④ 金宜久主编:《伊斯兰教小辞典》，上海辞书出版社 2001 年版，第 355 页。

⑤ 刘致平:《中国营造学社汇刊》，1945 年，第 7 卷，第 2 期。

⑥ [英] 庄士敦:《紫禁城的黄昏》，译林出版社 2016 年版，第 338—339 页。

⑦ 郑光福:《“西蜀子云亭”究竟在何处?》,《方志金牛》(https://www.sohu.com/a/205278351_99993851)。

⑧ 傅崇榘:《成都通览》上册，巴蜀书社 1987 年版，第 25 页。

⑨ 周询:《蜀海丛谈》中《骆文忠公轶事》，巴蜀书社 1985 年版，第 182—187 页。

⑩ 周询:《蜀海丛谈》中《骆文忠公轶事》，巴蜀书社 1985 年版，第 182—187 页。

⑪ “自挽联”自清代起盛行，多属文人游戏慨叹之作，从此可见作者旷达、风趣的心态。

⑫ 周询:《蜀海丛谈》中《骆文忠公轶事》，巴蜀书社 1985 年版，第 186—187 页。

青羊宫和百花潭景区的厚重历史

一、百花潭、浣花溪、宝云庵在哪里

（一）唐朝百花潭“浣花溪”紧邻杜甫草堂

公元前311年，按咸阳格局修筑成都城。建城后约60年（约前256—前251年），秦国蜀郡太守李冰和他的儿子，主持修建著名的都江堰水利工程：将岷江水流分成内江、外江。

内江流入成都分为二江，即郫江和检江（又称流江），也就是现在府河和南河的前身。唐朝以前二江并流于城南。

唐末西川节度使高骈，筑罗城时将靠北面的郫江在九里堤处轧断，重新引一条人工河向东再向南，在现今的合江亭处汇入南河，这条人工河就是府河。流江（又叫锦江、南河）和府河，从此形成“二江抱城”（护城河）之势。①

二江最后在九眼桥附近的合江亭交汇，通向彭山江口镇入岷江干流到乐山，再到宜宾汇入长江。

到宋代，已形成锦江上娱乐习俗：在万里桥下泛舟，称为“小游江”；在上游浣花溪泛舟，称为“大游江”。锦江与古城墙相影映，江上帆影点点、桨声悠悠。江岸吊脚楼酒旗飘飞，茶楼、酒肆、客栈生意兴隆，笙歌彻夜不绝……

民国时期成都百花潭区域江面仍然很开阔。（来源：《国闻周报》，1929 年）

锦江上的万里桥、笮桥、安顺桥、九眼桥等，以及锦江岸边各种庙宇祠堂、亭台楼阁，形成了成都著名的人文景观和民风民俗，所以有学者将其称为“锦江文明”。②

浣花溪，历史上是锦江上游的一处宽阔地段。唐朝诗人杜甫“窗含西岭千秋雪，门泊东吴万里船”，写的就是浣花溪前的景象。

历史上河流改道较多。到了现代，走马河下游的清水河流入成都西郊，在龙爪堰分为三条河流；其中浣花溪为干流，长约 2 公里。浣花溪在青羊宫前接纳磨底河，以下改称南河（锦江）。

因为这处河流，位于道教宫观青羊宫附近，由此有了几座与“神仙”传说有关的石拱桥：送仙桥、望仙桥、接仙桥、遇仙桥。一些桥名仍存，但已非古桥，位置也有很大变化。

“浣花溪”百花潭，因何得名？清代同治年编撰的《重修成都县志》，有比较权威性的记载：

《方舆胜览》:“浣花溪源自灌县之都江(堰)分水……下至华阳(县)龙爪堰,绕少陵草堂为浣花溪。溪有潭,名百花潭。下合迎仙桥水,至青羊宫前,会接仙桥水,下经万里桥,合城东大江。”③

可见唐宋时期,百花潭位于草堂南边的龙爪堰区域,即清水河(浣花溪)上的一处深潭。所以杜甫诗中说自己居住的草堂位置,是“万里桥西宅,百花潭北庄”(《怀锦水居址》)。

百花潭的得名,传说版本很多。明代曹学佺所著《蜀中名胜记》记载:溪上一民女任氏勤劳善良,有天一个名叫“旭上”的老和尚坠入污渠,任氏为和尚洗干净了袈裟;这个和尚原来是仙人,于是水面布满百花,故名百花潭。

这个任氏,据说后来成为唐大历年间西川节度使崔宁之妾,朝廷封为“冀国夫人”。清代康熙时期的文人朱嘉徵写道:“初,冀国任夫人微(贫贱)时,为僧浣衲(衣)溪中,百花俱满,僧即‘旭上’尊者也,溪由是名(浣花溪、百花潭)。”④

(二)宋代后百花潭和浣花溪在如今遇仙桥下

而如今的百花潭,距离杜甫草堂有三四华里的下游,这是怎么一回事呢?

明代薛瑄(1389—1464)在景泰元年(1450)九月的一天,写了《游草堂记》,有一小段很重要的话:“尝读子美诗,有所谓百花潭者。今访诸草堂之侧无此潭,岂岁久而湮塞欤?独浣花溪在今草堂东北,即青羊宫西,来所过桥下溪是也。”⑤

由此可见,宋代以后草堂之侧百花潭逐渐淤塞。清代同治《成都县志·津梁》载："遇仙桥，县西南五里；石桥跨磨底河分流，在二仙庵东，下合清水河；合流之处，清人称为百花潭。"

上文说清水河与磨底河（又叫西郊河）的交汇处，即如今的百花潭公园对岸琴台路西侧的"遇仙桥"下水潭，就是百花潭。这里也常被人叫为浣花溪。

所以清代以后的百花潭，与杜甫时之百花潭位置完全不同了。

清末民初时期，这片区域是什么样的景况呢？当时人徐心余在《蜀游见闻录》中说：

> 道出南城，由万里桥逶迤西行，百花潭为必经之路……及车抵其地，仅朝南破屋三间，飘摇于春林澹荡之中。昔人谓薛涛家住百花潭旁，能以潭水造十色笺者，今则清水一泓，游鱼可数，亦徒供游人之怅望而已。[⑥]

民国时期百花潭"清水一泓，游鱼可数"，供游人之怅望。此照片文字说明是："成都新西门外之百花潭，又名浣花溪，为成都名胜之一，风景秀丽。"（来源：《良友》1935年第107期）

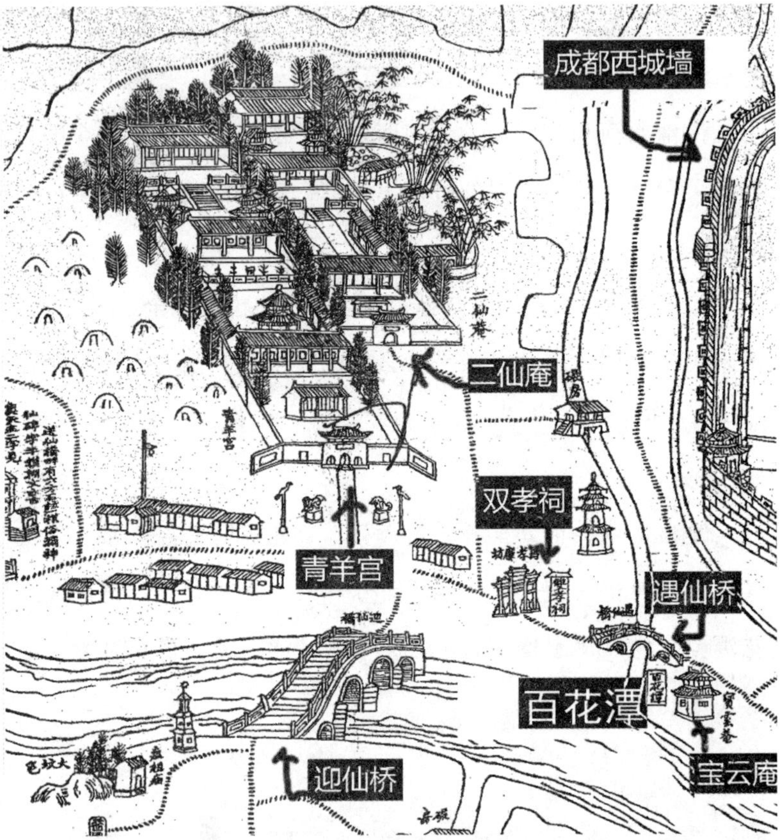

图为1894年吴绍伯画的《四川省城街道图》，显示了清末时的百花潭、青羊宫、二仙庵区域。图中可以看见宝云庵、百花潭、遇仙桥、双孝祠、迎仙桥的大略位置。（郑光路标注处理）

这里成为成都著名风景区之一，也是成都人经常去做善事的放生地点之一，故又称“放生池”。

1928年，百花潭江畔开设有布置精良的餐馆，当时《蜀镜画报》上有一张漫画，百花潭畔男女老少的游人，有走路的、有坐黄包车的、有骑马的，甚至还有开汽车的……

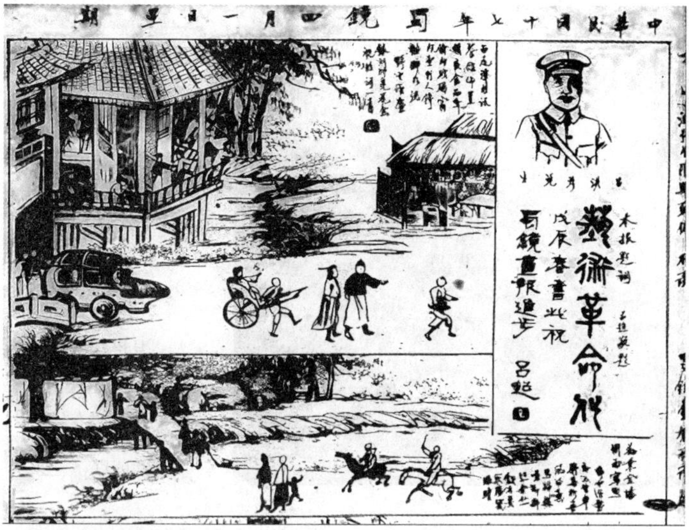

漫画《1928年百花潭开设餐馆布置精良》，左上方所画即“宝云庵”水榭。（来源：《蜀镜画报》1928年4月号）

1928年百花潭区域风景，远处可看见城墙拐弯之处，摄影者站在靠近“迎仙桥”（大致是今百花潭大桥）的一处水榭向东拍摄。

20世纪30年代，在锦江南岸（现在的百花潭公园）拍摄的对岸情景，远处正前方可看见城墙。

（三）已经消失的宝云庵

如今锦里西路与琴台路交会处，百花潭公园北门外路口公交站牌，写有“宝云庵”。这让人四望后顿生疑问：“庵在哪里？”

“宝云庵”早已彻底消失，只留下让人糊涂的地名。地方志书记载很简单：“宝云庵，创建年代无考，清康熙年间（公元1662至1722年）重修。由庵西向有遇仙桥跨西壕上。”⑦

清光绪六年（1880），成都知府黄云鹄写的《重建唐冀国夫人任氏祠碑记序》中，认为草堂寺下游约两里外的江水深回处，即为百花潭；并建亭台水榭扩展修缮“宝云庵”，刻立“古百花潭”大石碑。

黄云鹄（1819—1898），湖北蕲春县青石镇大樟树村人。他曾写了一首《游青羊宫归过宝云庵遇段道士茗谈》诗：“遇仙桥下宝云庵，竹里煎茶听座谈。十载重为西蜀客，今朝始识百花潭。”诗后有注：“乃知庵后两溪合流处，即古百花潭。”⑧

这张老照片非常珍稀。图片左方殿宇即 20 世纪 20 年代的“宝云庵”。图片中央为三孔洞的“遇仙桥”，桥下小河为西郊河，向南（照片的上方）流汇入南河形成深潭，晚清后称为百花潭（大致位置在如今散花楼和百花潭公园廊桥之间）。向北（照片的下方）通向通惠门。照片左方通向南城门，照片右方通向青羊宫。“遇仙桥”是每年青羊宫“花会”的必经之路，桥上挂有广告牌很有意思：“兄弟肥皂”，“置货花会场，勿忘皂之王”。（供图：刘正生）

由此可知，“宝云庵”为道士观。另据《成都市志·宗教志》中一张 1949 年统计道教徒及庙观的表格，记载宝云庵：“9 间房，占地 1.2 亩，创建于明嘉靖初年，道家徒 2 人。”同一时期，紧邻宝云庵的二仙庵和青羊宫分别有道众 71 人和 97 人。[⑨]

日本著名建筑史学家伊东忠太（1867—1954），1903 年曾亲临考察“宝云庵”，他写道：“城外西南郊野处，有一小庙，名曰宝云庵，古称百花潭……庭园小筑，临水之畔，其创意与匠心何等写意、轻妙……即其檐前部分，拳鼻、斗拱、蟆股等物件，在宝云庵一应俱全。”[⑩]

上面叙述如果觉得笼统，且看著名乡土作家李劼人描述清末时的“宝云庵”：

沿着护城河，（从南城门）沿着城墙脚下，一直向西引去……已到城墙的转角，护城河由江支流流到此地，也汇成了一个深碧色的深潭。临着潭边，建有一所庙宇，占地仅仅几弓，却于神殿方丈之外，还有一座水榭，一间草亭。院子中间的楠树，亭亭如盖，到处打扫得干干净净，居然可以闲眺，可以下棋。这是几十年前一个学台黄云鹄所辟画的。庙宇名叫宝云庵，地名则叫百花潭。经过一道小小石桥，就是有名的双孝祠。[⑪]

20世纪40年代在百花潭南岸，川军将领邓锡侯修建有别墅，名叫“百花潭南庄”，又叫“康庄”。

1953年，“百花潭南庄”区域兴建了成都动物园，江上架了一座浮桥。1976年，动物园迁外北昭觉寺后，此地扩建为如今的百花潭公园。“宝云庵”，则毁于20世纪60年代。

所以如今过廊桥从百花潭公园走出来，琴台路口公交站牌上，就出现了有名无实的“宝云庵”地名。

1935 年时“宝云庵”和“遇仙桥”。此图和上面那张照片方向相反。图片中央为三孔洞的“遇仙桥”，桥下小河为西郊河，向南（照片的下方）流汇入南河形成百花潭。照片右方为“宝云庵”，右路通向南城门，照片左方通向青羊宫。（来源：上海道德书局发行《神州胜境》，1935 年。郑光路收藏）

隔江相望 1940 年时的百花潭，在锦江南岸（现在的百花潭公园）拍摄对岸，可以看见当时“遇仙桥”两边的情景。桥右方是“宝云庵”。照片右方通向南城门，照片左方通向青羊宫。右下角江中有一只游船（渡船）。（供图：刘正生）

二、百花潭附近双孝祠的历史背影

（一）双孝祠是什么样的景观

成都“十二桥”的西郊河下游（即现在琴台路文化公园内那条小河），流入南河处，称为百花潭。

清代，成都人每年去青羊宫“赶花会”，通常由老南门出城（那时还没有开辟通惠门）。

1906年春，劝业道为举办成都“青羊宫花会”（这年官方改称“劝工会”，后称“劝业会”），在老南门外锦江北岸专筑三里多长的马路，以达青羊宫东之双孝祠（又叫马家花园）。

清末，在成都任外籍教师的日本人山川早水，在其《巴蜀旧影》书中说：

> 出南门沿锦江走三清里，到双孝祠。祠中供有两个孝子，庭园的装饰颇为可观。祠前路上立有两孝子的旌表牌坊，雕刻精妙，金碧耀眼……中央的最上方挂有刻着“圣旨旌表”四个字的石匾。⑫

著名乡土作家李劼人，这样描写：

> 青羊宫之东，一墙之隔，还有一所道士庙子，叫二仙庵。也很宏大……庙门之外，是一带楠木林，再外是一片旱田，每年赶青羊宫时，将二庙之间的土墙挖断，游人们自会从墙缺上来往。青羊宫这面，是农具、竹器、字画、小饮食集合之所。二仙庵的旱田里，

则是把小春踏平，搭上篾棚卖茶酒，种花草树木的地方，而庵里便是卖小玩意和玉器之处。

十多年前有一位由经商起家的姓马的绅士，在二仙庵道士坟之前，临着大路，又修造了一所别墅，小有布置。原为纪念他一个儿子和一个女儿的……便在门前横跨大路，造就一道石坊，门上也悬了一块匾，题曰双孝祠。平日本可借给人宴会，到赶青羊官，更是官绅宴集之所了。此外，在对门河岸侧，还有一个极其小巧的所在，叫百花潭。⑬

这位马绅士就是马长卿，成都华阳县人，光绪五年（1879）考中举人。他是成都织机帮（织锦业）巨富。

要研究成都近代城市建筑史、园林史，此公实在应名列前茅，这一点却被学术界忽视。民国《华阳县志·人物十一》中，有《马长卿》小传，说他“性好宫室，乐之不倦”，就是说他酷爱古典园林建筑艺术。

马长卿不仅倡议并主持修建了四川咨议局大厅、崇丽阁（即望江楼）等，还修缮过万里桥。

《华阳县志》又说：“若邑有大役，计材会工，无不属之长卿；长卿亦自强综覆，丝粟弗苟。”意思是省城凡有大工程，都委任给马长卿。他一丝不苟，不仅不吃黑钱要“回扣”，反而经常掏腰包赞助。“督府上其绩，朝（廷降）旨嘉奖者再（按：即多次）。擢知县、直隶州知州，加四品衔”。

《华阳县志》赞誉说：“其他周济乡里，治桥平道之事尤众。”

双孝祠，是马长卿晚年为了纪念早亡的儿子（马胪昌）和女儿（马凤琳）修建的。《华阳县志》林山腴写的《马长卿》记述：“子昌以孝闻，自为诸生，读书勤奋，欲以娱其亲。戊子乡试出闱病殁，及榜发中式矣，故长卿犹切痛之。”

戊子乡试，即光绪十四年（1888）在成都考举人的乡试，正是马长卿修建崇丽阁、濯锦楼之时。其独子马胪昌“出闱病殁”，即还没看到自己中举人的好消息，就心力交瘁而亡。

《华阳县志》又记载：“县人为胪昌孝行及昌妹事，得请于朝（廷），予旌建坊。长卿因即其园为之祠，而题称双孝焉。”⑭

根据上述记载，双孝祠（马家花园）修建于1890年前后，位置大致在现在河畔散花楼马路对面的一片区域。双孝祠东边西郊河宽阔处有“放生池”，平时很多人在百花潭“放生”（放鱼、龟），风景优美。

双孝祠毗邻青羊宫，每年“花会”时游客很多，清末傅崇榘《说成都》记载：

> 双孝祠在二仙庵侧近……花木台榭甚佳，借地设宴者，须前二日在走马街马正泰铺内填写禀纸（按：即订单），临时遂有人备茶水：每年花市时节，官绅宴于此者，日以数百计……⑮

双孝祠的真实面目少为人知，下面是民国初期日本人拍摄的一张照片，显示祠堂门前小巧玲珑、花木繁盛、古朴典雅。

20世纪20年代后，双孝祠园林为川军将领唐式遵购得，修葺一新颇饶苏州园林风味。

1915年《成都南关外双孝祠对过之放生池》老照片。（来源:《娱闲录》四川公报增刊，1915年第16期）

近代黄派川菜创始人黄敬临（1873—1941），1934年租下此地，把城里包家巷的“姑姑筵”餐馆迁入这里。大门外挂了一副对联：“叹老夫无命作官，才租这大花园承包酒席；替买主下厨弄菜，好像那巧媳妇侍奉公婆。”

院落里的对联更有趣：“提起菜刀，拿起锅铲，自命锅边镇守使；碗有佳肴，壶有美酒，休嫌路隔通惠门。”⑯

“姑姑筵”冠盖云集，盛极一时。此时的双孝祠门前，与清末情景似曾相识，又变化很大了。

民国初期百花潭附近的双孝祠，门外站立三个少年儿童。门上方悬“双孝祠堂”匾额。（来源：日本画刊《亚细亚大观》。郑光路收藏）

民国时期成都最有名的高档中餐馆“姑姑筵”，1934年曾开业于双孝祠，此时与清末情景似曾相识又变化很大了。（供图：刘正生）

（二）双孝祠外两座牌坊的情景

作者收藏有 1937 年出版的《家庭周刊》，其中一张老照片为著名摄影家鲁文辉拍摄。《家庭周刊》1931 年 6 月创刊于天津，说明双孝祠到青羊宫区域，民国时期仍是对外宣传成都的有名风景区。

这张老照片质量欠佳，但珍贵的是附有文字说明：“青羊宫大道。鲁文辉先生摄赠。”由此可据此判断其他相关照片，所以先说这张老照片。

这张老照片显示两个孝子的旌表牌坊形制不同，右方的第一道牌坊，三个门洞均为方形石坊门顶，雕饰华丽。照片左方离青羊宫近些的第二道牌坊，三个门洞均为圆形门顶，形式简朴。

据此判断，第一道牌坊应为马长卿纪念独子马胪昌的牌坊，第二道牌坊应为马长卿纪念女儿马凤琳的牌坊。

第二张老照片清楚地显示，离青羊宫近些的第二道牌坊（照片左方）三个门洞均为砖砌圆形门顶。

第三张老照片，是由青羊宫方向往东拍摄。比较清楚地显示了马长卿纪念独子马胪昌的第一道牌坊：三个门洞均为雕饰华丽的方形石坊门顶，牌坊上部中央题写“连枝媲美”四字，意思是马胪昌、马凤琳兄妹都很优秀。根据照片中人物衣饰判断，摄影时间大致为民国初期。

第四张老照片，则是 1908 年第三次青羊宫“劝工会”，利用纪念马胪昌的第一道牌坊，用松柏枝叶装饰成会场入口大门。这年后，“劝工会”改名为“劝业会”。

第五张老照片，是 1911 年“四川第六次劝业会”，也是“巧用”孝子马胪昌的牌坊，装饰成会场入口大门。

1937 年抗日战争全面爆发后，双孝祠外马路成交通要道。加之汽车增多，马路上的牌坊成了障碍物，牌坊遂被拆除（具体时间已不可详考）。

双孝祠（马家花园）后改为沙利文郊外饭店。20 世纪 50 年代，成都市话剧团设立此处。[17]

其后几十年反复变化，百年前双孝祠风景区荡然无存。

照片左侧文字说明："青羊宫大道。鲁文辉先生摄赠。"上方还有一个小小的阴阳太极图。照片右侧是双孝祠区域，马路上为两孝子的旌表牌坊和行人，左前方通向青羊宫。第一道牌坊应为马长卿纪念独子马胪昌的牌坊。第二道牌坊应为马长卿纪念女儿马凤琳的牌坊。（来源：《家庭周刊》1937 年乙种第 144 期。郑光路收藏）

双孝祠外马路上两孝子的旌表牌坊。附注有文字“成都市之新建设——青羊宫外道路”。这张老照片右方的第一道牌坊，三个门洞均为方形石坊门顶，雕饰华丽。照片左方离青羊宫近些的第二道牌坊，三个门洞均为圆形门顶，形式简朴。（来源：《道路月刊》1933年第40卷第1期。郑光路收藏）

马长卿纪念独子马胪昌的牌坊。牌坊上部中央题写“连枝媲美”四字，是由青羊宫方向往东拍摄。摄影时间大致为民国初期。（供图：刘正生）

1908年第三次“劝工会”，利用纪念马胪昌的第一道牌坊，用松柏枝叶装饰成会场入口大门情景。（来源：《四川成都第三次商业劝工会调查表》，四川商务总局。郑光路收藏）

1911年“四川第六次劝业会”，“巧用”孝子马胪昌的牌坊用松柏枝叶装饰成入口大门情景。（来源：《四川成都第六次商业劝工会调查表》，四川商务总局。郑光路收藏）

三、青羊宫、二仙庵和“花会”(庙会)

(一)青羊宫、二仙庵

青羊宫，相传初名“青羊肆”，三国时期名“青羊观”。唐代改名“玄中观”，唐僖宗时又改“观”为“宫”。青羊宫为四川最大、最有影响的道教宫观。

山门正上方金字横匾“青羊宫”。此匾为清乾隆年间成都华阳县令安洪德所留墨迹。山门后，依次有灵祖殿、混元殿、八卦亭、三清殿、斗姥殿、玉皇殿。后苑三台建在土坡之上，左为“降生台”，原塑一白发婴儿（刚出世的老子）；右边是“说法台”，台上塑有老子对关令尹喜说法之像；中间一台是紫金台（又名“唐王殿”），塑有唐代李渊夫妇和其子李世民之像。

清康熙三十四年（1695），成都府臬台赵良璧游青羊宫，见东边花园中一老者盘膝静坐。赵良璧“遂事以师礼，领受微言”。老者是康熙六年（1667）从湖北武当山游川的全真道士陈清觉（1606—1705）。其后赵良璧捐助俸银募筹资金，买田三百余亩建二仙庵，祀吕洞宾、韩湘子二神仙。清康熙六十年（1721），成都府知府刘世奇主持重修成都二仙庵大殿。

康熙四十一年（1702）壬午十二月，康熙皇帝钦赐御书二仙庵、“丹台碧洞”匾额，敕封陈清觉“碧洞真人”。从此，二仙庵成为全真道龙门派丹台碧洞宗的祖庭（见《新建二仙庵碑记》）。

民国早期的青羊宫门外，大门之外有军人持枪守卫，显然被驻扎军队占领。这张照片罕见，显得古朴。（供图：刘正生）

这张照片拍摄时间明显晚于上面那张照片，显示青羊宫大门已翻新改建（现存大门景观又与此大不相同，是再次改建）。相同的是大门之外仍有军人持枪守卫，证实民国时期青羊宫经常被军队占领驻扎。

（二）“花会”“劝工会”“劝业会”

传说道教始祖李老君生日是农历二月十五日，唐代以来就在此举办庙会。春光明媚的二月又是传统的“花朝节”，所以又习称“花会”。

1901年闹“义和团”，被八国联军吓得东逃西窜的慈禧太后吃亏后，也要搞“新政”了。她颁布上谕第二条即“振兴商务、奖励实业”，还在各省设置“劝业道”“劝工局”。

1911年青羊宫劝业会清朝地方官员们在“授奖台”上颁奖。（摄影：[美]路得·那爱德。供图：王玉龙）

1906年，四川商务局总办沈秉堃提出，效仿西洋“赛会”（博览会），在青羊宫左侧二仙庵前（即今文化公园区域）“扩充会场、建筑列肆”，举办全省首届“劝工会”（后又称“劝业会”）。这种有意识地将庙会和大规模物资交流融为一体，在近代中国可称第一。

100多年前“花会”，是成都古城中真实的“清明上河图”：

春光明媚、艳阳暖人、江流碧澈……赶庙会的人一潮一潮地，人人梳妆打扮。民国时期竹枝词中描述：女孩儿是“乡女村姑态若何？却把胭脂打一坨”；风流少妇是“行路手拿甘蔗嚼，短短青裙窄窄裳”；连老太婆也是“老去徐娘尚戴花，可怜半口已无牙”，“何物村婆不害羞，画眉傅粉老风流”。

无数卖糖饼关刀、风吹吹、香烟瓜子、豆花等的小贩穿梭叫卖于红花碧叶、春风杨柳之间。还有卖各类日杂百货、竹木家具的种种商摊货架不下几百家。庙会时，还有全国少见的武术“打擂”。

青羊宫镇宫之宝，是三清殿阶沿上分置两旁的一对铜羊。摸铜羊成了赶庙会的惯例，我小时就每年跟在大人屁股后，把小手混在无数大手中把铜羊周身摸个遍，耳朵里听一些“扯师”胡说八道：“快摸羊屁眼儿，不生痔疮！”“快摸羊脚板，不长鸡眼！”“快摸羊鸡鸡，专医阳痿！”三清殿内嬉笑声一片……

每年“花会”，各界人士倾城出观，挥汗成雨、呵气成云。这“会把眼睛都看花”的“花会”，确乎为蜀中最具地方色彩、乡土风味的庙会习俗了。

1911年“劝业会”时二仙庵外的花木市场，游人如织。（摄影：[美]路得·那爱德。供图：王玉龙）

20 世纪 50 年代后，青羊宫“花会”时断时续。60 年代“文化大革命”期间，道观破坏，塑像基本上全毁。残存道士为保存八卦亭，在外包围毛泽东画像。

“文化大革命”结束，成都“花会”“灯会”绝处逢生。道观被破坏还未恢复，殿内遍设小吃摊，而三清殿内戏班子卖票唱川戏，真是余音绕梁……

1990 年后，青羊宫、二仙庵逐渐修复。2010 年以后，传统“花会”却盛况不再。

袁松年画《成都青羊宫道观》，《旅行杂志》1940 年第 14 卷第 12 期封面，说明青羊宫全国皆知。

“文化大革命”时期成都青羊宫八卦亭毛泽东大幅画像，取代了李老君。来源：1967年成都公开发售的风光照片。（郑光路收藏）

1996年“花会”期间，二仙庵大殿墙外的小吃摊场景。（摄影：郑光路）

四、闻名全国的“青羊宫打擂”

（一）与巴蜀民俗文化紧密融合

四川从古至今武风甚浓，练习武术叫“操扁挂”。

1912年，居住成都的武林名手马镇江、马宝、刘崇俊等，以提倡国粹、强国强身为名，在成都忠烈祠正街正式成立“四川武士会”，推省都督尹昌衡为名誉会长，马镇江为会长，刘崇俊为副会长，尹昌衡的镖师“铁人”马宝实际负责。

1918年，熊克武等四川军政当局要人，以“团结尚武”为号召，在青羊宫庙会（“花会”）期间举行首次全省打擂。当时共设三组擂台，第一组擂主为省督军熊克武的查马长李国操，副擂主为唐伯坍、唐公辅。第二组擂主为余发斋，其子余鼎三为副擂主。第三组擂主为马宝。每组主台三日。比赛结果，公认李国操武技精湛高超。[18]

武风之浓，以至前清有名的骆状元（骆成骧），除了翘起胡子吟诗作赋外，还挽起袖子跳跳蹦蹦打拳射箭，来他个“老夫聊发少年狂”……1925年5月，他还取得军政当局赞助，在少城公园内修建四川武士馆，正式成立“四川武士总会”。

1929年5月，成都成立“四川省国术馆”，省主席刘文辉任名誉馆长，刘崇俊任馆长实际负责。

青羊宫旁称为“猪市坝”（现今青羊宫外面一环路区域），由土筑成三尺六寸高、三丈六尺见方的大擂台（据说是取“天罡之数”）。擂台四周有竹棚遮拦成极大圈子，门口大书“柔术场”三字，此史实至今罕为人知。

本书作者收藏有1922年《四川第三次劝业会日刊》，[19]刊载有《柔

图为青羊宫劝业会入口处，进去左侧不远处就是打擂台的地方。（郑光路收藏）

陰歷乙丑年二月十四日 （星期日） 四 （第十版）

四川第三次勸業會日刊

中華民國十一年陽曆四月七號 陰曆壬[illegible]

柔術場參觀誌略

五號午前十一時柔術場[illegible]

（正乙）

女士演技得紅多

五號午前柔術場比賽時有女士馮鳳舞年十二歲上台演拳手足有勁且步法亦穩通場鼓掌贊歲演畢下台得綵紅數張又女士張志仙年約二十歲上台演拳均有章法通場鼓掌下台亦得綵紅數張云

（正丙）

1922 年《四川第三次劝业会日刊》，刊载《柔术场参观志略》《女子演技得红多》。（郑光路收藏）

术场参观志略》；还收藏有“民国十六年第一次柔术场奖章”，是1927年“成都、郫县、新都县联合武士会”颁发的打擂奖章，直径2.6厘米。这些都是十分重要的文物实证。

当时还有人作竹枝词：“‘柔术场’中技艺精，登台较手看分明。更有一言须记取，打擂来了女学生。”[20]

（二）报名、比赛规则及顺序

早期是设“擂主”打擂者轮番挑战，这很有传统中国武术打擂特色。1928年后变更为分组淘汰赛。参赛不限地区、身份，死、伤自负，故打擂要报名注册。

春节后，各路英雄纷纷而至。比赛方法是“拈阄”（或抽签）配对，不像现在散手比赛要分重量级配对。也就是说，你如果一百斤体重，却可能遇上一个两百斤的大汉。

比赛顺序是：先赛“资格”。再赛“蓝章”（类似现在优胜纪念铜章）。再复赛“银章”（银质奖章，即今银牌），取十名。最后复赛“金章资格”，分为打金章一选、二选、三选、四选……也就是最后的逐渐淘汰。打得“金章资格”者，发给证书但没有金章。

取得最后一选金章资格者，采取循环赛的方式，最后决出名次：一至十名均算金章胜手，即金牌获得者。

成都武林前辈彭元植回忆：金章有“国术馆”自铸的，但更多是军政要人或富商赞助赠送。除金章外还有其他各种奖品，视社会人士赠送多少而定。前三名有时还赠以名贵宝剑之类。[21]

擂台后边或两侧，摆设有“长短十八般兵器”的“威武架子”，还有彩旗、彩幅，很有古代打擂台风貌。

“民国十六年第一次柔术场奖章”，是 1927 年“成都、郫县、新都县联合武士会”颁发的打擂奖章。

由川军二十四军军长刘文辉名义赠发的擂台赛奖章。（郑光路收藏）

“打擂”时，一名主裁判手拿小铜铃在台上，宣布比赛开始或暂停时摇铃铛；还有“执旗评判”执蓝白小旗二面，蓝胜举蓝旗，白胜举白旗。如赛手“打毛”光火、乱打胡扭，则上前用旗隔开。

比赛实行淘汰制，三打二胜。规定不准挖眼、锁喉、摘桃（抓下身）；流血（见红）、倒地（倒桩）、下台、闭法（即丧失打擂技法）为全输。

打擂前，主办方要宣讲“武德”，说打擂目的乃为“强国强种”，非私人斗狠争勇，加之有一定防护措施（如裁判发现双方技艺悬殊，则不许强方乘胜击打）。所以当场打死人的情况罕见，筋伤骨折则时有难免……

除了打擂，有时还穿插有套路、器械等单人表演，行家叫“外场功夫”，以供交流和台下看客观赏。

（三）趣味无穷的庙会风情

进场看打擂须买入场券。圈子里设有茶座，观者品茗饮酒喜笑颜开“坐山观虎斗”。一些文人们酒酣耳热、骚兴大发，往往一边看打擂一边摇头晃脑，即兴吟他几首竹枝词、打油诗，非常生动地反映了当时的打擂情景。

如人称“怪物”的刘师亮写有：“今年劝业八回开，多少英雄摆擂台。手艺若潮休要去，谨防椿你下台来。”“擂台角艺抢金章，集合江湖打打行。柔术本来为国技，大家努力更提倡。”

徐重蕃写有：“登台较技问谁强？出手双方各主张。却怪旁观空展劲，说他起腿不相当。”“柔术场中尽教师，多少先生学打捶。劝郎莫向旁边立，防他言出手便随。”

主擂者多为“四川武士会”“省国术馆”中的武林名手，或军政要人。但有时也邀请其他人士主擂。如1931年刘竟成写竹枝词：“男女红拳本不差，但无绝技动人夸。吾川赖有《新川报》，鼓吹云空与铁沙。”

诗后附注《新四川日刊》新闻：“本报讯，湖北武当山云空长老约峨眉山铁沙和尚，不日莅省主擂……”[22]

每年“花会”，各界人士倾城出观，挥汗成雨、呵气成云。这“会把眼睛都看花”的“花会”，确为蜀中最具地方色彩、乡土风味的庙会习俗了。

打擂又给花会添色不少。台上龙争虎斗打得不可开交，而台下闹闹哄哄又是另一番景象：有的高谈阔论、饮茶品酒，有的观花拈柳、吟诗作对……三教九流、五马六道的人物在擂台下的茶桌间穿梭呐喊、寻食谋生。

这一切，使人想起《水浒传》等古典小说描写打擂的场面；这一切，也给九里三分的古城成都，增添不少古朴吸人的巴蜀乡土风味。

（四）“打擂”的真实历史情景

比赛时间一般两三个月。除青羊宫外，有时“花会”结束后又在少城公园省国术馆接着比赛。

“上场不认父，举手见高低！”“擂台不认亲，只要拳头赢！”这是武林悉知的口头禅……比赛一开始，赛手们确实如文人描述：“恶狠狠、豹眼怒睁，凶煞煞，钢牙咬紧；你进我退、拳来腿往；腾挪闪转、吞吐浮沉……”

每对赛手一般打三个回合（三轮），以击打点数的多少、见红（打出血）、倒桩（倒地）、甩翻（打落或丢下擂台）等判胜负。

比赛结束，夺得“金章”的一跃龙门、身价百倍，由主持擂台赛者将金章挂于胸前，然后骑上高头骏马、身披红色绸带，依一、二、三名获金章的顺序打马逛街。吹吹打打鞭炮齐鸣，好不威风荣耀。

还有专人飞奔前往获金章者的住家处，张贴烫金大喜报……这是照搬清朝考中武状元、榜眼、探花时的“过场”。

亲朋好友多要为获金章者设酒席祝贺。获金章者也要向教授自己武艺的师傅“封衣”（缝制全身新衣、鞋帽）或“封礼”（礼品或金钱），以示不忘师恩。

惨败者自然相反：或垂头丧气、愧对江东父老；或皮肉受损，从此大彻大悟再不争强斗狠；或怨天尤人大怄“阴气”，发誓待明年老子再报仇雪恨……

我所拜的一位师傅李孟常，打得1946年擂台金章。这是他一辈子最风光之事，新中国成立后卖了金章还在九眼桥附近买了两间瓦房。1967年的一天，李老师家里来了位客人。他半边脸畸形，牙床外露非常吓人。李老师对我们说："这位老师功夫很好，但打擂台时运气霉。抽签碰上莽大汉即有名的'朱贯锤'，一贯锤甩成下巴骨折，把嘴巴打豁了……"

这位老师十分坦然地说："当时老子差点被打死。"

"朱贯锤"叫朱仲康，眉山县人，武林中享有盛名。其专练之"贯锤"（类似西洋拳"摆拳"）颇有杀伤力，在武术擂台赛上多次获奖。[23]

（五）打擂中的种种"江湖恶习"

民国时期旧军队，上至军、师级，下至连、排级，一般都设有武术教官，获金章者可以堂堂正正受聘去当教官。也可受聘于机关单位、大中学校，取得一个说起嘴硬的饭碗。还可被巨商大官聘为"镖师"。最不济者，也可以正大光明开设"武棚"授徒弟收学费，不致招人"说闲话"。

所以打"金章"既有名又有利。如连续两三年的打擂中都获得金章，还要将其大名刻于"少城公园"内"四川省国术馆"门外石匾上，以示褒奖。

打"金章"决定胜负因素，第一，当然是水平，即所谓"一打功夫"，也就是武人常说的"比坨子硬"。

第二，抽签配对存在偶然性，如抽签碰上比你重几十斤重的壮汉，结果就有可能连"资格"都打不到……这即"二打运气"。

第三，是所谓"三打人缘"：武林江湖旧习甚浓，帮派"袍哥"插手。赛手凭交情，或"塞包袱"（贿赂）取得主持者暗中偏袒……五花八门的名堂很多。

我听吴老拳师讲，有一年比赛，成都西郊有个“刘一锤”（形容拳头刚硬，一拳就能获胜）的农民，在赛金章时将和旧川军中一个手枪连长相遇。那连长头一夜找“刘一锤”进行“私曰”（即现今所谓“钩兑”）：要他输给自己，答应暗中重酬。

“刘一锤”年轻好胜，次日擂台上毫不相让，那连长败阵。刚下擂台，“刘一锤”的师兄急忙报信：“哥子，情况不妙，台下有许多手枪连的丘八要生事弄死你！”

“刘一锤”连忙跳出青羊宫高墙落荒而逃，才未丢命……可见要纯粹靠武艺获胜也难。

（六）20世纪40年代的一些打擂高手

1940年前男子打得金章者，不完整的粗略统计有：

蓝伯熙、丁世荣、周清云、步元凯、胡昆、吴志刚、锐朝阳、罗千文、田和、田清云、陈首魁、李斌成、刘才、王子成、易俊魁、覃克定、秦鹏（郫县人）、谭仲伦（温江人）、李成如（双流人）、周国才、叶奎武、杨兆南等20多人。

女子得金章的有陈蜀华、张志清、苟银仙、李国良、雷兰芬、曾益君（新都人）、吴兰熙、李素芳等。以上除记有县名的，其他绝大部分都是成都市人。

20世纪80年代，作者多次采访擂台高手景书堂，他回忆了一些历史细节：

1942年3月一次，举行武术比赛三天。参加比赛人数60多人，取前三名。第一名景书堂（当年23岁），第二名张福全（成都人），第三名徐德（成都人，化门弟子）。景书堂说：“都是真正对打，我直接打了五人。我得的一面三角形锦旗，上面有‘国术比赛冠军’字样。”

1942下半年10月10日；又在省国术馆内打了三天擂。也是60多人参赛，取前三名。第一名杨会龙（成都人，僧岳门），第二名张福全（成都人，僧赵门），第三名景书堂。每人都得了一面锦旗。

1943年打擂时间一个月，在青羊宫“花会”会场内，参加人数有200多人；取前五名。这次第一名是梁绍武，第二名陈用和（郫县），第三名张俊良，第四名吴柏林，第五名刘震南，均获金章。女子组取前三名，第一名曾淑伟，第二名陈淑萱（郫县），第三名尹国术（郫县）获得金章。

景书堂说：“这届我被打伤，没有名次。”

20世纪80年代，人民公园绿荫阁茶铺武林人士聚会时，我曾听刘震南老师生动地当众回忆1943年打擂：

“打‘金章’是四川武林的一件盛事，1950年之前就我记忆所及，当时全称叫作‘四川物产竞赛会国术比赛大会’。1943年4月，正是传统的‘花会’期间，比赛大会又开始了。成都青羊宫彩旗飘飘……擂台正面主席台上，高挂孙中山先生像。一些武林老前辈和四川军政要员坐在像下。主席台上摆满了各方人士所赠锦旗和闪闪发亮的奖牌，红绸和‘金章’放在中央。

“我当时31岁，报名参加比赛后经过初选，从‘蓝章’进入‘银章’‘银章’争夺，争夺也激烈多了……接着我乘胜直下‘二选’‘三选’顺利进入了金章决赛。一番恶斗，我一个侧身偷步，用‘三边腿’将对方打下擂台，打得金章……

“青羊宫打擂”金章获得者李孟常（左）、刘震南（右），摄于20世纪90年代初。此时两位武林高手皆已过古稀之年。

“领取金章后披红挂彩跨马游街，从青羊宫一直绕道西郊，再转进城里到少城公园国术馆。这时人们簇拥着我，鞭炮齐鸣。然后又热热闹闹穿城而过，一直送我回到牛市口家中。这是我第二次获得金章，离第一次已有七年了……

“可惜的是，我的两枚金章，一件被打成金戒指送与朋友结婚。由于家贫，另一件又在灾荒时卖掉买米，供全家吃了半年……只剩下获奖证书和银章保留下来。”

（七）40年代末期青羊宫打擂的最后辉煌

1944年打擂先在青羊宫。因参加人数有300多人。这次比赛分军士组和普通组，每组取前五名得金章，前三名是赤金金章，后二名是镀金金章。

军士组第一名王俊杰，第二名王学如，第三名郑荣山，第四名何显荣，第五名张礼显。普通组第一名是朱仲康，第二名景书堂，第三名陈相如，第四名刘文龙，第五名张福全。

这次比赛主要评判有四川武林名家刘学渊、颜联五、叶海波、王道宗、张益生、朱甫臣等。执旗评判是詹品三。名誉评判有太极名家李雅轩、查拳大师张英震及关宝光、朱国祯、郑怀贤、王树田、张长海、李斌生 8 人。

景书堂得的金章上方写的是："民国三十三年春季国术比赛大会冠军"，章中间是四个篆字"发扬国粹"，下方是"四川省国术馆赠"。

金章证书写的是："四川省物产展览会国术比赛大会金章第二名证书，右给景书堂，民国三十三年三月郭有守"（郭是省教育厅厅长）。

三名金章胜手各得大锦标一个，上写"技术超群""民国三十三年春季国术比赛大会优胜"，后写"陆军十七师师长刘树成赠"。

1945 年青羊宫花会打擂时间一个月，参加人数有 200 多人，取前三名；第一名刘文龙，第二名吴世荣，第三名邵孝仪，均获得金章。因军阀杨森又赠金章 3 枚，共有 6 枚，故胜者都得"双金章"。

1946 年春青羊宫打擂，参加人数有 200 多人，也取前三名；第一名是兰久成，第二名是王兴安，第三名李孟常（本书作者师傅），均获金章。

1947 年打擂，第一名是黄刚明，第二名方金山，第三名陶光华，均获金章。打擂结束后，紧接着是四川省国术馆举办第二次全省国术选手选拔会，开始“省考”。规定参加者必须是得过金章前三名的才能报名，故又称“特别组”。共分三个组：第一组是打擂；第二组是劈剑，又名击剑；第三组是扎枪，又名对枪。

参加打擂的有王远罄、王子成、谭仲伦（温江国术馆馆长）、刘新吾（简阳国术馆馆长）、张绍柏、王学如、温玉堂、张俊良、余克俭、吴柏林、景书堂等共11人。三个组共取四名：散打组取二名，劈剑组取一名，扎枪组取一名。当时打擂胜手是余克俭、景书堂，击剑第一名是王远罄，扎枪第一名邓善堂。

1948年后，民国政府风雨飘摇，“打擂”也终止了。

（八）1950年后“青羊宫打擂”的终结

1949年12月30日，中共领导的解放军十八兵团在贺龙率领下进入成都。

解放军举行入城式的第二天早晨约七时许，天寒地冻。少城公园楠木林中，一个膀粗腰圆的精壮汉子脱去了棉衣亮出了赤膊，同他的学生彭俊臣一起开始晨练。这汉子就是景书堂，他每天都要赤着臂膀撞打树子，以“铁臂”享誉武林。

20世纪80年代，作者在调研四川武术史时，景书堂老师对我讲述：

他们正“噼噼啪啪”手臂狠打树身练功时走来了三个人，后面还跟着两个腰挂盒子炮的贴身警卫员。走在前面长着浓浓小胡子的人声音洪亮地问：“你在练功夫？是武士会的会员吗？”

景书堂一抹汗水说：“过去叫武士会，以后改成国术馆，一直就设在公园内靠近半边桥的园子里。平时国术馆只有勤杂工二人。”

小胡子朗声说：“我们共产党，是要大大提倡武术的，你去向国术馆的负责人说，叫他们去军管会登记，以后好开展武术活动。”他还用手抚摸景书堂硬邦邦的手膀子，夸赞说：“很棒！”

1983年，景书堂曾把这则史料提供给四川省体委。[24]

这个进入成都第二天就到少城公园了解情况的小胡子，就是大名鼎鼎的贺龙；另一个是王维舟，西南军政委员会副主席。还有一个是贺炳炎，后任成都军区司令员、四川省体委主任。

1950年2月，青羊宫物产竞赛会（“花会”）开始了。四川省国术馆已名存实亡。因成都商会联名请求，原国术馆负责人委派廖泽、景书堂、谢春华、刘玉斌四人为代表，去找军代表马任弘，接洽办理打擂事宜。

这次参加的有200多人，取前三名。第一名张松林，第二名黎自根（年仅17岁），第三名郭涛，均获金章。此后四川省国术馆举办打擂赛到此终止，国术馆也被解散。

1953年旧历六月十三日，成都市举办六项体育选拔会。其中有民族体育较技（即打擂），可以说是青年宫打擂的最后余波。

但这次是戴手套打中国式的拳术；分五打三胜，分轻重点计分。主办人是成都市市长李宗林，地点在成都市体育场，中心设一木制擂台。评判长是郑怀贤。分男子组和女子组，每组取前三名。男子组第一名景书堂，第二名胡绍义，第三名张绍清。女子组第一名冯素霞，第二名邱桂贞，第三名曾俊成。

景书堂回忆说：“这次打擂，是我打得最激烈最勇猛的一次，有三人受重伤……此后，西南区的体育选拔会就将此项目取消了。”

“四川省国术馆”等武术组织，从此被官方单项体育协会“武术协会”取代。至此四川传统武术与近代化体育，已经完全“接轨”。

1986年“蓉城武术擂台赛”顾问席，左起：刘震南、李孟常、车幅、景书堂。（摄影：郑光路）

1986年3月15日，成都“首届蓉城武术擂台赛”在成都提督街工人文化宫举行打擂赛。本书作者作为国内一家大型体育杂志特聘记者，对比赛进行全程采访。有行家评价：“还是以前青羊宫打擂，才有那种传统国术和巴蜀文化的风采。”

近代闻名中国的成都“青羊宫打擂赛”，已成绝响。㉕

注释：

① 如今府河、南河也合称锦江，有人也称为府南河。

② 许蓉生：《水与成都　成都城市水文化》，巴蜀书社2006年版，第230页。

③ 李玉宣等修，衷兴鉴等纂：同治《重修成都县志》卷八《舆地志上》。版本为《成都旧志》通志类第11册，成都时代出版社2007年版，第35页。《方舆胜览》是南宋祝穆编撰的地理类书籍。

④ 参见朱嘉徵:《重建益州草堂寺碑记》，康熙《成都府志》卷三五《艺文》，版本为《成都旧志》通志类第9册，成都时代出版社2007年版，第211—212页。

⑤ 薛瑄:《游草堂记》，关永礼主编:《中国山川名胜诗文鉴赏辞典》，中国经济出版社1992版，第593—594页。

⑥ 徐心余:《蜀游见闻录》，四川人民出版社1985年版，第20页。

⑦ 四川省文史馆编著:《成都城坊古迹考》，四川人民出版社1987年版，第293页。

⑧ 蕲春县县志编纂委员会办公室编:《蕲春历代诗萃》，湖北人民出版社2019年版，第308页。

⑨ 参见《消失的宝云庵》，《成都日报》，2016年10月3日。

⑩ [日]伊东忠太著，薛雅明、王铁钧译:《中国纪行伊东忠太建筑学考察手记》，中国画报出版社2017年版，第164页。

⑪ 李劼人:《大波》，四川文艺出版社2018年版，第48页。

⑫ [日]山川早水著，李春德、李杰译:《一百年前一个日本人眼中的巴蜀风情》，四川人民出版社2005年版，第136页。

⑬ 李劼人:《死水微澜》，北京联合出版公司2014年版，第197页。

⑭ 民国版《华阳县志·人物十一》。

⑮ 傅崇椝:《成都通览》上册，巴蜀书社1987年版，第76页。

⑯ 吴绍伯、林松柏:《秀才、县太爷、锅儿匠与"姑姑筵"》，《龙门阵》1985年第三辑，第12页。

⑰ 四川省文史馆著:《成都城坊古迹考》，四川人民出版社1987年版，第293页。

⑱ 参见孙仲达:《四川传统体育》，成都体育学院体育史研究室编:《体育史文集》（内部资料），第209—210页。

⑲《四川第三次劝业会日刊》1922年3月16创刊于成都布后街第八号昌福公司内，发行处位于二仙庵劝业会事务所首门。1922年4月22日停刊，共出38号，几乎每期都有打擂的报道。

⑳ 林孔翼辑:《成都竹枝词》(增订本)，四川人民出版社1986年版，第269页。

㉑ 参见彭元植:《四川武林和我的习武生涯》,《四川文史资料集粹第6卷　社会民情编及其它》，四川人民出版社1996年版，第65页。

㉒ 林孔翼辑:《成都竹枝词》(增订本)，四川人民出版社1986年版，第212页。

㉓ 参见四川省眉山县志编纂委员会编纂:《眉山县志》，四川人民出版社1992年版，第923页。

㉔ 参见景书堂:《贺老总关怀四川武术》,《四川体育史料》(内部资料)1983年第4期，第31页。按：景书堂铁臂功练得很好，小臂硬如牛皮任人用牙齿咬而他毫无感觉，我亲试之。

㉕ 以上关于四川青羊宫打擂和武术家详情，除正文注释外，主要根据刘新吾、景书堂、李孟常、刘震南、彭元植等老武术家给本书作者提供的口述史料。关于四川武术3000年详细历史，可参阅郑光路:《巴蜀武术天下奇》，北京联合出版公司2022年版。

重要史实篇

傅崇榘对后世的最大贡献，是他费尽心血写的巨著《成都通览》。此书初名《说成都》，1990年问世，全书31万多字，分列400多个栏目，对清末成都的山川、地形……都分项介绍，真是包罗万象。

外国领事离蓉日，
依依惜别话友谊，
动荡时局难再叙，
风土人情镜头里，
让我们好好感受那个时代。

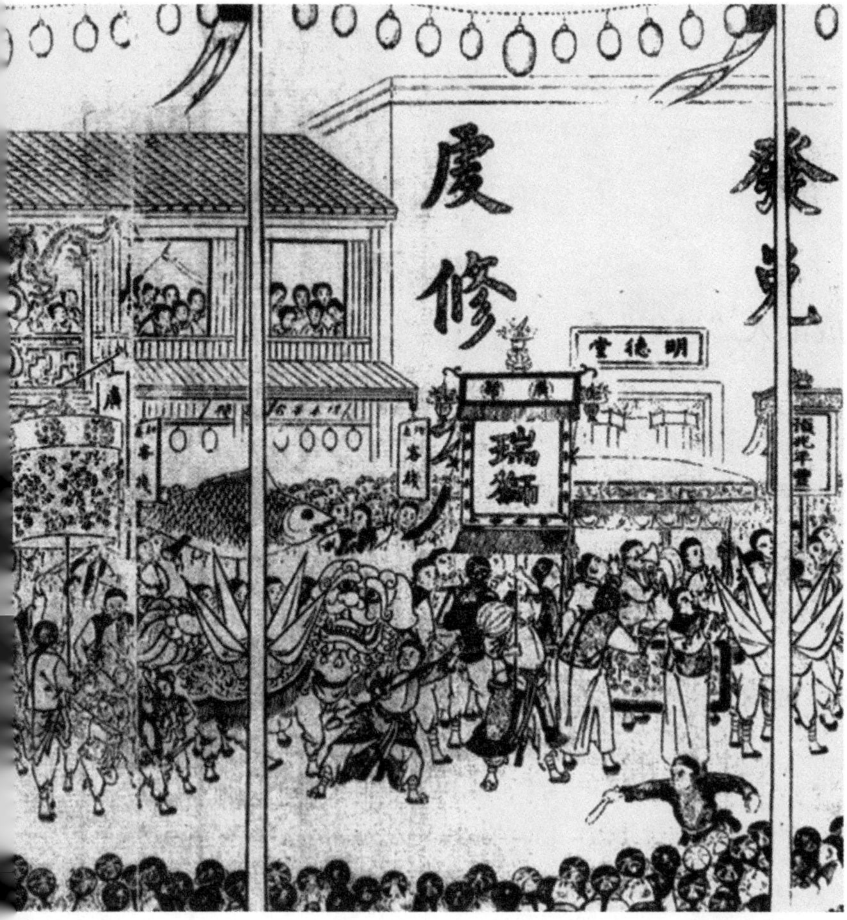

庆修
明德堂
瑞獅

一百年前的成都人“过年”

常有人感叹中国传统民俗文化变味，如今春节已不中不洋：十亿人看一台“春节晚会”、打麻将、海吃狂饮、外出旅游……其实，中国人的“过年”，更多体现的是人与人、人与大自然的高度和谐。本文作者的祖父讲述的一百年前成都一家人过年的情景，就是一幅真实而生动的民俗风情画。

一、杀年猪、喝腊八粥和吃“祷牙”

公历1902年1月10日，农历辛丑年十二月（腊月）初一。成都椒子街，一家黑漆公馆沉重的大门“呀”地打开，一个30多岁的男子走出来，站在斑驳的石狮子旁。见远处有性急的儿童已在放小鞭炮，他叹了一声：“啊，黄老幺欠我的烂账还没收回来，就要过年了！”

这男子就是我爷爷，脑壳后拖着的猪尾巴辫子油光铮亮——这时是光绪二十七年，慈禧太后和光绪皇帝还坐在龙廷上呢。

为过年，我爷爷早就忙乎起来了。每年“立冬”后，家家户户“杀年猪”腌香肠、腊肉，不单农村到处肥猪悲声嘶叫，城内也常见到又白又胖的大肥猪被开膛破肚的情景。我爷爷家后院厨房每年用残汤剩水喂一两头猪。这时他吩咐下人：“杀猪这天要按十二属相，不能和我家中任何一个人的属相相同！”

选好日子，猪被按在结实的矮脚板凳上。杀猪匠鬼板眼（鬼把戏）

多，他两手紧按猪头，一副不能脱身之状。看热闹的小娃娃往往会把杀猪刀递给他。杀猪匠低声嘀咕道："猪大爷，不是我要杀你哈，是递刀的叫老子杀嘛！"

"杀年猪"时主人家只允许杀一刀，如一刀不死，预示来年不顺。很顺利，猪一刀毙命！我爷爷笑眯眯地用一张草纸在杀猪的刀口子上蘸点血烧化给猪，作为它西归路上的"买路钱"……

于是我爷爷屋檐下密密麻麻吊起一串串或乌黑或红亮的腊肉、香肠……他吧嗒吧嗒抽着水烟，心里盘算："过年时要先吃猪头，一年才会开个好头。婆娘家不要吃猪舌头，以免多嘴多舌。唔唔，小娃娃嘛，多吃猪耳朵，才听大人的话……腌猪肚子嘛，留着五月端阳再吃，吃了以后不会肚子疼！"以上这些都是先人遗风，也不知是确有道理，还是"合理分配"和勤俭持家的经验？

不论贫富，都讲究新年穿新衣。腊月，我奶奶忙着为全家做新衣新帽。腊月初八吃"腊八粥"，我奶奶一大早就亲自下厨烧粥。娃娃们用筷子数碗里面的莲子、栗子、枣子和花生米，看谁运气好。

"腊八"后，"过年"日近了，气氛也日浓。市面熙熙攘攘、行人慌慌忙忙，准备年货、打米酥、蒸年糕、送年礼、点百果灶、贴春联和"喜门钱"……我爷爷开的"老元吉"绸庄也开始"大拍卖"，他把"年关在即、止账候收"的告白贴在黑柱上。连街上拖襟襟挂绺绺的讨口子（要饭的）脸上也喜气洋洋，因为不但几个慈善会在这时都要施舍可领钱米的"钱飞飞"和"米飞飞"（票单子），连天仙桥街"粥厂"施舍老弱病残的清汤稀饭也稠了许多！

腊月十六日，是"祷牙"（又叫"倒牙"）日。一般贫穷百姓每月初

二、十六两天才能开荤吃肉，幽默的四川人把这种偶尔开荤比喻为隆重祭祀鬼神，名曰“打牙祭”。腊月十六日的“牙祭”就称为“祷牙”日，我爷爷这天照例要请店铺中的伙计们吃顿肉。

几大块回锅肉下肚后，我爷爷挨个敬酒：“孙长顺、胡水长、李宏兴……明年好好干，我不会亏待你们的！”这几人立刻兴高采烈。

我爷爷又给陈二娃斟满高粱烧酒，笑呵呵地说：“二娃啊，你今年也辛苦啦，但小店池小难养大鱼，过年后另请高就吧！”平时有点“啰嗹”的陈二娃霎时成了苦瓜脸，晓得这是“最后的晚餐”，来年的“饭碗”已打烂了！

“祷牙”日的下午，繁华的东大街上出现不少酒足饭饱却又垂头丧气的“陈二娃”们……

“祷牙”日后，成都少城外“将军衙门”、督院街等处官衙也“封印”不办事了，所以这天又叫“倒衙”。戏班也在这天后“封箱”，明年正月初一才又演戏。

这时，街面上会出现一些奇形怪状的端公道士、尼姑和尚，他们或敲木鱼，或打铁盘，叮叮当当挨家挨户讨钱，嘴里念念有词：“过年过年！消灾除邪！”我爷爷见这些人大都是闯州吃府的野僧妖道，便不想给钱，可你不给他不走，“叮叮当当”一声比一声敲得紧、敲得响，而且那架势像要硬闯进大门，我爷爷吓得赶紧掏出一大把铜钱，换了几张揩屁股手纸般皱巴巴的“祛邪符”，野僧妖道才嘟嘟囔囔地走了……

二、“祭灶”和“辞岁”

随着“红萝卜蜜蜜甜，看着看着要过年”的童谣声，满街小娃娃

旧时过年“祭灶”用的灶神图。

“嗡嗡嗡”的“响簧”（竹簧）声，哔哔剥剥的“巴郎鼓”声和呜嘟嘟的铁皮小号声……过年进行曲即将奏响。

腊月二十三、二十四日是“祭灶”日，通常“官三民四”，做官的在前，平民百姓在后。灶神又称灶王爷、灶王菩萨，全称是“九天东厨司命灶王府君”。晚上，家家户户吃过晚饭，把锅灶打整干净，在锅中放一盏油灯，为灶王爷升天引航照路。我爸那时还是个流鼻涕小娃儿，乱开黄腔（瞎胡说）道：“对泥巴灶台还兴磕头呀？”我爷爷骂他道：“胡说八道，灶王爷是‘祝融’转世，每年这时候上天向玉皇大帝报告家家户户的善恶，安排每家人来年吉凶祸福，功夫了得呢！”

我爷爷把还散发着油墨味的彩色灶王菩萨神像，恭恭敬敬地贴在灶台上，柱头上也贴出对联：“上天言好事，下地降吉祥”。灶台上还供奉着一大盘捏成宝塔形、饰以金银纸图案的“灶糖”，就是现在还有人叮叮当当叫卖的白麻糖。接着点上香烛、摆上酒果。

我爸忍不住又说：“我吃白麻糖要粘牙齿，吃了话都说不出来哩。咋个灶王爷也要吃它嘛？”我爷爷忍住笑，正色说：“瓜娃子，就是要粘住灶王爷的嘴巴，不要上天去说我家坏话嘛！”

我爷爷把从街市上买来的“灶马”“灶述”（即木板雕刻印刷有马和

银钱的黄纸符）焚烧了，对我爸说：“‘灶马’‘灶述’是送给灶王爷的坐骑盘缠！”我爸问：“纸做的‘灶马’又不是麻雀儿，能上天嗦？”我爷爷也不理他，只顾跪拜祷祝。

旧时过年“祭灶”用的灶神图。

我爸当然也撅着屁股蛋跟着磕头。仪式刚完，小娃娃们把和了纸灰的干黄豆、草屑撒向屋顶，嘴里乱吼：“灶君老爷，吃了糖，骑马马上天了！上天了！”

我爷爷说：“大年三十灶王爷在玉皇大帝那里‘述职’完，才会又骑纸马回归千家万户。”

少年时的我听爷爷翘起白胡子颤巍巍地讲的这些老古董，很莫名其妙。现在似乎明白了：“祭灶”貌似“迷信”，其实是老百姓一年之末的“自我检讨”，是每个家庭“自我约束”的优秀民间习俗啊！

腊月二十四日，家家户户还打扫“阳尘”，做大扫除。从“祭灶”日起，公馆人家、商铺也开始更换“桃符”（对联）。公馆大门大都悬“桶灯”一对，外罩红油纱绸。爆竹之声从此响声不绝……

腊月底是所谓“年关”，当收当付的账，都要在年三十晚上结清。因为过年中是不许逼债的。清末筱廷写的《成都年景竹枝词》：“褡裢账簿带身旁，飞子沿门散去忙。一到临年三四日，敲人门户令人慌！”“乍见官衙结彩新，自愁无计了清贫。商量入市买柴米，门外先来索债人！”“年关”，对有些人真是难过的一关！

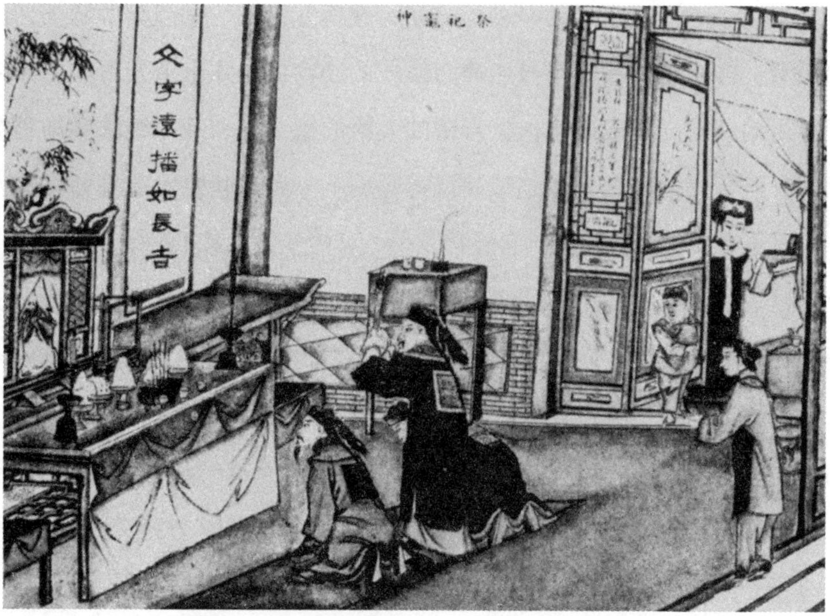

清末一官员家过年时“祭灶”的情景。（来源：清末《祭灶图》）

所以，除夕这天，因准备过年及收债，全城忙碌，四城门及各街栅栏，按例均彻夜不关，爆竹之声无片刻间断。

我爷爷这几天忙得团团转，因为“黄记成衣铺”老板黄老幺铺子垮杆（倒闭），还欠我爷爷30大洋衣料钱，他便外出避债和我爷爷捉起“迷藏”来。

大年三十了，我爷爷家门神、春联、“福”字都贴起了，还高挂起红彤彤的大灯笼。堂屋正面神龛上点起一对大红蜡烛和三根拇指粗的香，中梁下吊一盏灯火跳跃的“神灯”……“团年饭”是一年最隆重之时，杀雄鸡、煮猪头供祖先；鸡鸭鱼鹅几盆几碗摆满饭桌。穷家小户也总有一碗回锅肉、一盘肥腊肉、一盆萝卜汤。

讨口子这一天也过的是神仙日子，成都九眼桥、东门大桥桥下，河滩上有一排歪歪倒倒的用破席碎布搭成的小窝棚。几十个乞丐散在河滩上，用鹅卵石支着破砂罐，将行善的人给的槽头肉和高等级的残汤剩饭回锅，只听得枯枝败叶、碎纸片烧得哔剥响。火光映照着蓬头垢面的人影，有男有女，有老有少，有瘸有驼……那情景倒也其乐融融。

这天，我爷爷却坐不住了，说："不行，我要去收黄老幺的烂账。这龟儿抽大烟、又滥赌，他赊欠的布料款怕要打水漂！"他急急忙忙跑到离大慈寺不远的棉花街，黄老幺七歪八倒的破笆笆门上贴了一副对联："穷、穷、穷，我家穷！富，富，富，你家富！"我爷爷一读，急忙吐口水："这龟儿在讨人家'口彩'，要念的人穷，反祝他富！"竹笆墙上还贴了张纸条："太公在此百无禁忌，想收欠账明年再说。"我爷爷敲门无人应，黄老幺早杳如黄鹤了！

我爷爷无法，回身走到老城墙边杂草丛生处，隐约见有个人影蜷缩成一团，还有一点幽幽鬼火晃动。我爷爷一怔，猛地大叫："黄老幺，你龟儿躲在这旮旯头抽大烟当活神仙！"黄老幺一跃而起落荒而逃。我爷爷气得大吼："你龟儿躲得过初一，躲不过十五！"

吃年饭，是除夕夜必不可少的项目。我爷爷气喘吁吁赶回家，带着儿女向"天地君亲师"和列祖列宗的灵牌磕头……到处是鞭炮声，家家户户祥和快乐。我爸在噼噼啪啪声中接过"老辈子"的"压岁钱"，压在枕头下，"压岁"谐音"压睡"。他欢喜得手舞足蹈，坚持要和老辈子"守岁"。我爸和其他娃娃们吵吵闹闹开始掷"升官图"。这是一幅毛边纸石印、约二尺见方的"升官图"。玩时，每人轮流转四周写有"德""才""功""庄"的小陀螺，根据陀螺倒下时所亮出的字决定升降。

古时一家四代人除夕夜守岁时其乐融融的幸福情景。（来源：清《新年夜宴图》）

我爸爸从白丁慢慢“升”到童生、秀才、举人、进士，眼看中了“状元”要当宰相了，眼皮却不争气直打架，只好由我爷爷哄着去屙了一大泡尿，上床接着做黄粱美梦去了。

放鞭炮是为“驱邪”。到了午夜，接连不断的爆竹声噼噼啪啪响如惊雷，连空气中也弥漫着浓浓的硝烟味……清朝《蜀中新年竹枝词》说那时的风俗是:“过年火炮响连天，纸说全红子说千。就是贫家生计薄，朝朝也放霸王鞭！”

三、从“走喜神方”到“游百病”

大年初一天刚亮，众人从一夜未停的鞭炮声中醒来。大人娃娃都是从头到脚一身新，人人喜气洋洋。一家洗漱刚完，我奶奶即送上每人一碗红糖汤圆，口中连说："甜甜蜜蜜，团团圆圆！"

过年气象果然不同，连"老虎灶"凌晨除卖"元宝开水"外还免费供热水。大商铺关了门，做小生意的摊贩生意却特别好，专赚小孩子的钱，如甘蔗、橘子、面食、糖人、凉粉、花炮、响簧、小灯、大头和尚、戏脸壳、灯影、风车车……街头巷尾，连平时有仇怨的人见面都要拱手作揖，连声"你好你好""恭喜发财！"

我爷爷笑呵呵地对我爸说："乖乖，你今天也不要耍疯了！大年初一也有禁忌规矩，这一天不能动针，因为'针'和'争'谐音；不能吃豆，因'豆'和'斗'谐音；不能看书，书就是'输'。也不许说啥子'死''鬼''霉''惨'这类字眼……大年初一不能扫地，不能把垃圾倒到门外去，以免财气外溢。更不允许吵架哭闹，流马尿水（指眼泪）！"

我爸淘气，问："那连'屙屎'也不能说呀？那我想屙——咋个说嘛？"

我爷爷只好不理我爸，站在大门外，笑呵呵抽着水烟看过年街景。讨口子一拨又一拨走过来，有的在唱"莲花落"："过年你发财，元宝滚进来。滚进不滚出，金银堆满屋！"有的在打"金钱板"："屋前栽有摇钱树，家头安有聚宝盆，树上铜钱成串串，聚宝盆里堆金银！"过年也是讨口子们的"黄金季节"，要从初一讨到十五……我爷爷早准备有散碎铜钱，天女散花般乱撒，讨口子们在地上抢得呼儿嗨哟！

突然，门口俨然站了一位神道，吓了我爷爷一大跳！原来当时旧风俗：正月初一这天，常有人头戴官帽、身着红袍、腰系玉带、脚蹬朝靴扮成"文昌帝君"的"文财神"；或者金盔金甲、嘴挂长须扮成财神菩萨赵公明的“武财神”；还有的又扮成“春官”。这些“财神”“春官”进项比讨口子高得多，但准备戏装也要花些本钱。装“财神”者常是无法度日才走此末路的，往往为人不齿。所以《成都年景竹枝词》中嘲讽说：“乞儿得意做官时，袍带乌纱手内持。说过千门恒炫耀，春官常挂嘴唇皮！”

清末过年时人们见面互相“拜年”作揖的情景。

此时站在我爷爷面前的“财神”更是不伦不类：他头戴瓜皮小帽改成的官帽，身穿皂袍，墨水把脸染得漆黑，颔下一副黄须是苞谷须；右手高举一根金鞭，是一截烂甘蔗包了层黄纸做的；左手托着一个烂瓷盘，放了金银锡箔纸做成的像金元宝又更像黄狗屎的东西……

这“财神”站在我爷爷面前，不说话、不告求，精瘦的脸上两只眼直呆呆看着人。原来“财神”送宝不能说话，开口就不灵。我爷爷忙掏出枚相当二百文的大铜钱放在他的烂瓷盘里。“财神”嫌钱少不肯走，堵在门口。爷爷只得又添一些，他才蹒跚离去，又到第二家门口站立……我爷爷心头嘀咕：“这‘野财神’好像有点面熟，他是谁呢？”

过年时还有“放炮”“拜年”“打闹年鼓”“敬财神”“迎喜神”“飞名片”“耍龙灯”“耍狮子”“听扬琴”“听相书”“请春酒”“走喜神方”……许多快活娱乐，其中以“走喜神方”最隆重。“喜神方”，即

“喜神”所在方向，每年新“皇历”注明新一年“喜神方”是东方、东北方或西南方……成都武侯祠、丁公祠、望江楼、青羊宫，都是“走喜神方”的好去处。

初一，我爷爷带全家到武侯祠“走喜神方”。过老南门大桥，就有许多溜溜马供人雇来骑。一路尘土飞扬，许多轿子、鸡公车（独轮推车）嘎吱嘎吱满路响……到了武侯祠，有身份的官、绅、商、贾多半在大花园的游廊过厅上吃茶观景。我爸爸像所有小娃儿一样，一进山门，就向遍地摆设的临时摊头跑去，转糖饼、吃豆花，还有小春卷、炒花生、红甘蔗、牧马山的地瓜……肚皮就像潲水桶。我爷爷忙说：“娃娃，看吃坏了肚子！”

我爷爷牵着我爸随着密密麻麻的善男信女向塑像磕头礼拜。游人们尤其要在诸葛殿向孔明老先生求一注签，男男女女各人占卜不同：“今年运气好吗？”“我幺妹婚姻大事如何？”卦摊前生意兴隆，正像李劼人先生小说中写的：“几十个道士的一年生活费，全靠诸葛先生的神机妙算！”

大殿下面甬道两边，是“闹年锣鼓”队伍比赛之处，有几十伙队伍。“闹年锣鼓”是古人“击鼓驱疫疠”的遗风，奏响春节的高潮……（2004年后，武侯祠新添有“喜神方”巨石，但游人多不解其意）

初一这天，老百姓、官衙、商铺还彼此贺年。清末周询《芙蓉话旧录》中说：“除至亲密友需亲到外，余多遣人投名片。当时名片以红纸印刷，长四寸许、宽约三寸，名字如胡桃大。铺户无司阍人，投片者皆随带糨糊少许，将名片粘悬其门外，以示曾到……”礼到即行了。

大年初二后，我爷爷忙着到至亲好友处“拜年”。《蜀中新年竹枝词》中说：“队队衣裳簇簇新，相逢道喜贺新春。无愁百岁唯今日，醉里何须谢主人！”我爷爷天天都喝得个酒气熏人。

正月初五是“牛日”，又是“送穷日”。我爷爷一大早就把两双旧鞋子扔在椒子街上，让讨口子拾去穿，他得意扬扬地说：“有些人只倒烂垃圾、甩烂草鞋‘送穷’，我送了穷又做了好事！”他又到后院河边捡了个漂亮的鹅卵石充元宝藏家中，讨个一年好兆头。

初五以前，街衢游人如织，城内如骆公祠、丁公祠等处，一律开放。

初五这天，是新嫁娘回娘家的好日子，我爷爷出嫁几个月的大女儿凤姑回来了，一家人又忙乱一番……

正月初七叫“人日”，成都人这天要去游杜甫草堂看梅花。此风相沿，听说已历史久远了。所以《锦城竹枝：词百咏》中说：“梅花风里来春阴，尽向公园品碧沉。人日好寻香艳在，环肥燕瘦总留心。”

正月初九，又叫上九，相传这天是玉皇大帝的诞辰，要耍狮子、舞龙灯为玉皇祝寿。周询《芙蓉话旧录》中说：“初九夜起，春灯彩胜、同时齐出，负龙曼衍、到处游行。繁盛街道，大都有牌坊灯，细木作架，髹以金漆，上段幂以细纱，绘说部杂剧，中置灯烛，间三四十步，即安放一架。尤以东大街者为最精致，灯上绘三国演义全部，人物栩栩如生，十五后，始逐渐撤销……”

最热闹的东大街、科甲巷等处，每晚火树银花、热闹非凡。《锦城竹枝词》说：“府城隍庙卖灯市，科甲巷中灯若干。万烛照人笙管沸，当头明月有谁看？”

当时《成都年景竹枝词》中也夸赞：“花灯大放闹喧天，狮子龙灯竹马全。看过锦城春不夜，爱人唯有采莲船。”这风俗演变至今，成了年年举办的“成都灯会”。

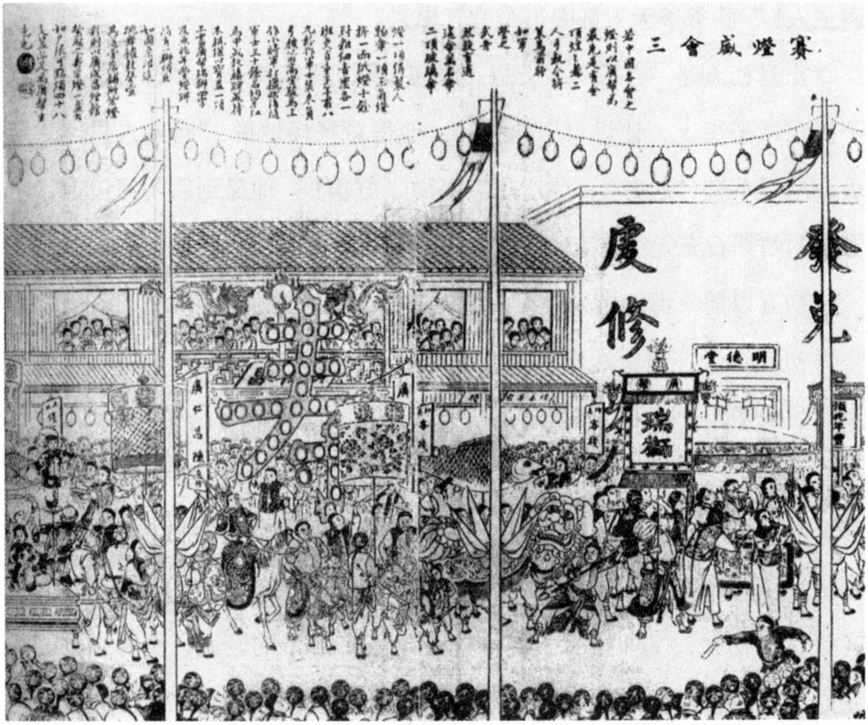

清末春节闹市灯会图景。(来源:《点石斋画报》)

我爷爷走东家串西家，已累极了，正像《成都年景竹枝词》中说的:“茶点才过又酒盘，接连摆饭吃三餐。腌鸡腊肉已嚼遍，都说连日胃不安!”

一直忙到正月十五日，即元宵节，要“观花灯”“烧龙灯”“舞狮子”“猜灯谜”“吃元宵”(汤圆)……

十多天的“年”匆匆过完，留下一句老话:“大人做生意，娃娃捡狗屎!”说的是该各干正事了。但成都人恋恋不舍，还要“过厚脸皮年”。正月十六这天，要爬上城墙去“游百病”，其实就是登高踏春。

我爷爷一家人走到武城门城墙下，见围了一大堆人，一床破席子遮了个死人。围观的人议论纷纷："唉，他不学好，抽大烟又滥赌，牌九、麻将、押宝……样样都来！""他生意做垮了，婆娘跟人跑了，还欠一沟子烂账！""这龟儿子没法，只好去装'烂财神'，要的钱刚到手，又去狂抽滥赌。钱光了，大年十五又冷又饿死在这里！"

我爷爷揭开破席子一看，惊叫起来："哎呀，这不是欠我烂账的黄老幺吗！"

参考文献：

林孔翼：《成都竹枝词》，四川人民出版社 1982 年版。

周询：《芙蓉话旧录》中"度岁"条，四川人民出版社 1987 年版。

成都历代开国君王

成都历来有“六朝古都”“七朝古都”“九朝古都”种种不同的说法。成都究竟曾是多少个朝代的开国之都？本文以翔实史料，介绍了成都12个开国君王。但无一例外，他们都只是偏安一隅的“土皇帝”。

一、开明九世、公孙述、刘备

最早何人、何时在蜀地开国建都？这确实是笔糊涂账，难怪大诗人李白就浩叹：“蚕丛及鱼凫，开国何茫然！”

在距今约3500年的夏商之际，就建立有一个蜀国，前后延续约1500年。史书记载，蚕丛在蜀国“始称王”，前后有蚕丛、柏蔓、鱼凫、杜宇、开明等王朝。鱼凫王国之后的杜宇，号望帝，是第一个有确切建都地址的蜀王，国都是郫县，离成都仅21公里。传说望帝后来把王位禅让给丛帝鳖灵。郫县“望丛祠”里，有状若山丘的望帝陵、丛帝陵遥相对峙，至今让人凭吊。

丛帝鳖灵，号开明氏，他建立开明王朝的时间大约在公元前7世纪。蜀国“都城”因为打仗或者灾害，是不断迁徙的。开明王朝先后就以乐山、郫县、双流等地为都城。大约在2500年前，开明九世把都城从广都樊安（即今双流中兴镇一带）迁到成都。

所以，蜀王开明九世是在成都建都的第一个君王。

他下令在现成都文殊院街、南大街一带建起土城，取名为成都。为啥叫成都呢？通常解释是古人“一年成聚，二年成邑，三年成都”的说法。这位蜀王会享乐，修过珍珠为帘的七宝楼、鹦鹉舟。他还在武都（今甘肃省成县）找来一个美女当王妃，为她专门作《东平之曲》。但王妃不习水土，郁郁而死，开明九世伤心得不得了，令五丁力士大建陵墓，至今北较场武担山还有蜀王开明妃墓……蜀王思妃，常惊风火扯地半夜惊醒，于是又在西城王宫内大修“望妃楼”。他也干了些正事，如下令开辟秦蜀金牛栈道，在玉垒山“别江为沱”修水利等。

开明王朝国王共世袭了 12 代。蜀国势力强大，曾连连进攻秦国，秦国经常是闻风而逃。好景不长，公元前 316 年秋，秦惠王派张仪、司马错、都尉墨率大军从石牛道南下伐蜀。双方在葭萌（今广元老昭化城）大战一番，蜀军被打得落花流水，贪财好色的开明十二世蜀王当了亡国之君，历时 300 多年的蜀国烟消灰灭了……

攻入蜀国的张仪、张若于公元前 311 年在成都筑墙建城，周长 12 里、高 7 丈，是当时仅次于咸阳的大都城。后人以此为成都建城日，距今已 2300 多年。

汉代后成都街市热闹，城墙坚固，左思在《蜀都赋》中称赞成都“金城石郭，既丽且崇！”惹得无数想坐金銮宝殿的英雄豪杰们大流憨口水，都想在这块风水宝地上过一盘皇帝瘾。

西汉末年，貌似对小皇帝孺子婴忠心耿耿的王莽，于公元 9 年篡位，当上“新朝”皇帝。他手下大将、蜀郡太守公孙述趁机割据了四川。公元 23 年，王莽政权垮杆，光武帝刘秀建立东汉王朝。公孙述手下部将李熊劝他干脆也当皇帝！公孙述心里痒痒，被弄得神经兮兮的，梦中也听见有人对他说:“八厶子系，十二为期!”“八厶子系”不就是“公孙”二字吗？公孙述醒来对老婆说:“虽可贵为帝王，但国运太短，只能当十二年，弄不弄得哟？”老婆急着当皇后娘娘，忙说:“古话说‘朝闻道夕死可矣’，何况还能当十二年！有啥弄不得的？”

公孙述想：是啊，他王莽老儿、刘秀小儿都当得皇帝，老子又有啥子当不得的？但要当皇帝，就也得要像王莽、刘秀那样说假话。鱼复城（今奉节白帝城）中有口白鹤井，常冒雾气。他叫人散布说:“这是‘白龙出井’，是公孙大人登基成龙的征兆啊！”

公孙述于公元 25 年自称“成家皇帝”，又叫白帝，在鱼复城建“白帝城”，将成都定为国都，国号“成”，年号“龙兴”。统治地区包括今四川、重庆的大部分和陕西、云南、贵州三省的一部分，地盘不小。但公孙述心眼小，无远见（史书称其“性情苛细，不见大体”），连将士都没有论功行赏，就忙着先把两个儿子封为王。公孙述年轻时当过皇帝的侍卫，如今一步登天，也大耍皇帝威风，出入宫殿陈列浩浩荡荡的骑士仪仗。他还在成都修造了一座十层高的红楼，连栏杆都用上等丝帛装饰，奢靡之极……

公元 36 年春，刘秀挥兵攻蜀，派征南大将军岑彭等人率水陆军六万、骑兵五千、战船千艘逆长江西进；又派来歙等率军出天水（今甘肃通渭西北）南进，合击成都……公孙述军接连败退。到了这年七月，岑彭率主力日夜兼程疾进 2000 余里，攻占武阳（今四川彭山县东）后，即派精骑袭击广都（双流中兴），成都危在旦夕。十月，穷途末路的公孙述想了个妙计，派人假投降，去刺杀了岑彭。(岑彭死后葬在中兴场，清代末年，当地农民挖出大胫骨两根和石碑，总督岑春煊自认是岑彭后裔，修墓庙奉祀，现墓、庙均不复存。）

刘秀忙调征西大将军吴汉接替岑彭职。公孙述居然回光返照，在十一月三战三捷。这月十七日，公孙述自率数万人向吴汉发动猛攻，从早至午打得天昏地暗，将士皆疲。吴汉乘机用精兵反攻，蜀军大乱，公孙述被刺，重伤掉落锦江，含恨而死……至此，公孙述 12 年的大成国被灭。此战刘秀派兵上溯三峡入川，是中国战争史上利用江河实施远距离进军的著名战役。吴汉军队在成都纵兵大掠，宫殿楼台被焚个干干净净……

一晃 200 年过去，到东汉末年，第三个开国君王刘备（字玄德）又在成都登台表演了。

此时刘焉父子任益州牧，割据四川 20 余年。刘焉嗜刑好杀，见益州地广财多，也想到皇帝宝座上玩玩，却在公元 194 年呜呼哀哉了。他儿子刘璋性情暗弱，于是镇压黄巾起义发家的刘备，在公元 221 年乘虚入川。刘备几十天也攻不下成都，正为难之际，不料刘璋却先下矮桩，拱手服输。部下不服气，劝说刘璋："城中尚有兵三万余人；钱帛粮草，可支一年，奈何便降？"

刘璋还有天良，说："我父子在蜀二十余年，无恩德以加百姓；三年来却战事不断，心何能安？"于是开城投降刘备。

深得"厚黑学"三味的刘备，见刘璋简直是个随便捏的"炽桃子"，心子一黑就轻轻松松吞下胜利果实，却又厚起脸皮拉着刘璋大流鳄鱼眼泪说："非我不行仁义，是无可奈何啊！"于是刘备于公元 221 年在成都称帝，国号汉（史称蜀汉），年号章武……

刘备未发迹前曾当"跑滩匠"卖草鞋，被曹操讥笑为"卖履小儿"，所以后人奉他为鞋业鼻祖。清道光乙巳年（1845）五月，成都民间鞋业

武侯祠中的刘备塑像。（供图：王正志）

行会在提督街建三义庙，悬“神圣同臻”巨匾于正殿，匾上写着“道光乙巳年艾月吉旦”，落款是“靴鞋行众弟子立”，这块匾近年落户于武侯祠三义庙。据 2002 年 12 月 10 日《天府早报》报道：中国皮革工业协会理事长徐永来蓉考察，“认定中国鞋业的老祖宗即是刘备”……这也算刘皇叔“永垂不朽”的佳话。

公元 223 年，刘备病死，其子刘禅即位；公元 263 年，刘禅降魏。刘备、刘禅两代共历 42 年。

二、李雄、李寿、范贲、谯纵、萧纪

阿斗刘禅被晋武帝司马炎逮到洛阳，装得憨痴痴地说：“此处乐，不思蜀！”这才保住一条小命。司马氏的西晋一统天下，好不得意！皇亲国戚奢侈放荡、夸奇斗富，比赛用麦糖涮锅、蜡烛烧饭、锦帛缠山、人乳喂猪、砍杀美女佐酒……昏天黑地胡闹，结果不到 20 年，就爆发了“八王之乱”。

这时，西北又连年闹饥荒，略阳（今甘肃泰安）、天水等六郡的汉、氐、羌、密等各族民众十余万人“入蜀求食”，纷纷翻越秦岭大逃亡……乱了数年，朝廷勒令入蜀的陕西、甘肃流民返乡。但流民都认准四川比甘肃、陕西好，死活不肯回去。益州刺史罗尚强令遣返流民，还沿途劫杀流民。

公元 301 年，愤怒的流民公推略阳氐族名门李特、李流兄弟为首领，在绵竹揭竿起事，李特自称益州牧。不久，李特战死，其弟李流继称益州牧，不久也病死，李特的儿子李雄被推为成都王。起义队伍先攻占广汉，公元 304 年打下成都。

306 年 6 月，李雄称帝，国号“大成”，改元晏平，设置百官。这就是史家所谓的“大成王朝”。李雄是继刘备后又一个在成都登台表演的开国君王。

李雄得到青城山天师道首领范长生大力支持，所以范长生当了丞相，还被封为“天地太师”（即国师）。在范长生的辅佐下，刑政宽和，百姓富实，据说“由是夷夏安之，威震西土”。李雄当了 31 年大成皇帝，才于公元 335 年死了。他这一死不打紧，其子侄们立刻如饿狗抢食般争夺皇位，打得个你死我活。

公元 338 年，李雄堂弟李寿（李特之弟李骧之子）刀口舔血夺权成功，自立为帝。因他夺权后将国号由“成”改为“汉”，年号为“汉兴”，并废除五铢而铸行“汉兴”小钱，故应该也算作是一个成都的开国君王。史家把他和李雄的大成国常统称为“成汉政权”。

李寿虽只过了 6 年皇帝瘾，知者甚少，但“汉兴”铜钱是中国最早的年号钱。我听送仙桥古玩市场的藏家说：“汉兴”铜钱是中国货币史上的收藏珍品，能卖大价钱。

李特兄弟子孙六代建立的成汉政权共存在 44 年之久，是当时“五胡十六国”中最早建国的，也是自秦代以来第一个以成都为中心的少数民族（氐族）割据政权。

李寿死后由太子李势继位，国内混乱。347 年，东晋西征将军桓温举兵灭蜀。他见成都城池牢固，很容易滋生土皇帝，便釜底抽薪，一把火烧掉成都城。

但桓温前脚刚班师回朝，原成汉宰相范长生的儿子范贲及邓定、隗文等人纠集散兵余勇就攻入成都，自立为蜀帝，年号为“龙凤”。范贲捏造谣言，煽动蜀境，蜀人多半趋附……龙凤皇帝在宝座上屁股都还没坐热，不到一年，就被东晋派兵消灭，范贲等人被擒斩。

范贲虽是短命皇帝，但《晋书》《资治通鉴》等史书都记载他曾“称帝”，故也该认为是成都的一个开国君王。

过了 50 多年，谯纵又跳到台上过帝王瘾。

404 年，益州刺史毛璩（现南部县人）率众三万奉命出川东伐叛军，命参军谯纵出涪水与主力会师巴郡。哪晓得谯纵突然倒戈兵变，于 405 年引兵攻成都，把毛璩一家子都杀了，自称“成都王”。后来他巴结北方势力强大的后秦，被正儿八经地封为蜀王，在成都当了 8 年土皇帝。413 年，刘裕遣元帅朱龄石挥师破成都，谯纵吓得屁滚尿流、走投无路，道边找了棵树子上吊而亡……

一晃到了南北朝时期。梁国益州刺史、太尉武陵王萧纪，很有武艺韬略，治理蜀地 17 年了，也想做皇帝梦。公元 551 年，宫中殿柱环绕树节的地方开了花。树木没干透就砍来修房，生叶开花本也不稀奇，但萧纪又痴癫起来，他散布谣言说：“宫中殿柱开花，是老天爷让我登基的祥瑞哟！”于是就急不可耐地在成都当皇帝了，改年号为天正，还把大儿子萧圆照立为皇太子……本想江山万年，岂料转眼就被也刚在江陵称帝的萧绎攻灭了。

三、王建、孟知祥、李顺、张献忠

360年后，成都人很熟悉的另一个皇帝又登台了，这就是五代时前蜀国开国君主王建。王建字光图，河南许州舞阳人，排行老八。他年轻时曾杀牛、偷驴、贩私盐，乱吃野钱，所以家乡人称他为“贼王八”。他名声极坏，却长得牛高马大、相貌出众，就去从军。黄巢攻占长安后，唐僖宗逃到四川。山中栈道被火烧，浓烟烈烈，王建身先士卒为僖宗开路。休息时，正背时倒霉的唐僖宗枕着王建的腿就睡着了，醒来见王建为保护他不敢休息，不禁流泪，忙脱下御衣赐给王建……长安收复后，王建被任命为禁军将领。他天天同皇帝老倌打交道，觉得当“天子”真巴适，整天醉生梦死、女人成群，心想有天轮到老子也要过把瘾!

王建慢慢混成壁州（今四川省通江县）刺史。唐大顺二年（891），川中大乱，王建攻取成都，已拥有东、西川40余州。903年，唐朝封他为蜀王。907年，奄奄一息的大唐朝灭亡了，朱温篡唐称帝。

王建见过把瘾的机会果然来了，立马称帝于成都，国号“蜀”（史称前蜀，903—918年在位）。王建称帝之后做了一些好事，他下诏劝农桑，百姓也过了几天太平日子。他当皇帝后也肯接受意见，一次有个和尚挖出一只眼珠子献给他，把他感动得当即下令：要供一万名僧人饭食以相报！翰林学士张格说，小人无故自残邀宠，这样重赏，要导致不正之风泛滥啊……王建当即就收回了成命。

王建72岁死后，庙号高祖。其子王衍继位，只晓得声色犬马，大修宫殿亭阁，绵绵十里，又引水绕宫城为御河，皆可行舟作乐……王衍喜欢艳歌、艳舞，天天和彩娥宫女打得火热，还乱写肉麻的爱情诗，说啥子："月华如水浸宫殿，有酒不醉真痴人。"……后唐李严出使前蜀，回去就向后唐皇帝建议：这小子如此不正经，打他！

在成都永陵中埋了千余年的王建石像。（供图：王正志）

后唐庄宗在同光三年（925）命郭崇韬率兵攻蜀，只用了75天就兵临城下。王衍想学前代阿斗刘禅，也装个傻帽保住小命，就背起棺材去迎降，不料此招不灵，仍被砍了脑壳！前蜀共传两代，历时23年……

紧接着后蜀国开国君主孟知祥粉墨登场。孟知祥字保胤，河北邢州龙冈人。祖父孟察，父亲孟道，在郡里承袭做军官，伯父孟方立和叔父孟迁都做到节度使。沾家庭背景的光，孟知祥年轻时就被李克用任命为左教练使，李还把一个侄女嫁给他。

李存勖继承晋王后，让孟知祥担任身边要职"中门使"。孟知祥很精灵，晓得以前几个中门使都不合主子意而丢命，于是千方百计推掉这个看似光荣的烫手炭圆，而另举荐郭崇韬。

郭崇韬就是上文中灭王衍的人。李存勖即位建后唐之后，令郭崇韬领兵灭蜀。出发前，郭为报答孟知祥举荐之恩，就向李存勖说：灭蜀后，孟知祥去治蜀地最宜……蜀地已克，李存勖担心郭崇韬学三国时讨伐刘禅的钟会，也做皇帝梦，犹豫着是否要杀郭崇韬。他摆宴送孟知祥去成都当西川节度使时，孟知祥劝道："崇韬是国家功臣，不会有二心的！"

谁知孟知祥刚入剑门赴任，半路遇上前去杀郭崇韬的宦官已绝尘离去。当他昼夜兼程赶到成都，方知郭崇韬已经兔死狗烹，丢了脑壳……

孟知祥初到成都时，蜀中大乱。孟知祥施政清廉，社会逐渐稳定。《蜀梼杌》中说，“是时蜀中久安，赋役俱省，斗米三钱”，可见很有些丰衣足食的小康光景了。

不久后唐明宗李嗣源取代李存勖，孟知祥就有了割据称王的念头，拒绝向朝廷贡纳税赋。明宗派李严去蜀地当监军监视，孟知祥反以假传诏书罪名将李严杀死。明宗见孟知祥反骨已现，又无可奈何，干脆做个顺水人情，把被扣做人质的孟知祥妻儿送回成都……

君臣虽钩心斗角，但后唐明宗在世时，孟知祥为回报明宗恩遇，没有称帝。等明宗死后第二年，即后唐应顺元年（934），他就不客气了，在成都正式称帝，建国号“蜀”，史称“后蜀”。只是他在宝座上只坐了半年，屁股还没坐热，一天就在酒宴上突发重病死去……

他的三儿子孟昶福气好，继了帝位。孟昶会享乐，连尿罐子都用珍宝装饰。他还让百姓在成都遍种芙蓉，每当九月花开，全城一片锦绣——这就是成都简称蓉城的来历。他是昏君，但如果要选成都历史上的环保模范、植树标兵，他完全应该捧第一名大奖状！他当了32年的享乐皇帝，才被北宋消灭……

孟昶灭后没有几年，另一个君王李顺又登台表演了。

公元992年，西川青城（今都江堰市）人王小波发动了武装起义，吼出“吾疾贫富不均，今为汝均之”的动人口号，很快发展到数万人。他攻克青城县后又攻彭山县，把县令齐元振杀死，还剖开肚皮塞满平日贪污来的钱币……这年冬天，王小波率众攻打江源县，额头上中箭而死。

他的妻弟李顺又当了统帅，依靠“在城贫民”，“指引豪家收藏地窖”，杀富济贫。弄得地主富人“人心恐悚，投死无地”……

994年正月，起义军攻克汉州、彭州，接着攻下成都。这个打着为百姓“均贫富”幌子的李顺，扯下伪装也要过盘帝王瘾，匆忙建立“大蜀”国，自称大蜀王，改元“应运”，并铸造“应运元宝”铜钱和“应运通宝”铁钱。

北宋朝廷急忙派遣王继恩为剑南西川招安史，于当年5月率军攻破成都。称王不到半年的李顺据说阵亡，下落不明……时人沈括写的《梦溪笔谈》卷二五中说：“大蜀”国灭亡30年后，巡检陈文琏在广州逮到李顺，李已经70多岁；陈用囚车把李顺押解到京师砍了头，陈文琏升官两级。沈括在陈文琏家里看过《李顺案专卷》，此事当可信。

李顺的“大蜀王”美梦虽然刚打了个盹就被惊醒，但沉重打击了宋王朝，宋太宗也不得不下“罪己诏”。此外，“大蜀”国搞打土豪、分田地的“均贫富”那一套做法，对后世影响深远，被认为是历史上影响中国的100次大事件之一。

最后在成都登基的皇帝，就是赫赫有名的张献忠。

张献忠（1606—1647），陕西延安人。崇祯三年（1630），陕北农民纷起暴动，张献忠率米脂十八寨农民响应，自号八大王……1644年8月9日他杀进成都，随即在此建国，国号“大西”，改元“大顺”，自称“大西王”，称成都为西京。

张献忠以原蜀王府老皇城（就是现省展览馆处）正殿改称承天殿，昭明殿为金銮殿；又铸造“大顺通宝”“西王赏功”铜币，命造新历《通天历》，刊刻了“圣谕碑”（现存广汉市人民公园内）；还设置左右丞相、

梓潼县七曲山大庙张献忠塑像。

六部尚书；命令臣民一律呼自己为“老万岁”，百姓不拘贫富之家，一律立“西朝皇帝万岁”牌位，四时朝供……他还中西结合，把吓得到处躲藏的意大利传教士利类思、葡萄牙传教士安文思找来，封为“天学国师”，要两个洋人为他制作地球仪，看样子还有“统治世界”的雄心壮志呢！

张献忠在四川大开杀戒。据清人沈荀蔚《蜀难叙略》等史料说，这个“大西皇帝”先杀百姓，次杀军眷，再次杀湖北兵、四川兵……没有吃的，就杀人作军粮。百姓杀光跑光，皇帝梦也只好泡汤。张献忠占据成都称孤道寡仅两年，就不得不逃走了，走前还一把火把成都烧个精光。他登基的老皇城大殿修得牢固，烧不起来，张献忠命令士兵“灌以脂膏”；盘龙石柱烧不烂，张献忠命令士兵“裹纱数十层，浸油三日，一火而柱折”……

“西王赏功”钱。

张献忠逃离成都后仍杀杀杀，一路杀到西充扎营，却被统领川兵的叛将刘进忠引导清兵豪格肃亲王等挡住去路，“嗖”一箭射来，在成都历史舞台上最后登基表演的“大西皇帝”张献忠，就这样身亡谢幕了。

从开明九世开始，在成都开国的先后有公孙述、刘备、李雄、李寿、范贲、谯纵、萧纪、王建、孟知祥、李顺、张献忠，共 12 人，这些人大都有新建王朝、自创年号、自铸货币等“开国”特征，并载诸历代史册。但这些君王们，毫无例外都只是偏安一隅的土皇帝，从未统一神州大地。

帝王尸骨已朽，成都在中国历史上却创造了两个奇迹：一是城池虽屡有兴废，而城址千年不变；二是政权屡有更替，而城市名称从无更改。成都堪称全国乃至全球最具稳定性和生命力的特大城市之一。

参考文献：

《华阳国志校注》，巴蜀书社 1984 年版。

《四川古代史》，四川人民出版社 1988 年版。

《千年回首话四川》，巴蜀书社 2000 年版。

陈寿:《三国志》，上海古籍出版社 1986 年版。

杨伟立:《前蜀后蜀史》，四川社会科学出版社 1986 年版。

《张献忠剿四川实录》，巴蜀书社 2002 年版。

清末奇人傅崇榘[①]

清末民初的傅崇榘“奇”在哪里？他一生中从军、从政、从文，涉足商界、报业、电影业、地方志、地图、绘画艺术、红十字会……是四川近代化进程中，货真价实的先行者、弄潮儿。傅崇榘的详细事迹已湮没在历史大潮中。我花费几十年心血和不菲资金，基本上收藏齐了傅崇榘的重要著述及其生平事迹的第一手珍贵史料，现与读者诸君一一分享。

一、傅崇榘生平的诸多谜团

(一) 傅崇榘生卒年、月、日

有关傅崇榘的人生经历，长期以来是一团乱麻、各说不一。

我根据多种可信史料严加考证：傅崇榘出生于清同治十二年，即公元 1873 年。[②]哪一天是其生日呢？我收藏有傅崇榘一本非常重要的著作《自流井》，他在该书“自叙”中说得很明确——“七夕，余诞生日”，即清同治十二年农历七月七日（1873 年 8 月 29 日）。傅崇榘卒年为 1918 年 7 月 7 日——活了不到 45 岁。[③]

傅崇榘的籍贯是简阳石盘铺，但他一生以成都人自诩。这是因为傅崇榘父亲傅廷玺在成都买了房产作为定居之所，留有确切记载的是桂王桥北街 33 号的一所公馆。

傅崇榘外貌形象如何？有资料说：“傅樵村身材中等，略有胡须，性情爽朗，说话有风趣，处事接物，平易近人。”④我收藏有他的真实照片，详见下文“松潘”章节。

（二）关于傅崇榘父亲傅廷玺

傅廷玺，清咸丰十一年（1861）选为辛酉科“拔贡”。光绪六年（1880），才当了一个小芝麻官——开县“训导”。又苦熬了10年，1890年正月傅廷玺72岁，由开县“训导”选任江安县学署，任“教谕”18年以上。

清代公办学堂，国家一级是国子监，省一级是府学，县一级是县学。县学长官为“教谕”，通常为正八品，类似如今县教育局长。县学副长官为“训导”，通常为从八品。

晚清后朝廷卖官成风，傅廷玺后来花钱加捐了道员虚衔（并无实职）。道员，又称道台、观察，通常为正四品。

傅廷玺健康长寿，终生教书育人。傅崇榘1909年叙述自己的健康状况远不如父亲：“父廷玺现已

1909年农历八月，傅崇榘父亲傅廷玺90岁，为《说成都》（《成都通览》）题写书名并作美人画，载于“通俗本”第一册第十八页。

九十岁，尚在泸州江安县学署任所也。须发未全白，齿未缺一，唯耳稍沉，善记，健饭，手不携杖能行数里，眼不带镜能视报纸。无他术矣，不过节饮食，少筵宴，减嗜欲，起眠早而已。予则形役，则神劳，富于思想，拙于治生，年未三十六须发欲霜。”⑤

据此，傅廷玺应生于嘉庆二十三年（1818），卒年不详。

（三）科举简历和投师宋育仁门下

1926 年出版的民国《简阳县志》记载傅崇榘的简要事迹，应属可信原始史料。“傅崇榘，字樵邨，简（阳）北（面）石盘铺人……清廪贡，候补泸州教谕、加捐道员。天资颖慧，才器通达。绮岁为尊经书院上舍生。”⑥

傅崇榘以县学第二名考中秀才。科举时代，挑选秀才中成绩或资格优异者称为“贡生”。由政府按时发给一定生活补助（粮食），故又称为“廪贡”。傅崇榘后来也花钱加捐了道员虚衔，有了候补泸州教谕的官衔。

1898 年初，宋育仁被聘为四川尊经书院的山长。这年傅崇榘选入尊经书院，成为宋育仁“问琴阁”十二位主要弟子之一。⑦

1898 年，傅崇榘到江安县看望当县学教谕的父亲傅廷玺。

这一年沱江涨大水造成巨大洪灾。傅崇榘回成都后，写了《资州资阳简州水难记》，刊登在光绪二十四年六月下旬出版的《蜀学报》第 10 期。因目睹过大洪水给民众带来的巨大灾难，这篇文章描述得生动详细又有真情实感。这篇文章被认为是四川最早的新闻通讯，⑧对研究傅崇榘生平及四川的水灾历史非常重要。⑨但是读过此文的人少之又少。

文章中有这样的重要文字：“余现司报馆采访。”说明当时傅崇榘担任《蜀学报》记者工作。

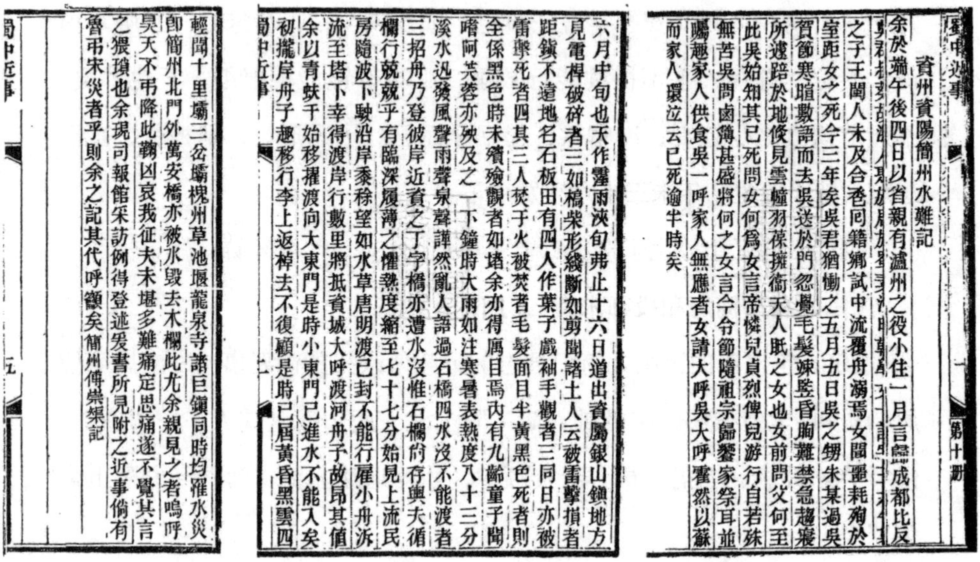
蜀中近事　一　第十册

資州資陽簡州水難記

余於端午後四日以省親有瀘州之役小住一月言歸成都比反之子王閭人未及合巹同籍鄉試中流覆舟溺焉女聞噩耗殉於室距女之死今三年矣吳君猶慟之五月五日吳之甥朱某過吳賀節寒暄數語而去吳送於門忽覺毛髮竦豎昏胸難禁急趨寢所遽踣於地倏見雲幢羽葆擁衛天人睨之女也女前問父何至此吳始知其已死問女何爲女言帝憐兒貞烈俾兒游行自若殊無苦吳問鹵簿甚盛將何之女言今令節隨祖宗歸饗家祭耳並囑趣家人供食吳一呼家人無應者女請大呼吳大呼霍然以蘇而家人環泣云已死逾半時矣

六月中旬也天作霪雨浹旬弗止十六日道出資屬銀山鎮地方見電桿破碎者三如槁柴形纔斷如剪聞諸土人云被雷擊損者距鎮不遠地名石板田有四人作葉子戲袖手觀者三同日亦被雷擊死者四其三人焚于火被焚者毛髮面目半黃黑色死者則全係黑色時未殯殮觀者如堵余亦得厲目焉内有九齡童子聞嗜阿芙蓉亦殃及之一下鐘時大雨如注寒暑表熱度八十三分溪水迅發風聲雨聲泉聲譁然亂人語過石橋四水沒不能渡者三招舟乃登彼岸近資之丁字橋亦遭水沒惟石欄尚存與夫循欄行兢兢乎有臨深履薄之懼熱度縮至七十七分始見上流民房隨波下駛沿岸黍稌望如水草唐明渡已封不能行雇小舟泝流至塔下幸得渡岸行數里將抵資城大呼渡河舟子故昂其値余以青蚨千始移擢渡向大東門是時小東門已進水不能入矣初攏岸舟子趣移行李上返棹去不復顧是時已屆黃昏黑雲四

蜀中近事　二

輕闊十里壩三岔壩槐州草池堰龍泉寺諸巨鎮同時均罹水災即簡州北門外萬安橋亦被水毀去木欄此尤余親見之者嗚呼昊天不弔降此鞠凶哀我征夫未堪多難痛定思痛遂不覺其言之猥瑣也余現司報館采訪例得登述爰書所見附之近事倘有魯弔宋災者乎則余之記其代呼籲矣簡州傅崇榘記

蜀中近事　五

图为《资州资阳简州水难记》第 1、2 页和末尾页。（郑光路收藏）

1898 年 9 月 21 日，慈禧太后发动戊戌政变。宋育仁等人成立数月的“蜀学会”和《蜀学报》被查禁，四川的各报刊也基本绝迹。宋育仁被革职。[⑩]

傅崇榘失去记者饭碗，无所依托了。傅崇榘去了江安县父亲的任所，然后去永川县地方军队安定营“从军”，他从军是做“司书”之类文职，也亲身考察测量绘制地图。他后来说：“昔年从军时亲自测绘之要险图，不下数百种。”[⑪]

傅崇榘 1899 年 2 月 12 日自江安“从军”到永川，1900 年初回到成都。从军时间大致只有一年，他决定还是转移到文化方面来。

二、报界和书刊出版界“开山祖师”

（一）创办图书局、《算学报》和“华洋书报流通处”

清光绪二十六年十一月初五（1900年12月6日），古色古香的成都桂王桥北街33号，寒空中突然鞭炮声声……门上高悬崭新发亮的“成都图书局”黑漆大匾。

傅崇榘在住家公馆里面设“算学馆”，聘苏星舫任总教习教授西洋算学，又办了《算学报》，创刊时间为1900年12月6日。此报为木版印刷、线装书形式。[12]

为免《蜀学报》被查禁覆辙，时年近29岁的傅崇榘在报上声明：“《算学报》专说算学，不敢干涉地方事件。”

当时的成都确实太闭塞，《算学报》曲高和寡。过了一段时间，傅崇榘叹气道：“可叹可怜，办了两期，莫得二十个人肯要。”[13]《算学报》只好停刊。其发行量之少，为中国报刊史上罕见，但跨出了四川人自办专业科学期刊历史性的第一步。

开启民智和救亡图存是傅崇榘的终生追求，办报刊则成了完成这种人生理想的具体手段。

1904年，傅崇榘在成都昌福馆创办的“华洋书报流通处”，是当时四川引进外国报刊和外寄成都本土报刊的最主要机构，极大地促进了四川文明进步。

民国八年（1919），孙少荆发表《成都报界回想录》，说傅崇榘“于成都报界可算得一个开山祖师……他的报界事业，不但说是办报，就是成都向外埠的通信，也是由他先当起的”。[14]

（二）创办《启蒙通俗报》的原始资料

对于《算学报》的惨败傅崇榘并不气馁，接着又创办了《启蒙通俗报》。这个报纸到底创办于什么时候一直是史学界一笔糊涂账。

我很艰难地找到了原始资料，它最初创办时叫《启蒙通俗书》，在第1页郑重其事地刊登了一个“宪批敬录”：

> 宪批敬录。据禀已悉，查该教谕拟设图书局，并立算学报，为开风气启童蒙起见，足征留心时务，殊堪嘉尚。但务须慎始图终，不得干涉地方事件，至滋物议，是为至要。缴章程存。光绪二十八年，正月□日。[15]

憲批敬錄

據稟已悉查該教諭擬設圖書局並
立算學報爲開風氣啟童蒙起見足
徵留心時務殊堪嘉尚但務須慎始
圖終不得干涉地方事件致滋物議
是爲至要繳章程存
光緒二十八年正月　日

图为《启蒙通俗书》第一册第一页刊登的“宪批敬录”，证实其创办时间是光绪二十八年正月（1902年2月后）。

这个《宪批》里透露了以下重要的信息：

1. 傅崇榘当时有“教谕”官员身份。

2. 傅崇榘创办“图书局”和《算学报》，经过政府批准并且存案（缴章程存），时间是1901年。

3. 现在又办《启蒙通俗书》，也是图书局项目之一。把经过申请批准得到的宪批，刊登在新办的《启蒙通俗书》之首，表示是合法的报刊，所以称为“宪批敬录”，类似如今上级主管部门批准的合法营业执照。

4.1902年2月8日到3月9日都属于农历“正月”。我收藏的这个原始史料，证实《启蒙通俗书》创办时间是1902年2月后。

《启蒙通俗书》第二册（期）开始，改名为《启蒙通俗报》，有时报头又名为《改良启蒙通俗报》。初为半月刊，第十四期起，经合伙人史嶲峰改为一月一本。第一年各期均为木板刻印、线装书形式，每期三十至七十页（每页两面）。第二年由文伦书局机器排印，每期约五十页（每页两面），这是成都报刊用机器排印的开始。

《启蒙通俗报》是清末启蒙白话运动中，在中国出现较早的期刊。

《启蒙通俗书》第一册，有傅崇榘写的《论看报才知时务》。1903年第一期，又有一篇署名“卧云室主人”（傅崇榘的笔名）写的《看报有益说》，把那些不看报的人，比喻为做瞎子、聋子和又瞎又聋的“混沌人”（即傻子）。

《启蒙通俗报》称：“本报为中下等人说法，文义浅显，兼列白话。”[16]登载内容主要有论说、中外历史、中西新事、丛书、杂录、歌谣、图画、教科书、讲义、科学……

此报主要撰稿人是傅崇榘，字樵村；此外他还有新樵、樵春、樵斧、

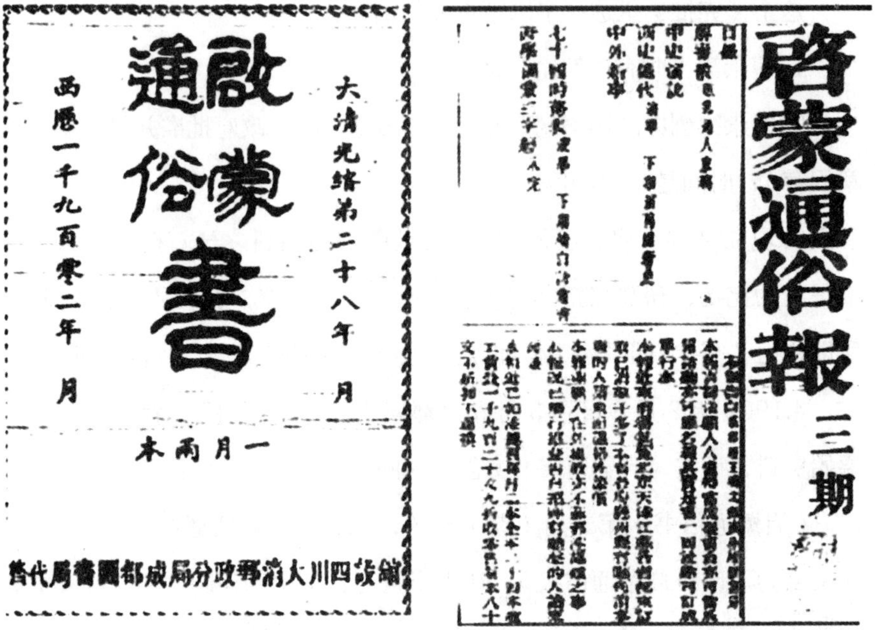

左为创刊号《启蒙通俗书》第一册（期）封面。封面下书“馆设四川大清邮局分局成都图书局代销”。右为第三期封面。

过来人、樵新子、亦天等笔名、别号。

反对“义和团”“红灯教”传播迷信神怪扰乱社会，是傅崇榘办报纸的重要目的。傅崇榘把《启蒙通俗报》呈送四川总督岑春煊，得到岑的极大赏识。傅崇榘所刊写的白话歌谣《解毒散》《劝人莫习神拳歌》，比岑春煊帐下师爷们所写干巴巴的“剿匪檄文”，效果不知要好多少倍。岑春煊还专门批发了一个文件，要各县销售这个报纸。

但是《启蒙通俗报》只办了两年，1904 年维持不下去只有停刊。⑰

清光绪三十二年（1906），傅崇榘将停刊的《启蒙通俗报》改为文艺性较强的《通俗日报》。其后又改名为《通俗报》《通俗新报》。因亏损严重，三年时间里报纸时断时续，何时停刊不详，现存最晚一期是宣统三年七月初八（1911 年 8 月 31 日）的报纸。[18]

（三）妙趣横生的《通俗画报》

傅崇榘少年时酷爱绘画、书法。1900 年傅崇榘 28 岁，在成都画界已有相当名气。

清宣统元年三月一日（1909 年 4 月 20 日），傅崇榘又创办《通俗画报》。

图为宣统三年七月十五日出版的《通俗画报》。

这是清末成都最早的也是唯一的一份画报，在四川近代新闻史、美术史上，意义重大。

1911年5月之后，四川掀起轰轰烈烈的“保路运动”，《通俗画报》积极宣传保路。例如宣统三年七月十五日（1911年9月7日）的一张《通俗画报》，信息量非常丰富。

1912年7月4日出版的第6号《通俗画报》，刊登哑锋写的《通俗画报再出版祝词》，称该画报“一纸功同十万兵，雷轰电掣震群盲。救时砭俗赖有此，风行大地竞欢迎”，还赞颂傅崇榘“老樵讽世太奇警”。

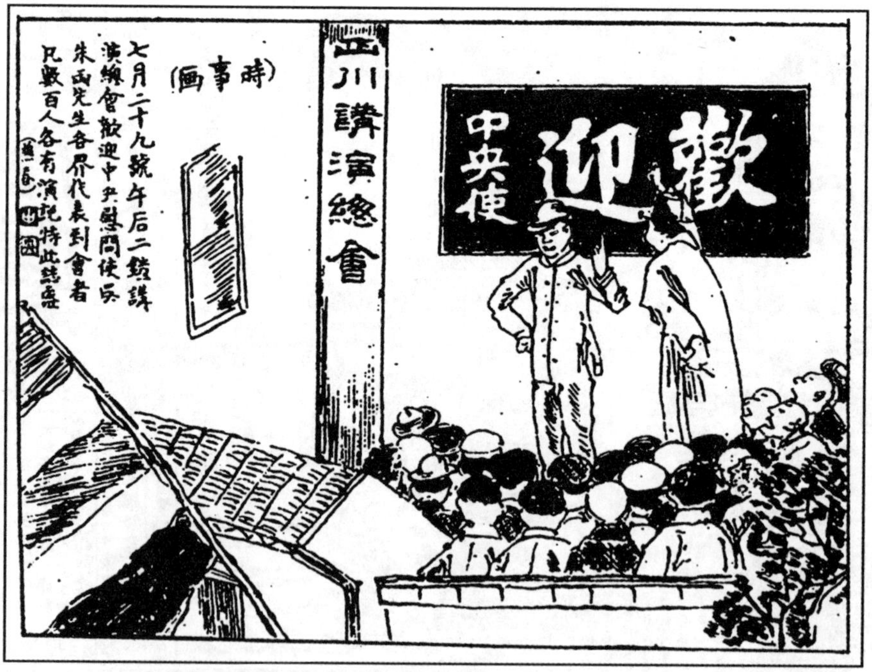

1912年《通俗画报》时事画报道《欢迎中央使》。左下角是民国五色旗。记载1912年民国政府刚成立，中央派特使入川的历史巨变镜头。画为樵斧（傅崇榘）绘，笔法流畅，人物表情生动。

《社会百怪图》连载之八《中西人》（傅崇棨绘），画一八字胡老头，一身洋服、头戴撮箕帽、口衔香烟、手持文明棍，神态忸怩。文字说明：“一身洋装，满口华语。周身洋货，不遗下体。又非讨口，狗棍夹起。好像闷头，软帽穿起。又不屙屎，把烟咬起。金钱外输，国货不喜。只恨父母，非洋种子。不中不西，人而无耻。社会改良，个个笑你。”把一些人崇洋媚外的嘴脸，表现得淋漓尽致。

《通俗画报》1912年第22号《社会百怪图》连载之六《公母人》（傅崇棨绘）。图左之人，讥讽一些男人打扮得“不男不女，或梳刘海头发，或穿缘边衫裤”。看来清末已很有一些男人喜欢阴柔“奶油小生”装束了。另一方面，此时已是民国，图右之男人，脑袋上仍留前清的辫子，也是个“公母人”。

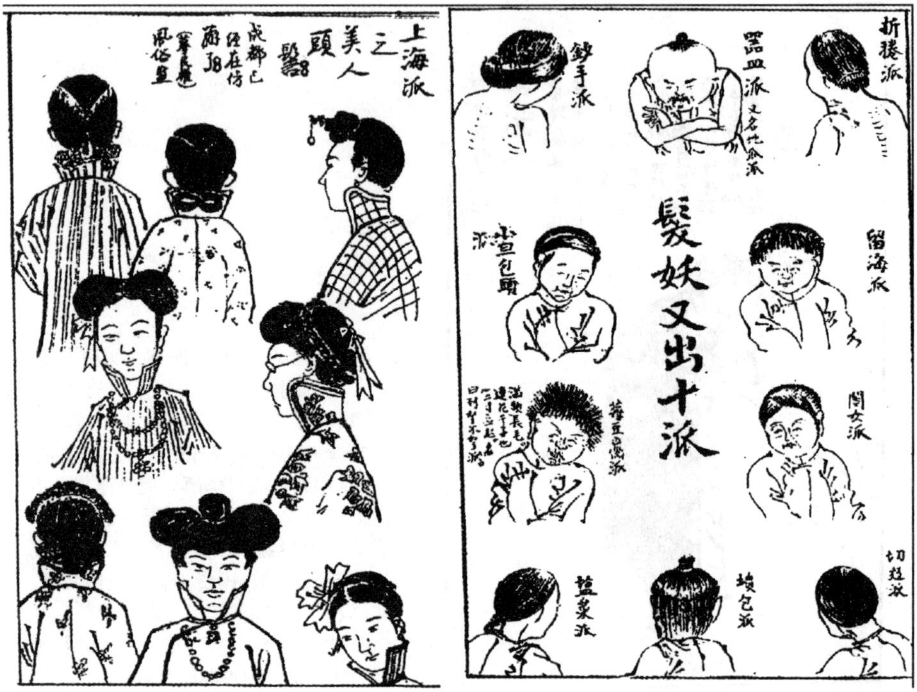

清末民初西风东渐，男女发型及服饰大变。1912年《通俗画报》上的风俗画《发妖又出十派》，反映了这种时尚变化。画上女人追逐“上海之美人头”；男人则有“折卷派”“留海派”“闺女派”“小旦包头派”“器皿派”“盐菜派”“钞手派”“切面派”“坟包派”……名称幽默搞笑，留下如今已少为人知的民国初年男女发饰头型。

《通俗画报》反映社会百态，如《成都之新动物》《成都之新人物》《新发明之运动会》《社会百怪图》《四川官场新现形记》等，暴露各种人的丑行，辛辣讥讽社会丑恶。

《通俗画报》雅俗共赏广受欢迎，仅成都销售量即达二千多份，还不包括省外。[19]《通俗画报》何时终刊不详，我推测大致是1913年岁末。

三、实业界“弄潮”卷入“大旋涡”

（一）参加1903年日本大阪博览会

1903年3月1日至7月31日，日本在大阪举办规模浩大的第五届国内劝业博览会。[20]

沈秉堃（1862—1913），字幼岚。湖南善化（今长沙市）人。1889年4月，沈秉堃任四川江安知县；傅崇榘父亲傅廷玺是江安县教谕，两人同官一地很有交谊。傅崇榘还拜沈秉堃为师，所以沈秉堃称傅崇榘为“门人”（学生），1909年还为傅崇榘《说成都》（《成都通览》）写序。

1903年2月，四川总督岑春煊委派时任成都知府沈秉堃、知州汪声玲，率官员、商人、工匠等20余人，携带参展物品赴日本。[21]傅崇榘作为报界文化名人，随团赴日。

1903年，成都知府沈秉堃。

傅崇榘等人是1903年3月中下旬出发去日本。他们由水道出川，再旱道返川。回成都后傅崇榘写有《最新川汉水路程途》，封面上有“原名行川必要”，1904年木刻出版。又另有《江程蜀道现势书》版本，封面上有“原名水陆平安”“傅崇榘游记”，我都有收藏。这两本书，成为中外人士进出四川的重要旅行指南。

从日本回成都后，他写了一首《无题》：“秀才出了门，更知天下事。

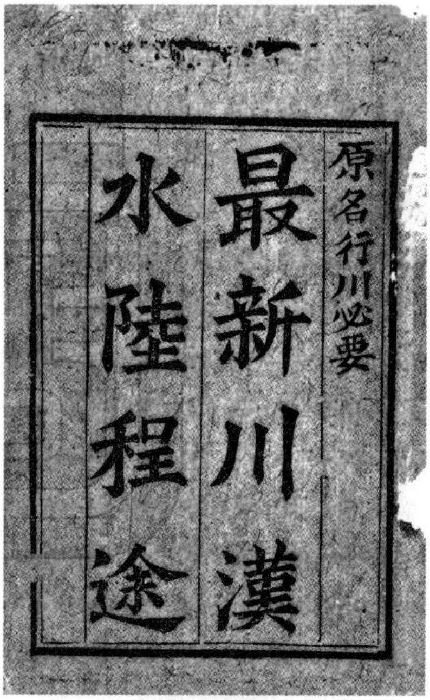

《最新川汉水路程途》，本书封面上有“原名行川必要”。

1904年，傅崇榘《江程蜀道现势书》木刻出版。封面上有“原名水陆平安”“傅崇榘游记”。

踏遍东西球，遂我平生志。我生不逢时，长才困专制。今日归故乡，桑邦能展翅！”

他准备进军实业界，命运又将如何呢？

（二）“傅氏图书局”的多种经营

1906年后，傅崇榘的“图书局”，成为清末成都首家“多种经营”的大型股份制文化机构。经营内容，粗略统计先后有以下大项目：

1. 傅崇榘是成都报界“开山祖师”。1901年创办《算学报》，1902年创办《启蒙通俗报》，1906年后创办《通俗日报》《通俗报》，1909年创办《通俗画报》等。

2. 图书局是成都最早、最重要、最著名的绘制、出版地图的专门机构。图书局刊印了许多傅崇榘绘制的地图，涉及成都地图、四川省图、全国地图、世界地图，以及历史地图等。经销中外地图计 39 种，其中以中国各朝代历史大地图为主。属四川地图的有:《四川全省明细详图》《分省暗射地图》《四川全省新图》《成都街道新图》《成都劝业场图》《成都府十六州县全图》《川藏路程图》等 7 种。[22]

3. 傅崇榘创办成都“华阳书报流通处”，引进大量中外宣传新文化、新思想的书刊、报纸，成为打破闭塞的四川与外省及世界文化交流的窗口。

4. 桂王桥北街 33 号傅崇榘公馆客厅左侧是“阅报公社”，陈列各省及香港等地书报 61 种及东洋日本报纸 2 种，免费任人阅读。这是成都第一家文化公益事业，得到四川学政吴蔚若提倡，四川总督岑春煊刊示保护。

傅崇榘《成都通览》中自述阅报室“收藏各报甚多，光绪三十年捐送三十余箱入高等学堂。”

5. 1905 年，傅崇榘派五弟傅牧村赴日本学习幻灯机和电影放映术。傅崇榘绘有《电光戏》(放电影)图，文字注明:“图书局傅牧村在东洋习演一年，方购回用，立电光馆……赴图书局观，每人二角。”

6. 1901 年 12 月 24 日，成都邮政局正式开张营业，进入近代化邮政时期。傅崇榘自述“成都之邮政”:“图书局首先代办(邮局)分局，报章、地图、新书之输入，成都风气实赖以渐开。”[23]

7. 1906 年，傅崇榘在福德街租房子创立“工业馆”，制造黄包车、博物标本应用器具等。

8. 1906 年傅崇榘办“富记彩票分行”，开设成都第一家专营彩票的分行。

9. “成都图书局”自办印刷厂于惜字宫南街。有石印机 2 台、铅印机 1 台，雇工匠六七十人，发展为拥有近代印刷设备的专门出版工厂。宣统二年（1910）傅崇榘因经营纠葛转给他人，更名为“公记印刷公司”。[24]

（三）“工业馆”制造黄包车的租房风波

黄包车，是因车篷用黄油布制成，因引自日本，又称“东洋车”。

1905年，商务局总办沈秉堃正式“札委”（下文书委派）傅崇榘“创办东洋车，并发给官本银两，预备青羊宫花会时之用”。[25]

所以说起来，傅崇榘又是成都搞“工业”的老前辈企业家。傅崇榘在这个事业上，很快发生租房子的大风波。

1905 年，彩票局总办是道台翁又申（1870—1916）。当时翁又申租赁福德街谈廷祯知州之宅为公馆；押佃三百两银子，每月房租银二十四两。

其后翁又申被弹劾，将离开四川。他行前声言无论何人续租此宅，必须先出修造花厅银二百余两，方允接租。

傅崇榘见翁如今是一个倒霉之人，遂勉为应承接租其宅，认修造费二百余两，连押佃银三百两共五百两。租期以一年半为限，每月加租银六两，计三十两一月。

1905 年的农历四月二十日，傅崇榘同父母一起入住这处宅院。因人少屋宽，傅崇榘募集徒工开设“工业馆”，聘中外教员早晚授课。

不料运气实在太霉，竟然连出怪事：女儿和侄女在此屋相继暴死，母亲天天吃药，厨师又在中秋这天抹脖子自刎，彩票则无期不剩，学堂因无款以停……弄得很信科学的傅崇榘也神经兮兮起来：这房子硬是闹鬼不成？到这年十月，他图吉利将谈家公馆“工业馆”改为“阜利公司”，生产黄包车。

哪晓得谈知州知道“工业馆”搬迁不易，乘机要挟涨房租。傅崇榘好话说了几箩筐，每月房租涨到四十两。

黄包车造毕，傅崇榘再无财力供房租，慌忙于光绪三十二年（1906）农历正月十四日，转租贵州馆街的廉价住房。

这时傅崇榘因彩票积亏捉襟见肘，要把留在谈公馆未搬、约值银二百多两的造车剩料青冈木搬回。而谈知州说还欠房租，高矮不准搬走，厉声扬言：“任你打官司，我是不怕的！”

傅崇榘气得发昏，事后逢人就诉苦大叫：“对我尚如此不可以理喻，他当官时对百姓的手段就可想而知了。诸公，诸公，公理何在！”㉖

（四）经营彩票遭遇官员以权谋私

1906年寒冬，桂王桥北街图书局大门右侧，又挂起块“富记彩票分行”的大吊牌来，开设了成都第一家专营彩票的分行。

原来有个当过县丞的冯昆山，这时当上监印彩票委员。他找到傅崇榘说，你的图书局每期认销三千张。冯昆山是以权谋私的高手，不出分文借机和傅崇榘合伙，所得利润却要“干分三成”。

到次年（1907年）三四月间，傅崇榘实在玩不下去了，哀叹：“彩票畅销时冯委员昆山占利干三成，彩票滞销时万委员小村占票亦干三成，委员之权力甚大，故敢怒而不敢言也。”

当时省城彩票由各彩票商领销，发全省各地销售。销售滞阻后，十家九剩卖不脱。傅崇榘处所剩尤多，外无人买、内不准退。傅崇榘剩了无数卖不脱的彩票成了废纸一堆。

（五）图书局股份公司惨遭破产

1907年，傅崇榘拖欠的公款、私债、股本，共约三万两银子……傅崇榘资金链已经断裂。傅崇榘自述不少股东“见鄙人经济困难，故必令我搬出印刷所”。

1908年农历四月二十一日，傅崇榘移家外住。傅崇榘自述1908年八月中秋节后，“图书局之书铺招牌被人取下，亦估令搬空……并存储楼上之书籍，亦估令搬空……徒唤奈何！”

傅崇榘“久病无医药费……用度及房银，均在外大利借来”。傅崇榘破产了，愤愤不平对天喊冤叫屈：“无他，官、商之势分也。”意思是民间商人和官府比较，永远属于弱势。

傅崇榘从日本归国途中曾写诗：“出洋反比归家近，入蜀方知行路难。”干实业碰得头破血流，他认为还是回到办报写书那条路去吧。

四、《成都通览》《松潘游记》《自流井》的出版

（一）《成都通览》是成都百科全书式的地方志书

《成都通览》书名也叫《说成都》，1909年问世。

全书“所记凡三十万言，细目千余则”，涉及清末成都的山川、地形、交通、河道、塘堰、物产、寺庙、官衙、仓廒、工厂、银行、邮政、文娱、赌博、妓女、袍哥、官员、学校、商业、行帮、口语、俗谚、童谣、民歌、街道、家具、饭馆、风土、民情、经济、文化、教育、民俗、宗教……

《成都通览》存录了19世纪末、20世纪初成都各方面的宝贵史料。如书中记载的“陈麻婆豆腐”“椿芽白肉”之类四川传统菜肴小吃，就有几百种之多……各行各业几乎都可以在此书中找到珍贵历史资料。

本书最早版本，由成都通俗报社于宣统元年（1909）九月后陆续分册刊印出版。至宣统二年（1910）六月出完。此版本为手写石印，不分卷，共八册，竖排、繁体字、无标点。此版本后来简称“通俗本”。

傅崇矩在《例言》中强调：该书以实用为主、注重调查、巨细不遗，“期于雅俗共赏，故半用白话”……书中还叙述了傅崇矩本人办报刊、建厂坊、售彩票等苦痛经历，为民族工商业起步艰难、深受内外势力压抑而发不平之鸣。

《成都通览》图文并茂，多处插图均为傅崇矩精心绘制。最优秀的当数《成都游玩杂技》和《成都七十二行现相图》，留存了清末成都各行业底层劳动者的真实形象。这些绘画具有类似摄影照片的纪实性和极大的绘画艺术价值。

出版需要资金一千多两银子。傅崇矩四面八方磕头作揖，拉了点投资（售书后要偿还）。1910年《成都通览》只印了五千部，每部八本，售银洋二元。

沈秉堃作的序言很中肯：“以个人之调查，为人群之指南，其裨益社会，岂浅鲜哉……”“黄芝书云”（荣县藉名流）在序言中更说此书价值绝不仅限于成都，他认为凡是中国人要了解西南重镇成都，都该读此书。

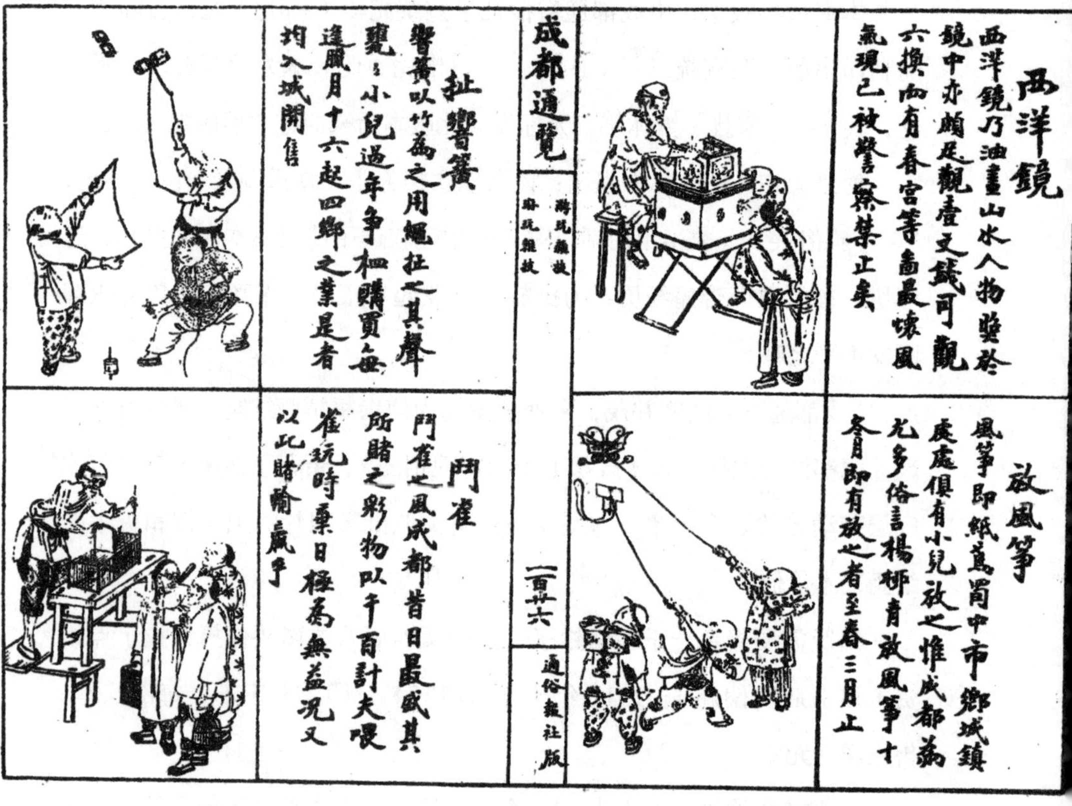

《成都通览》“通俗本”第三册“游玩杂技”：“西洋镜、放风筝、扯响簧、斗雀”。文字说明：“西洋镜乃油画山水人物照于镜中，亦颇足观。一文钱可观六换……”“响簧以竹为之，用绳扯之，其声嗡嗡……每逢腊月十六起四乡之业是者，均入城开售。”“斗雀之风，成都昔日最盛。其所赌之彩物，以千百计……”

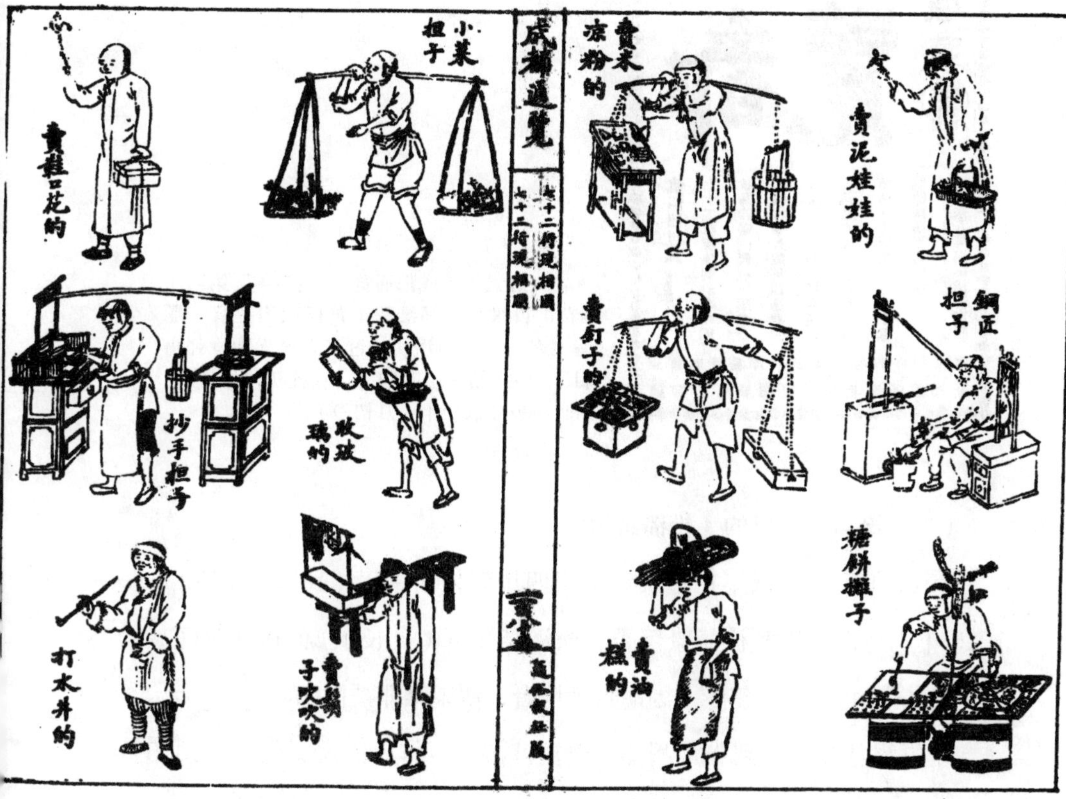

图为《成都之七十二行现相图》，插图中有：卖鞋口花的、小菜担子、抄手担子、收玻璃的、打水井的、卖胡子吹吹的、卖米凉粉的、卖泥娃娃的、卖钉子的、铜匠担子、糖饼摊子。

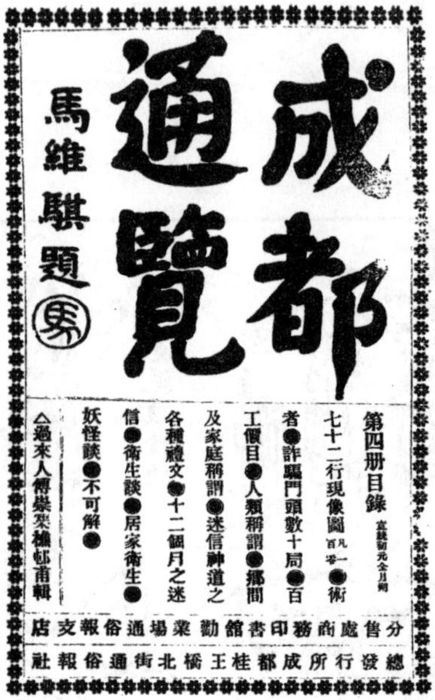

宣统元年《成都通览》“通俗本”第四册（卷）目录页，马维骐（曾任四川提督）题写书名。左下角注明“过来人傅崇榘樵邨甫辑”，右下角出版时间为“宣统初元冬月朔”（即 1909 年农历十一月初一）。

（二）松潘县知事的《松潘游记》

1914 年后，傅崇榘在重庆结识了四川都督胡景伊（1878—1950）。1915 年 4 月，傅崇榘被胡景伊委为松潘县知事（县长）。但在任时间甚短，仅九个月，1915 年冬季因胡景伊垮台，傅崇榘即被撤职。

傅崇榘从政，受到当头闷棒、严重打击。但作为优秀文化人，1915 年他完成了一部重要地方志著作《松潘游记》（又名《松潘》），1915 年年底在成都文伦书局铅印发行。

此书为 16 开大本，字迹清晰印刷精良。全书 3 万多字，共 98 页。外壳封面，傅崇榘自书楷体大字“松潘　樵斧署”。封面扉页，中央是傅崇榘肖像照片（这很可能是傅存世的唯一照片）。照片上方书“松潘知事傅樵斧像”，照片下方书四言诗：

乙卯三月，出宰松潘。一筹莫展，徒诮素餐。高跻岷岭，亲瞰江源。上雪宝顶，饮玻璃泉。超大海子，游小西天。立玉池上，探金穴前。清风两袖，游记一编。乐哉此游，梦醒邯郸。撒手东归，幸福神仙。影留身去，再订后缘。

本书详记成都到松潘路程里数、山川地形、风土人情、地貌路况、人居环境、旅途见闻……还用文字留下松潘各种珍贵史料，其中有最早发现川西黄龙寺、九寨沟一线旅游价值及大熊猫的珍贵记录。

在短短九个月任上，傅崇榘还倡议撰修《松潘县志》。1923 年民国《松潘县志》刊刻，书前“主修”名录中，就有“傅崇榘”大名。

《松潘游记》扉页（郑光路收藏）

《松潘游记》（又名《松潘》）

（三）具有独特重要价值的《自流井》

傅崇榘到达松潘任县知事，是1915年4月20日。九个月后就被撤职“解官蛰居井上”，为避祸而隐居自流井（现自贡）。

1939年之前，并没有“自贡”这个地名，只有两个产盐场镇“自流井”（隶属富顺县）和“贡井”（隶属荣县）。

期间他又完成一部重要地方志著作《自流井》。这本书和《松潘游记》一样，基本上湮没近百年，罕有人睹其真容。2003年，我在古籍收藏家手中，重金购得一本。

《自流井》书中关于盐业生产相关文字，约占篇幅70％以上。本书是研究中国工业史、盐业史及自贡城市史和四川近代史的重要史料。

如书中记载劳动者生活条件极其恶劣，盐工们住的是牛棚，睡的是草窝，食的是糙米……书中记述：“天车有高至十余丈者……倘上天车盐之工人，在车上失足堕毙……按习惯例，偿钱八千文。”“各苦力多不着裤，下身以布围腰围之。”“每人每日之工资三十三文……人多褴褛，甚至不（穿）裤。”[27]“担盐水之苦力，其肩头及脊骨，均凹入及寸。因以原木棒为扁担，故陷压入骨……”[28]

他还记载自流井盐场凿井、汲卤等，主要靠牛做劳动力：“全井地方，不下十余万牛。”傅崇榘记载牛屎粑成了大宝贝的奇特社会风情：“居民煮饭多烧牛屎饼，每个大如车轮。大者值当十铜圆一枚。”“夏秋囤牛屎”“头顶牛屎街上走”……[29]

《自流井》封面之一。

照片中是1908年釜溪河，来往船只大多是运盐为主。清末自流井（今自贡）生产的优良川盐，可通过水运运到成都。（摄影：[德]恩斯特·柏石曼）

1916年10月，傅崇榘离开自流井回到成都。11月1日，成都聚昌公司正式印刷出版《自流井》一书。封面用楷体字写："自流井，樵斧箸，南海周培根题。"（按：箸，古字同著）全书正文共210页，另附傅崇榘（署名樵斧）所写《自流井之诗词》共13页，内有《滑稽竹枝词》40首，《游戏声律启蒙》1篇。傅崇榘诗歌创作的鲜明特点是记录现实和批判精神。

五、猝死川南战区寂寞身后事

很快就跨入1917年，傅崇榘44岁。这一年他最重要的人生经历，是短暂担任成都红十字会的会长。

1917年滇、黔、川各军阀成都之战时期，傅崇榘在宣传红十字会、负责赈济方面，效力甚多。期间曾出过一本画册，傅崇榘以“亦天”为笔名，为画册写了序言。

1917年，红十字会人员冒着生命危险，通过充满危险的这些街道，去战场救护。（郑光路收藏）

1917年，成都武成门老城墙下红十字会人士救助伤员的珍贵画册历史镜头。（郑光路收藏）

大致在1917年底，傅崇榘离任红十字会工作。原因很简单，为公益组织红十字会工作，难以养家糊口。最后傅崇榘选择的是1918年在川南战区“从军”。

《简州傅氏续谱》中有这一句：“民国七年（1918）傅崇榘调任马边、屏山，任靖国军第四梯团秘书。”[30]

1918年7月，熊克武将全川划分为十一个防区。陈洪范驻防第八区，防区有嘉定、威远、马边、屏山等九县……陈洪范（1855—1951），大邑县人。1918年升任第八师师长，师部设于乐山。[31]

傅崇榘“从军”，即为陈洪范第八师麾下“第四梯团”。所谓傅崇榘“调任马边、屏山”，不过是傅崇榘刀口舔血，随军队游走于战火弥漫的川南罢了。1918年4月后，傅崇榘被陈洪范任命为屏山县知事。屏山县，西临凉山雷波、马边，是川南多民族居住偏僻荒凉的山区小县。

文化学者徐紫微先生提供给我一个史料：1946年8月15日《成都晚报》上的一篇小文章《成都老报人——傅樵邨》，作者署名“依翠”。文中说：“迄未到任，仅就邻县，权设行署。长才无所展布，以至终日抑郁。”

傅崇榘内心痛恨军阀混战，在居室处墙壁上贴自书对联：“欲知世味贼打鬼，要晓人情马咬牛。”军中友人俱笑说：“你这室内，鬼气何太重？”傅很郑重地说，我这“傅樵邨”从此可呼我做“傅一天”（即俗语的糊一天算一天罢了）。同座者听了，“皆以傅氏本系牢骚满腹，抑郁寡欢。室内联语，既已鬼气阴森可畏，今忽又语涉不祥……殊不数日，傅竟病逝于其寓中，竟成语谶。尤以傅之运命坎坷，抑郁以终……”

傅崇榘身体素不健康，坎坷一生，乱世中“借酒消愁、放浪不羁”。

屏山县知事任上，他真是如履薄冰、如走刀锋。其主要任务是为驻军征兵征夫、筹集粮饷。如完不成上峰命令就是贻误军机，随时可能被“就地正法”。这种沉重压力于一介书生孱弱身上，傅崇榘英年早逝似已难以避免。

《简州傅氏续谱》记述：“民国七年（1918）傅崇榘调任马边、屏山……当年7月7日午突然去逝，卒于屏山任所。”[32]其死因很可能是脑溢血、心梗之类。

学者王绿萍记述傅崇榘：“葬于（成都）外东化成寺，坟前立有一碑，刻有傅氏生平记事，但现已不可考。”[33]

傅崇榘渐被遗忘。直到20世纪80年代后，傅崇榘才重新被人想起，且越来越被各界重视，但其详细生平事迹罕为人知，且众说纷纭很多是以讹传讹。

四川省简阳一直以傅崇榘籍贯为本县为荣。2006年，简阳市“川空文化广场”南端名人长廊，雕塑简阳历史人物石像九尊，傅崇榘名列其中。[34]

2006年，简阳市“川空文化广场”南端名人长廊，雕塑简阳历史人物石像九尊，傅崇榘名列其中。

其实，我认为更应该在傅崇榘曾经居家奋斗、办报刊、创实业的成都桂王桥北街区域，塑造“四川文化名人傅崇榘”的巨碑，以永远追念这位杰出的历史“奇人”！

注释：

① “榘”，本义为规矩、工具等，出自《宋玉·九辨》“灭规榘而改凿”，更多含有正确、规则、法度、风范之义。“榘”常作人名，如中华人民共和国开国上将陈士榘。中国家族取名传统中多讲究五行学说，“榘”在五行中属木，傅崇榘所以字“樵村”。《简州傅氏续谱》中记载，傅崇榘兄弟中还有傅崇杰（五行属水）、傅崇燮（五行属火）。民国《简阳县志》记载：“傅崇鑑，道员，崇榘弟。”鑑，五行属金。

② 高成祥：《成都报人的先驱——傅樵村》，《新闻与传播研究》1987年第4期，第82页。

③ 简阳傅氏宗亲联谊会，傅纯佩主编：《简州傅氏续谱》，2018年12月，第2、391、392页。

④ 吴绍伯、林松柏：《开拓民智的先驱傅樵村》，四川省政协文史资料研究委员会、四川省文史馆编：《四川近现代文化人物 续编》，四川人民出版社1989年版，第216页。

⑤ 傅崇榘：《成都通览》，原始初版“通俗本”（成都桂王桥通俗报社印行）。以下凡引《成都通览》，不再注明。

⑥ 林志茂等修、王金相等纂：《简阳县志·士女篇·文苑二十三》，民国十五年，四川官印刷代印，无页码。按：绮岁，意思是青春年代。清代官学的学生分为三等，初入为外舍生，由外舍升内舍，内舍升上舍，以学行考查和考试成绩为依据。

⑦ 宋育仁:《问琴阁丛书》五种，民国四年（1915）排印本。

⑧ 王绿萍:《四川近代新闻史》，四川大学出版社 2007 年版，第 106 页。

⑨ 各种灾荒史如李文海、林敦奎《近代中国灾荒纪年》（湖南教育出版社 1990 年版），均无此记载。

⑩ 苟实:《四川第一家报刊——宋育仁创办的〈渝报〉〈蜀学报〉》，载《四川文史资料选辑》第 20 辑，第 32 页。

⑪ 吴兆庆:《清末“新绘四川全省明细舆图”研究》,《三峡论坛》2016 年第 6 期，总第 304 期，第 54—56 页。

⑫ 亢小玉、宋轶文、姚远:《晚清三种〈算学报〉与数学专业期刊诞生的意义》,《西北大学学报》（自然科学版）2017 年第 47 卷第 1 期，第 146—151 页。

⑬ 新樵（傅樵村）:《四川开官报说》,《启蒙通俗报》第一年（1902 年）第十七期。

⑭ 孙少荆:《成都报界回想录》，载《川报增刊》，1919 年 1 月 1 日。

⑮《启蒙通俗书》1902 年第一期，第 1 页。

⑯《改良启蒙通俗报新广告》,《启蒙通俗报》，第二年（1903 年）第十九期。

⑰ 匡珊吉:《启蒙通俗报》,《辛亥革命时期期刊介绍》第二集，人民出版社 1982 年版，第 150—153 页。

⑱ 王绿萍、程祺编著:《四川报刊集览　上　1897-1930》，成都科技大学出版社 1993 年版，第 6 页。

⑲ 参见《通俗画报》，1912 年 8 月 1 日，第 30 号“广告”。

⑳ 农商务省编:《第五回内国劝业博览会事务报告》下卷，（日）农商务省 1904 年版，第 144—145 页。

㉑《岑春煊附奏派知府沈秉坤等赴日本赛会并考查陆军，录奉朱批由》，王建朗、

栾景河主编:《近代中国、东亚与世界》(上卷),社会科学文献出版社2008年版,第143页。

㉒ 四川省地方志编纂委员会编纂:《四川省志测绘志》,成都地图出版社1997年版,第347页。

㉓《启蒙通俗报》1902年第2期,刊登傅崇榘《桂王桥大清邮政分局》。

㉔ 四川省地方志编纂委员会编:《四川省志出版志》上,四川人民出版社2001年版,第211页。按:各种史料中,成都图书局印刷厂,也常称为印刷所、印刷公社。

㉕ 傅崇榘:原始初版“通俗本”《成都通览》中《成都之车》。

㉖ 傅崇榘:原始初版“通俗本”《成都通览》中《翁公馆之纠葛、谈知州之野蛮》。

㉗ 樵斧:《自流井》第一集,成都聚昌公司1916年版,第143页。

㉘ 樵斧:《自流井》第一集,成都聚昌公司1916年版,第212页。

㉙ 樵斧:《自流井》第一集,成都聚昌公司1916年版,第193—194页。

㉚ 简阳傅氏宗亲联谊会,傅纯佩主编:《简州傅氏续谱》,2018年12月,第2、391、392页。

㉛《四川近现代人名录》,四川辞书出版社,第186—187页。

㉜ 简阳傅氏宗亲联谊会,傅纯佩主编:《简州傅氏续谱》,2018年12月,第2、391、392页。

㉝ 王绿萍:《四川近代新闻史》,四川大学出版社2007年版,第111页。

㉞ 中共简阳市委宣传部编:《历史文丛简阳名胜》,大众文艺出版社2009年版,第157页。

清末成都的外国领事馆

自 1985 年 10 月，美国驻成都总领事馆正式开馆后，韩国、德国、法国等相继在成都设立了总领事馆。其实早在 100 年前，古老封闭的成都就建立有外国领事馆了。

一、最先入川的外国使臣和外国人

大诗人李白在《蜀道难》中惊叹："危乎高哉！蜀道之难难于上青天！"从古至今，四川对外交往艰难。

秦汉后，以成都为起点，经云南至缅甸、印度的"南方丝绸之路"及稍后兴起的经新疆的"北方丝绸之路"，才渐渐沟通了巴蜀与亚洲、欧洲、非洲诸国的交往。但毕竟山川险恶，除极少数舍生忘死的"胡僧""胡商"（外国和尚、商人），外国人入川者很少。

以外交官身份最早入蜀者，应是唐时的新罗使者。这段史实多被史家忽视。

唐玄宗因安禄山造反，仓皇避乱到成都。倒霉痛苦之时，朝鲜半岛的新罗王不忘旧情，不远万里遣使臣到成都觐见慰问。唐玄宗非常激动，在成都写了一首《赐新罗王》诗赠给使者："兴言名义国，岂谓山河殊……衣冠知奉礼，忠信识尊儒。诚矣天其鉴，贤哉德不孤……益重青青志，风霜恒不渝。"

风流皇帝这首诗写得拗口，意思却不难明白，大意是赞扬新罗国的奉礼向义和景德王的贤明仁德：新罗国初兴便有“义国”之称，与中国亲如一家，还说什么山川异域呢？两国共有“尊儒”的文化传统，友好关系如青松翠柏，“风霜恒不渝”！

这首诗在中国文献中少有记载。我查阅到韩国文献《东国通鉴·新罗纪》中有云：“唐天宝十五年，遣使朝帝于蜀，帝亲制十韵诗，手札赐王曰：嘉新罗王岁礼朝贡，克践礼乐名义，赐诗一首’。”这首诗最早见于韩国金富轼著的著名史书《三国史记》，且记事更详[①]。

唐玄宗在成都写《赐新罗王》诗，是成都中外交往史上重要一页。据《宋高僧传·唐成都净众寺无相传》等史书记载：玄宗驻跸成都时，于公元728年还迎新罗国王第三子无相入内殿供养，命无相规划扩建大圣慈寺……唐末黄巢之乱，僖宗李儇又逃来成都。新罗国使臣朴仁范不避路途艰险，再次来到成都慰安。

元世祖至元年间，有个叫马可·波罗（1254—1324）的意大利人据说翻越秦岭从陕西到成都，他在《马可·波罗行纪》中曾大赞成都市井繁华、江河风光美景……这成了成都中外交往史上的佳话，现在安顺廊桥石碑上就雕刻有此事。但也有不少中外专家学者说马可·波罗连最具中国特色的万里长城、茶叶、妇女缠足、中国文字等都无记载，说明他根本就没有到过中国[②]。

明朝以后光顾四川的外国人渐多。葡萄牙籍教士安文思于1642年8月28日抵成都，与意大利籍耶稣会教士利类思共同从事传教工作，还被张献忠“大西国”封以“天学国师”……[③]清顺治年间，天主教士巴西略入川传教。之后，又有穆天池、毕天祥、白日升、巴吕埃等入川传教[④]。

雍正、乾隆至道光年间，以闭关锁国为“国策”的大清政府，对入境传教者轻则驱逐，重则施刑，来川的外国人几乎绝迹了……

二、清末领事馆的建立

清末成都的德国领事馆。（摄影：[德]魏司）

腐朽的封建王朝虽然把外国视为“番邦蛮夷”，却抵御不了人家的坚船利炮。1840年鸦片战争炮火声后，列强渗透步步深入，传教士在四川各地修教堂、购田产、传教布道。至1902年，全川已有天主堂161座、布道室139处，仅天主教洋教士就达340余人。川、滇、藏蛮荒山野中，居然也常见十字架高耸、“阿门”声悠扬。外国船只汽笛长鸣，在川江上游弋、驻泊，各国商人脚板撵脚板地入川推销商品、收购原料、开办工厂……

因洋务日多，1895年，川督鹿传霖奏准设立四川洋务总局，办理全省外事。局址驻成都永兴巷，设总办数人，委派专职候补道员充任，下辖提调、文案、稽核、日行、管卷、翻译等差役各官。四川洋务总局主要为处理百姓与教会纠纷，知会各地官府交接护送往来川省的洋人及处理洋人失窃事件。据当时资料称，有时外国人走失一只狗，也要洋务总局出示晓谕……⑤

清末成都的外国领事们。（摄影：[德]魏司）

四川最大的水陆码头重庆，成为外国人首先“抢滩”之地。1877年10月31日，英国捷足先登，派首任驻重庆代表贝德禄到重庆，继任驻重庆代表有庄延龄、施本施和贺西、波恩、戈颁等。贺西、波恩、戈颁均被英国政府单方面任命为“领事”。1891年4月1日，清政府无可奈何地同意让英国在重庆设立总领事馆，这是外国在川设立的第一个正式领事馆。首任英国总领事为禄福礼，馆址最初在重庆方家什字麦家院。

1896年3月26日，法国驻重庆总领事馆也正式建立。首任总领事哈士（原驻汉口副领事），馆址设城内二仙庵，负责办理本国在川、黔、滇、甘、新、青、藏等领区内的交涉、通商及侨民事务。

1896年12月1日，美国驻重庆领事馆正式设立，首任领事史密特，馆址初设桂香阁，后移领事巷。

清末四川总督府官员与外国领事。前排左四为赵尔丰，左五为赵尔巽；后排左三为德国领事魏司，右三为法国领事。（供图：塔米拉·魏司）

1904年，德国驻渝领事馆也正式开馆，米雷尔为首任领事，馆址设重庆城内五福宫。此外，葡萄牙、意大利也先后在渝设立领事馆。清末，以上各国领事馆在川“草创”，可谓“精兵简政”，除总领事外，仅有副领事、翻译、文书、医生等数人。

成都毕竟是巴蜀政治、经济、文化的中心，外国人更想在成都设立领事馆。但闭关自守的清政府害怕洋人深入内陆城市，步步设防。

1901年，法国驻重庆总领事安迪到成都，面谒四川总督奎俊说：“领事馆在渝办案，需层层待批，致迁延稽迟……”请求在成都设立领事馆。

四川总督府允也不是，不允也不妥，便用官场上惯用的“拖”字妙诀，不作正式答复，实即默许。法国驻渝总领馆于是在1902年在成都设立行馆。馆址初设三圣街，后相继迁至东丁字街、盐道街、拱背桥街、双凤桥街、上翔街（铁脚巷）、银丝街。1904年7月，法方打出了“成都大法国总领事署”名号……法国驻重庆总领事馆先后派驻成都的官员有安迪、白达、吕尔庚、兰必思、兰尔生、博德斯等人。

英国人不甘落后，1902年，英驻渝总领事馆照会四川新总督岑春煊，也以晋省往返不便为由，要求在成都设办事机构。岑春煊急忙奏报外务部，准许英国驻重庆领事可暂居成都，但领事称谓必须含“重庆”二字。1903年，英国驻重庆领事馆遂在成都隆兴街租房，作临时寓所办公，此后数次搬迁，先后驻过张家巷、东珠市街、云南会馆街。英国人自称“成都总领事馆”“英国总领事署”。从1904年至1911年先后有总领事罗三乐、宝士德、费理伯、斯来、施弥德、陶乐尔等人。

1904年，德国在重庆设立领事馆后，经德驻华公使交涉，清廷于1906年应准领事馆人员以重庆领事名义暂驻成都，但领事馆仍设在重庆。据此，副领事卜思常驻蓉城。1907年，领事魏司以“大德国钦命驻川正领事官”名义，先后在成都义学巷、金马街、西珠市街租房设馆，称“大德国领事署”。以后相继有飞师尔称“署理领事”，贝特克称“大德国全川署理正领事官”。

日本驻渝领事馆1896年5月22日正式开设，可说入川很早。但直到1916年8月，重庆领事馆派外务书记生大和久义郎到达成都，任“驻省日本特派员”；10月，日本驻重庆副领事荒井金造接任，租用成都少城金河街川军旅长杨敏生公馆，设“大日本驻川总领事馆”。⑥

以上英、法、德等国驻成都机构，虽然清政府未公开承认，但已是实质上的外国领事馆。各国国旗自此在古色古香的古城上空飘扬……来蓉侨民也不少，据四川洋务总局统计，仅光绪三十三年（1907）十月至三十四年十月一年中，来往成都的法、美、德、日、俄、葡等洋人就有 212 人。⑦

古老封闭的成都出现了一道新的风景线：洋腔洋调的外国人，万国旗，气势恢宏的西洋建筑……这着实让锦江之滨古城墙下的老朽们哀叹不已！

三、保路运动的冲击

1911 年 5 月后，四川掀起了震惊中外的大波浪："保路运动"爆发！

成都人心惶惶，外国人更惊慌失措。因为清朝政府把筑路权卖给外国，激怒了绝大多数四川人；四川闹义和团时"反清灭洋"的可怕局面有可能很快出现！

8 月 3 日，赵尔丰赶到成都接任川督王人文的烂摊子。驻成都的外国领事们立即要求这位新任四川总督保护成都"外交官"和外侨。

外国人的恐惧是有来由的。早在 1892 年，美、英、加传教士赫斐秋、司蒂文孙等人来到成都，在东较场、四圣祠北街、天涯石北街一带修建教堂，闭关锁国的封建王朝中的百姓，见惯了本国的光头和尚、长发道士，对黄发碧眼、叽里呱啦的"洋和尚"有种天然的排斥心理。民众愤愤不平，谣传说："洋和尚专门拐骗小孩，挖小娃娃双眼来制药！"虽然洋教士逢人就笑眯眯地画十字，却仍免不了挨很多冤枉石头……

汤存心（右一）1911年摄于草堂寺。

1895年5月28日发生了“成都教案”。那天是中国端阳节，东较场“撒李子”等民间竞戏热火朝天。黄昏时游人回家，路过四圣祠北街教堂，好事者围住传教士司蒂文孙和启尔德。两个传教士惊慌了，向街面“砰砰”放了两枪，从后门一溜烟逃走。众人怒吼一声，不但捣毁了四圣祠教堂、诊所和教士住宅，还乱吼着跑到一洞桥附近捣毁天主堂、育婴堂。次日“打教”消息传遍四方，嘉定、叙府等十余州县都开始打洋人、毁教堂……

清政府费了好大的劲才按平此事，将“成都教案”的参与者杀6人、充军流放加杖责17人，将川督刘秉璋革职永不叙用。此外，赔偿外国人白银50万两。

震惊中外的“成都教案”后，法美等各国趁势在1896年后相继在重庆设立领事馆。默许“打教”的官员们晓得洋人不好惹了。天主教川东主教范若瑟等人常乘绿呢大轿出入省城官衙，官气冲天的总督、巡抚等霎时换了面孔，笑脸相迎。

1900年义和团运动兴起，四川百姓也吼出“灭清、剿洋、兴汉”的口号，在1902年前后达到高潮。鉴于“成都教案”刘秉璋倒霉的教训，四川总督奎俊在1902年7月19日急电驻华各国公使，转告在川各地教士到成都、重庆集中以便保护……

四川叙永等地“反教”，赵尔丰曾予血腥镇压，闹了个“血染川南”，从此才有“赵屠户”的外号。但“保路运动”中，新任川督赵尔丰成为过河的泥菩萨，已无暇顾及省城外国人了。

原来，赵尔丰狗急跳墙，在1911年8月24日下令开枪打死30多个到督府请愿的百姓，成为全川武装起义的导火线，各路“哥老会”组成的“同志军”攻打成都。10月10日，武昌起义成功，各省相继宣布独立。18日，驻汉口各外国领事馆宣告“严守中立”。[⑥]

11月27日，大汉四川军政府在成都成立。12月8日，赵尔丰的巡防军乱兵在成都大肆抢掠银行、藩库、商业场、东大街等各街商铺和私宅，火光冲天……

担任军政府陆军部长的尹昌衡挺身而出维持成都治安。尹是四川天彭人，日本士官学校毕业，同盟会会员。尹昌衡率领新军数营进城平乱，围攻总督衙门，将赵尔丰捕获，在皇城将其砍头示众。

成都一片混乱：既有赵尔丰残部，也有号称十万之众的“哥老会”袍哥。这些草莽英雄们，许多人奇装异服，有绾结成道装者，还有头插野鸡翎子装成戏台上山大王的……散兵游勇和江湖好汉们都杀人放火乱“打启发”。[⑧⑨]

当重庆成立蜀军政府前夕，英驻渝总领事发出文告声称：“如果中国不赶快平息四川的反叛，英国就要进行干涉！”此后英、德、法等领事馆人员惊慌地撤离重庆。[⑥]

成都的外国领事及其他外侨，绝大多数人其实是热爱中国、热爱成都的。但兵荒马乱之际，人心惶惶，他们决定迅速离开成都！

成都东门外望江楼对面的兵工厂锦江码头，呼呼寒风中夹着微雨。

河岸上近百名外国人——各国领事馆成员、教士、医生和其他侨民们，正惊恐不安地守护着包裹、行李、箱子。城内不时响起“砰砰砰”的枪声，乱兵烧房子的烟火处处弥漫……这些外国人愁眉苦脸地望着滔滔江水，无计可施。

这时，一个中年汉子提着行李，也来到锦江码头。他望着这些栖栖惶惶的外国人，有些惊异。这时，一个外国人却突然走过来，用中国话同他打招呼：“您好，汤先生！”

原来，这个中年汉子叫汤存心，号仲桓，四川军政府成立后，他在军政府当警卫（宪兵）营长。赵尔丰鼓动“成都兵变”时，汤存心将自己多年积蓄分发给部下，让他们不去参加骚乱抢劫，并救护了军政府都督蒲殿俊……尹昌衡平乱后出任新都督，对汤存心说：“在兵变中你忠于职守，使督署免遭破坏，实属难得之举……我要重用你！”他还要与汤存心结拜为兄弟。但汤存心见兵荒马乱，无意仕途了，说：“家母年事已高，我要告假回江苏武进原籍伺候老母。”

尹昌衡苦留不住，只好赠银放他回乡……[10]

四、惊涛骇浪到上海

汤存心早在赵尔丰任四川都督时即任警卫营长，各国领事拜会赵尔丰时就认识汤存心。

一个德国官员说：“汤先生，中国成立新政府，当然很好！但敝国政府与大清外交关系没宣布结束。目前成都秩序很糟糕，外侨生命财产毫无保障，因此我们准备返国……可是我们现在没有护照，怎能出川？我们现在无论是走是留，处境都很危险！”

大汉军政府正都督尹昌衡（左坐者）、副都督罗纶（右坐者）接见外交官。后排右一为德国领事魏司。

汤存心慨然说："尹昌衡都督曾留学日本，是懂得外交惯例的，决不会为难你们！我带领各位领事先生去面见尹都督。"领事先生们转忧为喜，不断点头说："感谢汤先生！"

来到都督署，汤存心进去禀报尹昌衡说："现各国领事和外侨久困在河滩，时值寒冬，洋人不但安全无保障，万一生了病也很难办，势将影响新政府与各国的关系！"尹昌衡听后，忙让汤把外国使官请进来。

尹昌衡来到客厅会见众外侨。汤存心说："各位先生，尹都督接见大家！"领事们忙站起身向尹鞠躬致礼。尹昌衡气态祥和，礼貌地说："各位先生请坐下，汤营长已将大家的情况谈了。11 月 22 日建立的重庆蜀军政府下令设外交部，江潘为首任部长。11 月 27 日，成都宣布成立大汉四川军政府，设外交司，首任司长为蒋寿眉。我如今重组四川军政府，已改设外务部。⑥ 革命政府愿意与各国政府建立新的外交关系，当然要保护外侨安全！我马上批准发给各位先生和外侨的护照，一切由汤营长办理！”众外侨一致鼓掌表示感谢。

汤存心迅速到秘书厅签发护照，又陪各国领事一起回到河滩。各国领事十分感动：“感谢汤先生使我们脱离危险，正好汤先生要乘船回江苏，我们同船出发吧。路上有你照应，肯定安全得多……”

汤存心望着码头河滩上近百名外国人期待的眼神，爽快地答应：“好，中国有句老话‘同舟共济’，我们同船走吧！”汤存心此时骤感责任重大，他想，从成都到上海，路途遥远。沿途各地，有的地方是革命军势力，有的地方是清军驻防，江上还有土匪水寇，情况复杂。船只应编号，统一指挥，方能上路！

于是汤存心和领事们将所有木船集中编号，外侨依次登船，在船工一片“开船啰！”的吆喝中起航。

船队首尾相接在岷江上航行，十天后到达合江县，却突遇险情：革命军正在攻打驻守城内的清兵，两军激烈交战，见长龙般的船队浩浩荡荡而来，双方都以为是对方的增援船只，都向船队开火，密集的炮火当即击沉 121 号船。情况危急，一时又无法联络，汤存心只好指挥船队快速离开合江县境。掉队的 51 号船被革命军夺去。两只船损失，汤存心十分难过，外国人反过来安慰他：“汤先生，混乱年代中，这是不可避免的！”

一行人好不容易冲破重围，终于到重庆换乘火轮。沿长江，过三峡，汤存心多方联络，一路上惊涛骇浪，又经过不少麻烦，船才到了南京。汤存心原本应在此登岸转陆路回家，但他仍继续护送船队到上海。经过60多天千难万险的远航，各国领事和侨民终于安全到达上海。

当这些外国人在上海码头上岸时，大家都长长地舒了口气，他们对汤存心说："汤先生，万分感谢您不顾个人安危，沿途奔波劳苦……您是伟大中华民族的代表！"[⑩] 汤存心与各国领事一一握别，这才返回江苏武进县老家。

这些外国领事们和外侨对巴山蜀水十分怀念。如德国总领事弗里茨·魏司，中华民国成立后，他和法国、英国等外国领事及其他外侨很快又回到他们难以忘怀的成都。1917年第一次世界大战爆发，中德断交，他离开中国，1955年在德国海德堡逝世……

魏司1877年生于瑞士苏黎世，他从1907年至1914年长驻成都，珍藏了他拍摄的两百多幅老成都照片。此间的中国，正值改朝换代、山河破碎、民不聊生之际。七年中，魏司的足迹遍布巴山蜀水，将当年四川的水光山色、风土人情凝固在他的照相机镜头里。

在祖父母喃喃讲述中国故事中长大的魏司孙女塔米拉·魏司女士，后来在地下室一只旧皮箱中发现了这批照片，令她惊喜万分。2001年4月，塔米拉·魏司带着近200幅由她祖父魏司先生拍摄的老照片来到成都。这些经历过两次世界大战和无数次迁徙而幸存的照片在成都展出，再现了清末民初四川成都的真实历史场面，令人震撼！[⑪]

1911 年成都外国领事馆外交官离开成都时和中国友人依依惜别。（摄影：[德]魏司）

1911 年外国领事馆外交官离开成都时有中国军人护送。（摄影：[德]魏司）

1911 年挂有德国国旗的领事馆船舶停泊在川江。（摄影：[德]魏司）

注释：

① 参见石云涛:《跋唐玄宗“赐新罗王”》诗,《北京理工大学学报》(社会科学版)2003 年第 3 期。

② 参见德国学者徐尔曼《中世纪城市组织》、英国学者克鲁纳斯、吴芳思等《马可·波罗到过中国吗？》，以及中国学者杨志玖《再论马可·波罗书的真伪问题》(载《历史研究》1994 年第 2 期)。

③ 安文思著，何高济、李申译:《中国新史》，大象出版社 2004 年版。

④ 参见［法］古洛东:《圣教入川记》，四川人民出版社 1981 年版。

⑤ 参见隗瀛涛主编:《四川近代史稿》，四川人民出版社 1990 年版。

⑥ 参见四川省外事办公室:《外事志》第二篇《外国领事馆、侨民及驻川机构》。

⑦ 参见傅崇榘:《成都通览》中《成都之外国人游历往来表》，巴蜀书社1987年版。

⑧ 参见李劼人:《大波》，四川人民出版社1987年版。

⑨ 参见隗瀛涛:《四川保路运动史》，四川人民出版社1981年版。

⑩ 参见吴嘉陵:《六国领事脱险出川记》,《民国春秋》1992年第3期。

⑪ 参见《老照片邀您梦回“老四川”》,《华西都市报》，2001年6月9日。

成都近代慈善事业

成都民风淳朴、人们乐善好施，近代的慈善事业更在国内享有盛誉。这是泱泱华夏济弱扶困传统美德的一个具体的、典型的体现。

一、清末慈善机构众多

我少时家居城东府河畔望平街，那时江岸多为田畴，禾苗青青。一只渡船静静地、悠悠地在碧水中来回摆渡。我每天过渡船，要穿过一条古旧曲折的小巷，去天仙前街小学读书。巷头钉了块木牌“茗粥巷”，我始终弄不醒豁此巷名之意。街上有个被大家叫作“吴督学”的补锅匠老头，1949 年以前当过教育局的“督学”，街民都说他“满肚子是墨水”。但此时的吴督学却苦着一张黄瘦老脸，每天蹲坐街沿边，叮叮咚咚敲打破锑锅挣钱糊口……有一天我去问他：“吴大爷，茗粥巷三个字是啥子意思嘛？”

吴督学的幺儿子是我同学。他想都没想张口就说：“茗就是茶，粥就是稀饭。明朝以前这里是大慈寺地盘，修有一个茗粥庵，专门给贫困造孽的人施舍药茶、稀饭。”

我说：“和尚硬是爱做好事喃。”吴督学说：“啥子和尚道士做好事哟！茗粥庵原是明代官府在这里设立的慈善机构。清朝也在这里设立粥厂。清朝在成都设有两个粥厂，这里是东厂，北门外豆芝庵还有个北厂。清朝乾隆皇帝年间，成都官府为办这两个粥厂筹措了 20 万两银子，发交城内各家银号商铺，每年可获利息 2 万两，拿来作为粥厂的行善基金。清末成都食粥饥民每天约 2000 余人，大致占全城人口百分之一。清朝快垮杆时，这个粥厂迁到东门城门外去了，只留下茗粥巷这个街名。”

清末成都粥厂施粥时乞儿食粥情景。

我说：“一年四季都有人给稀饭吃，好安逸！”吴督学说：“哪有这种好事！穷人寒冬腊月‘又冷又饿，日子难过’，杜甫才说‘路有冻死骨’嘛！所以粥厂只在‘年关’前后这三个月施粥，每年农历十月初一开厂，第二年正月底停厂，以‘成绵道’道台大人为‘总办’，成都知府为‘会办’，成都、华阳两个知县为‘提调’，还有十来个啥子‘副委’，再加上打杂烧火的……热闹得很！”

从吴督学断断续续的摆谈中，清末粥厂施粥时的情景生动地浮现在我眼前：天寒地冻、北风呼号，衣不蔽体的贫民和讨口子们，老的、少的、男的、女的、瘸的、瞎的……全瑟瑟发抖着，可怜巴巴地聚集在粥厂门口。粥厂外边围着大栏杆，食粥者在栏杆外排着长队，伸长颈项眼巴巴地看着粥厂竹棚内，数口巨大的铁锅热气缭绕：那里是吊命的希望啊！维持秩序的衙役在不断呵斥弹压强壮者：“不准乱‘卡位’！你们乱抢乱挤，老弱病残吃啥子？”

清末成都一慈善机构育婴堂里的儿童。（摄影：[美]路得·那爱德）

外国画家画1725年中国政府赈灾发粮的情景。

饥民们排到门栏处了，由杂职人员发给每人一根长竹签，竹签上端染有土红色标志，这竹签就相当于“饭票”了。食粥者急不可耐奔入栏内，施粥者收签舀粥，每人可得稀饭一“鱼碗”。饥民们哪顾得上用啥筷子！双手捧着碗就呼啦啦地猛喝起来……

吴督学说：“鱼碗就是土窑烧的‘大土巴碗’，有普通饭碗四倍大，可装大鱼，所以叫鱼碗。按说，一碗清汤汤的稀饭如何救得人命？大清律条，各省粥厂官员施粥，‘筷子浮起，人头落地’！意思是稀饭不能太稀。所以粥厂熬制的稀饭稠得可以立住筷子。吃不完允许带走，每天只上午施粥一次，但贫民也可维持一天了……以施粥 120 天计算，每年共需米 3000 多石。当时米价每石不过 400 多两银子，粥厂基金除米钱外足可开销各‘副委’及差役们的薪水了。煮粥者如想偷米，会暗中掺杂石灰，这样‘出饭’多，但贫民要吃出毛病来。所以‘总办’‘会办’‘提调’大人常要来巡视，‘副委’们每天要监视称米……你不要小看茗粥巷这条破巷子，这里曾经救活不少穷人，功德无量啊！”

这时正值“大跃进”运动之际，茗粥巷中也贴了不少“亩产十万斤、跑步进天堂”之类的标语。但我们学校里，饥饿的师生人人菜色、黄皮寡瘦。学校食堂用大大小小的盆子找来许多童尿暴晒，尿水中便慢慢长出绿茸茸的毛。原来当时有科学家称“尿液可提炼出高蛋白”，美其名曰“小球藻”。学校就用那“尿毛”液体合在红苕粉中蒸“尿水馒头”……所以饥肠辘辘的我听了吴督学讲的这些事，不由自主地瓜兮兮地冒了一句：“要是茗粥巷现在还施舍稀饭就好了！”

吴督学大惊失色，忙结结巴巴说：“如今生活这么幸福，你、你小娃娃莫乱球说哦！”说罢转身不再理我了。他当时惊慌失措的神情非常滑稽，事隔几十年，那情景还历历在目……这是我平生最早听到的有关成都慈善事业的龙门阵。

民国初期四川的慈善公益奖章。

正史经传少有慈善事业的专门记载，只在众多野史杂书中间有只言片语。成都除“粥厂”外，著名的慈善机构还有下面几处：

民国初期成都公益奖章“尽心桑梓”徽章。

玉沙街的“育婴堂”：专门收养因家贫而乱甩在街头巷尾的弃婴及偷情而生的“私娃子”，以 60 名为限。每个婴儿雇奶妈一人，工资伙食都由堂里供给。婴儿“隔奶”前后就由人认养……育婴堂为官办，由“布政使”（相似现在的省民政厅职责）委任一个州县级吏员管理堂务。育婴堂街名至今犹存。

“慈惠堂”：创于清雍正十三年（1735），是省城主要慈善机构，有田数百亩作为办堂基金，官府每月还有津贴，以一候补道员负责主办，称为“总理”。收养鳏寡孤独及盲人等残疾人数百人，教他们“唱道情”（弹琴卖唱）及“推算星命”（当“算命先生”），到“业成能自谋生为止”。这种“就业培训”如今看来虽不敢恭维，但客观而言，当时对最为弱势人群的这种救助，确实可说是“胜造七级浮屠”了！慈惠堂街名至今犹存。

“普济堂”：在成都东门，俗称“孤老院”，专门收养年老无依之人。对“孤老”们的考虑还是周到的，堂里除供给伙食外，每人每月还给三四百文零花钱。

“与善公所”：取“与人为善”之意，设在城内延庆寺，办理施米舍棺等多种善事。

“恤嫠局”：设在骆公祠内（该祠祭祀清同治年间四川总督骆秉璋，其所在为现今和平街）。“嫠”（读“离”音），就是寡妇；“恤嫠局”，就是专门救济“守节”不嫁的寡妇之专门机构。这些“贫嫠”不住堂内，而每人发给牌照，按月赴堂领救济款，每人每月可领得几千文钱。“恤嫠局”当然有让寡妇们树“贞节牌坊”的迂腐含义，但对生存艰难的贫困妇女仍有慈善救助的积极意义。

清朝末期，在成都东较场口的昭忠祠街上，官方还相继创设了“苦力病院”（专收治社会底层的贫苦病人）及“济良所”（专养愿从良之娼妓）。这种慈善机构无疑更具社会进步意义了！

清宣统元年（1909），一位有心人在其所著书中极简单地介绍了清末成都林林总总的慈善团体。“官办”的计有：掩骼骨，幼孩婢女迷失所，幼孩教工厂，乞丐各路工厂，苦力医院，废疾院，牛痘局，育婴堂，采访局，利民局，济良所，军人病院，戒烟总会；“民立”的有：孤老院，慈幼堂，捞尸会，盂兰会，施棺木，施义地，栖流所，育婴公社，中立公社（戒烟），普益公社（戒烟）……

这位先生就是写《成都通览》的傅崇榘。虽仅有上述寥寥文字，但让人了解到清末成都这个城市里，大大小小的慈善团体竟然如此之多，实在令人惊奇！

民国初期“成都十全慈善会”徽章。

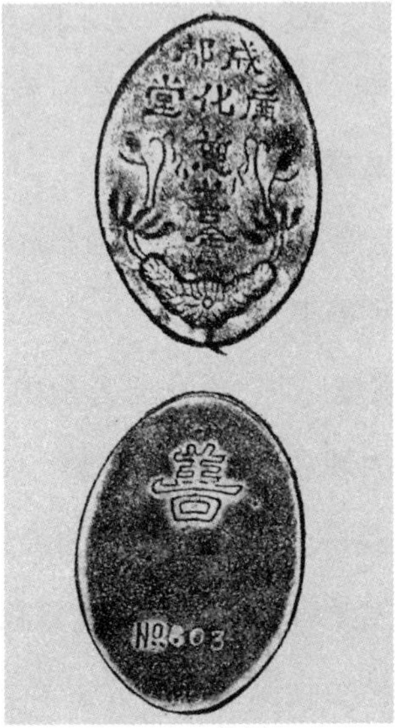

清末成都广化堂慈善会徽章。

我祖父清末当过椒子街“街正”，那“官衔”大概相似于如今的居委会主任吧。听父辈讲，除上述官方或民间慈善机构外，每年岁终，各街“街正”大都也要约集本街“善人”们，给穷人施米送钱送旧衣。至于平时施舍棺材、掩埋“干鸡子”（讨口子）的无主尸骸等善事，更不乏其人，这已是不成文的“乡规民约”……这些都说明，成都民风历来何其慈善仁厚!

二、民国“慈惠堂”成为中流砥柱

民国12年（1923），慈惠堂街“慈惠堂”内，成都10多个名流士绅正在神情庄重地商讨一件大事。

市政府“督办”官员陈光藻（1890—1961），字鸿文，这年仅30

多岁，对公益事业却很热心。此时他侃侃而谈：“我国历史上主要有‘宗族’‘宗教’‘政府’‘社会团体’四类机构行使慈善行为。早在春秋战国时期就出现了‘宗族’慈善形式，如义田、义塾、义冢等，至宋朝后全国已无处不有。”

佛教界演成和尚说：“‘宗教’慈善也是古今中外各国通例。佛教从东汉传入中国，重要内容就是普度众生，道教也有类似行善仪轨。如今省城天主教教堂里，也把施药医治等慈善事情作为重要教义。”

成都红十字会张立先说：“1912 年民国成立后，由杨国屏、李绍严和我，在东桂街文昌宫组成省市红十字会，吴颂尧为理事长，我为副理事长。最初军民皆不解红十字会为何物，误会颇多。1917 年川军、黔军、滇军在省城打得乌烟瘴气，我们救护队也不时挨各军乱枪！有天我带人到武城门（作者注：现新东门）救护，见余尸残骸被犬食者触目皆是。忽见一个人蓬头垢面，正拿把锄头在掩埋残尸……他说他叫张鹏武，下苦力谋生，和几个老乡一起做善事，每天在这里掘土埋尸，以让冤魂早日超升。有两个老乡已被滇军抓去，还有三个被黑枪打伤，如今只剩自己一个人，自己肚皮都填不饱，仍坚持行善……他口讷而言辞真诚，我们红会自愧不如啊！我当即给他发了一张掩埋夫证，叫他每天向救济团领取伙食费！”

堂内众人唏嘘不已。陈光藻点头叹道：“是啊，这方面政府有时还比不上穷百姓！说起‘政府’的慈善行为嘛，如南北朝时的齐武帝自公元 483 年登基，就正式成立‘六疾馆’，梁武帝公元 502 年登基，曾设置‘孤独园’，专门收养病苦穷人和孤老。有名的唐玄宗和杨贵妃在梨园‘乐坊’风流快活时，也忘不了在公元 734 年下令成立‘病坊’，把京城的讨口子收容起来统一管理。到了宋代，政府已设立较完善的救济机构如‘卑田院’等。但自民国后，巴蜀大地连年混战，官方慈善事业还不如前清！目前更是主要靠民间‘社会团体’啰！蜀中已近两百年历史的慈惠堂，因为政乱财窘，近年已一蹶不振。不少人趁机欲染指慈惠堂，全被我婉言谢绝……尹仲老啊，我看还得仰仗你出来主持堂务才好！”

尹昌龄

慈眉善目的尹昌龄（1869—1942）字仲锡，郫县人，他1892年中进士，任翰林院编修。1897年后，历任西安知府等职，为成都著名的“五老七贤”之一。此时他摆手说：“曾奂老以前在堂主持筹赈会，因战乱银票化为废纸，惹得穷人一片怨骂……我岂肯重蹈覆辙？”

陈光藻含笑劝说道：“尹仲老，你对于清末新政，凡兴学、练兵、劝工、养蚕、兴修铁路、派遣留学生等事，都曾一手操办。民国后又曾任四川军政府审计院长、四川政务厅长，政声卓著。小小一个慈惠堂，尹仲老实在小试牛刀罢了！”

尹昌龄仍摇头不干。其兄尹元理用“激将”法说：“老四啊，人家鸿文天天上门，叩请你支持，把门槛都踏烂了，把我也闹得不清静……你还这样固执，谨防外头有人说你‘闲话’啊！”

尹昌龄笑道：“我有啥子‘闲话’可说！”尹元理说：“说你尽管素有

‘尹青天’之称，只怕还有缺德的地方。”尹昌龄吃了一惊，问：“从何处听得？”元理先生晓得尹昌龄最佩服徐子休（也是“五老七贤”之一），就说：“是徐三哥听到的。他还向我说，眼前公益事你都不肯做，一旦慈惠堂官产被军方提去，那些孤寡必将饿死！你忍心么？”

尹昌龄默然良久，慨然拍案起身：“孔孟之道以仁义为本，墨子也讲‘兼爱’。我就来捏这个烫手‘炭圆’嘛！”

四川著名教育家陶亮生（当过西康省政府秘书长），曾在慈惠堂服务，他回忆：开始时困难重重，慈惠堂内300多个老弱病残面黄肌瘦、奄奄待毙。尹昌龄叹息说：“他们每日靠两顿稀饭吊命，营养不足啊！”他立令：“堂内节省开支，改善伙食，由每日两餐变为三餐，稀饭改成干饭！”

尹昌龄这位慈惠堂的“总理”，每天尽职尽力到堂办公，却不要分文薪水。办公室里仅有硬椅几把，他中午自掏腰包买400文钱的粑红苕填肚子，决不沾堂内半点便宜。老弱病残们慢慢变得脸红润了，体力也恢复了。

尹昌龄对他们说：“古人云‘授人以鱼，不如授人以渔’，就是说送人一条鱼不如教会人家去打鱼，慈惠堂也可转变为生产机构嘛！跛者，可使守门；瞽者，可使习唱；男人可编竹箕扫帚，女人可搞缝纫……如女人缝衣，由堂内趸买布料。做一件衣服，规定利润几成缴堂内，几成归己。而你们照吃公饭，却学手艺挣私房钱……你们也可以自强自立啊！”

老弱病残们欢天喜地。于是慈惠堂在天涯石北街办起“民生工厂”，并在城郊各处逐渐兴办了三四十个生产服务机构，如成衣铺、鞋帽铺、裱画铺、印刷铺等。

成都刚解放时政府在慈惠堂为贫民发放救济粮。（来源:《中共成都地方组织史图志》）

尹昌龄说:“这些穷苦孤寡人，大都是被亲人遗弃才无依无靠的。世间势利人多，如今能挣钱了，恐怕又会有亲人来认啰。他们有家中人接回去当然好，能够自己结婚成家更好！凡甘愿出堂的，他们挣的存款全部由本人提去。”出堂成家的人常依依不舍，视慈惠堂为“娘家”，常回来看望。堂内免费提供两餐一宿，热情接待。

育婴堂收养的弃婴，因不知谁家所生，只好以“婴”“慈”“惠”等作姓氏。从育婴堂一直进慈惠堂，弃婴长大了，尹昌龄还要妥善为之办陪奁，行配婚，并注意“盲不配盲、残不配残”，十分审慎。城中有个少女，遭继母毒打，逼她卖淫，她只好投避慈惠堂。尹昌龄命妥加看护，不久并为她择偶。婚期已定时，继母想约流氓上门捣乱。尹昌龄请省主席张群亲来证婚，那恶妇自然不敢乱来了……

尹昌龄德高望重，军阀们也买他的账。

1925 年，四川边防军总司令赖心辉任省长，主动对尹昌龄说："1917 年 7 月，川滇两军在成都老皇城内外开战，那时我在刘存厚部任炮兵团长，指挥四十多门大炮轰击老皇城，打得滇军抱头鼠窜，民众也死伤 8000 多人，我从此被人骂为'赖大炮'，自觉愧对乡里……现我将凤凰山原清军营房拆除，房料堆积如山，现全送给慈惠堂，也算做点善事！"

尹昌龄用这些房料在外东大田坎修成一条街，慈惠堂资产也雄厚起来。

1924 年，尹昌龄去见川军二十军军长杨森说："清末周孝怀掌劝业道时，在九眼桥附近办过惠昌火柴厂。民国以来，厂房还在却一直驻兵，已破损不堪。火柴虽小，百姓却离不了，长期被洋人用来赚中国人的钱，火柴被呼为'洋火'……我想恢复四川火柴生产。"

杨森（字子惠）慨然说："尹仲老古道热肠，子惠敢不从命！"他立命军队迁出厂房。尹昌龄一盘算，要开工还得大量资金。正为难时，有几个军官来说："仲老要办火柴厂，我们愿投资，成全善事！"尹昌龄说："我不懂做生意，你们投资为何？"军官嘿嘿笑道："按股分红嘛。"尹昌龄不高兴了："让你们把赚的钱分了，那些鳏寡孤独还吃啥子？"军官们面面相觑，悻悻而退。

尹昌龄到成都中国银行去见行长周宜甫，说："我想借万把块钱修火柴厂。"周宜甫说："仲老，银行借钱要有抵押品。"尹昌龄沉吟道："何物值万元？”他忽然从包内掏出一张大红的翰林名片交给周宜甫说：“你看！我这三个字值得万元否？”

周宜甫大吃一惊，忙躬身作礼说：“仲老大名，岂值万金！不过我是行长，得要首先遵守银行规则。我私人先借5000元给仲老救急，早迟赐还均可。”

就这样，九眼桥附近培根路上，“培根火柴厂”红红火火地办起来了。厂门外有尹昌龄亲笔书写的木制对联：“慈善事业在良心，假公济乱，绝非人类；生产方能求进步，殖材振乏，特此资源。”

火柴商标人称“娃娃牌”，画了一个小孩端碗吃饭，取“育婴”之意。“娃娃牌”火柴不但行销川中各县，抗日战争中，还远销敌占区内。尹昌龄十分高兴，曾酒酣耳热时对陶亮生说：“办火柴厂乃我平生得意之笔！”

“娃娃牌”火柴后更名为“扇牌”火柴，1941年7月注册。新的火柴盒面画了一把折扇，扇上有尹昌龄亲书韵语六行：“厂中余利，专恤孤穷。若有私心，天地不容。以扇喻善，奉扬仁风。”收藏界朋友对我说：“扇牌火花意义特殊，是藏家梦寐以求的珍品！”培根火柴厂1949年以后改名为成都火柴厂。

慈惠堂声誉远播，清朝后一直官办的普济堂、育婴堂及三所孤穷子弟教养所，1925年也拨属慈惠堂。方正东街丁公祠（祭祀清四川总督丁宝桢）的田产，也送给慈惠堂代管，尹昌龄将其办成“文诚义塾”，选孤儿入校专学国文、数学、英语三科。毕业时，数学、英语优生送到武汉、天津工厂学技术；国文学得好的则推荐到军政部门任司书（文秘）。因这些孤儿从小接受慈善教育，品德优良，人家都很欢迎……

我曾听老报人魏道尊先生讲，每年青羊宫“花会”时，慈惠堂及所属各校的学生穿着青色制服整队前往。二仙庵的老方丈住持做东，用稀饭、油酥锅巴招待尹昌龄和那些无爹无妈的学生，学生们则盘坐于殿前大吃大嚼。尹昌龄回赠道士慈惠堂生产的鞋袜等。是处少长咸集，鸟语花香，其乐融融……

此外，慈惠堂还办有借贷处、培根义学、瞽童教养所、全节堂、女婴教养所、幼稚园等。慈惠堂产业日增，特设了一个“救恤事业董事会”来统辖众多慈善机构，公推尹昌龄为董事长。尹昌龄将历年公私捐助及各项收益除开销外，大半购置田产房产，以租金为不竭之财源。慈惠堂鼎盛时共有田产近万亩，街房二百余间……

慈惠堂事业既大，贪污偷窃难免，工人间也时有吵架角逆。尹昌龄吩咐：“慈惠堂原是古庙改建，堂内有灵官像。出了盗窃财物之事，官府也难以判断。唯有鬼神难欺，就让干系人到灵官神前赌咒吧！”这一招果然灵验，偷盗者、理亏者或暗中抛出盗物，或磕头认错……尹昌龄这招貌似迷信，其实是让犯错者去受“道德审判”，自爱自律，进而做到奉公守法，从此这些麻烦事大减。

家大业大，做善事也容易了许多。抗战中日机频繁轰炸成都，慈惠堂内各处收养的8000多鳏寡孤独都很快疏散。但400多个瞎子怕下乡去无人管，不愿离城。尹昌龄哄他们说：“大风把堂外升国旗的杆子都吹断了，此乃凶兆也。不走，我只好和你们一起同归于尽！”瞎子们号啕大哭，哇哇一片，最后也只好答应疏散。

尹昌龄又召集离城最近的佃农说：“请你们来，为的是疏散瞎子。请你们一家领一个回去照料，为我分劳。我只要求瞎子到你家，要让他摸惯走熟床铺茅厕，三餐同你们一样吃饱。秋收后，你们该减让多少田租，凭瞎子说句话就算数！你们做得到么？”

佃农齐声说：“做得到！”尹昌龄忽然翻身下跪，向众佃农行一全礼。众佃农感动得无不大哭……此后都把瞎子带回家当成亲人一样伺候。陶亮生先生感慨地回忆说：“疏散数年，瞎子无一横死者！”

为让他人理解慈善事业，当过大官又是名儒的尹昌龄经常向人下跪。我查阅民国时旧资料，1936 年至 1937 年蜀中大旱，人吃人已是常事。身为省“赈委会”主席的尹昌龄好不容易筹到点赈灾款，又怕有人贪污，赈灾人员出发前，尹老先生涕泪满面，大哭着向发赈人员连连下跪叩头：“务将赈款全部发在灾民手中啊，我替水火中的灾民向你们磕头了！”此情此景，实在令人感动，如果没有为慈善事业献身的宏愿，是决然做不到的！

民国要人孔祥熙（全国赈委会委员长）来成都时，参观了慈惠堂各项事业，赞不绝口：“慈惠堂成了集慈善、教育、民族工业的综合实业，中国少见！”他立即捐助 20 万元，以嘉勉四川慈善业。

抗战期间，大量外省难民入川，都由省“赈委会”主要负责安置，难童们大都由慈惠堂收养。这些人疏散在乡下，尹昌龄每隔数日必去看望，闻有传染瘟疫死亡的，他便难过得哽咽不食……他联合成都的一些外国传教士和医生多方救治，才将瘟疫扑灭。

日机空袭愈演愈烈，尹昌龄和慈惠堂总管理处也疏散到培根火柴厂。尹昌龄为四川慈善业殚精竭虑，1942 年冬病逝厂中，终年 74 岁。据其孙子尹大锡讲：“据当年（1942 年）国民政府的褒扬令所述，祖父去世后，慈惠堂的总资产高达数百万……我祖父任慈惠堂总理 20 年，从未领慈惠堂一分薪水，而慈惠堂的资产增值数百倍，救助鳏寡孤独数千人。但到他去世时，自家竟没有私房一间。他家在马王庙后街，是租住的洪钧亮的私房。祖父去世后，洪钧亮要收回另租，祖父的朋友们才知道他家没有住房，大家凑钱将该房屋买下，我们后人才有房住！”

后来，成都民众在少城公园为杰出的慈善事业家尹昌龄铸造了一尊铜像，焚香礼拜者不绝如缕……

可惜 1949 年以后铜像遭毁，否则必将成为中国近代慈善事业的珍贵文物。铜像虽毁，但我油然想起一句老话：“慈善事业，百世流芳，先生之德，山高水长！”

参考文献：

周询：《芙蓉话旧录》，四川人民出版社 1982 年版。

傅崇榘：《成都通览》，巴蜀书社 1987 年版。

四川省文史馆编：《成都城坊古迹考》，四川人民出版社 1987 年版。

陶亮生：《尹仲锡与慈惠堂》。

四川省地方志编纂委员会省志人物志编辑组编，任一民主编：《四川近现代人名录》，四川辞书出版社 1992 年版。

关于本书图片来源的说明

本书图片来源主要有三类：1. 绝大多数为本书作者几十年来，通过各种渠道艰辛收藏积累而成（如在国内、国外文物市场购得的老照片，作者收藏的1949年以前出版的旧书、刊、报上的老照片）；2. 各界朋友提供给作者的老照片；3. 自己摄影或互联网资料。本书作者并出资，请专业人士对这些老照片进行扫描、修复等艰难工作。由于以上原因，本书图片不允许任意引用。

微信扫码
打开巴蜀
留声机
听见巴蜀记忆
品·天府历史
看见千年历史，风云变幻
历史风云榜
巴蜀文化录
闻·巴蜀印象
闻见巴蜀滋味，火爆热辣
游蜀攻略
川城旧印象
憩·读书驿站
读懂成都旧事，眺望古今
阅读放大镜
川味茶谈室